検証 奈良の古代遺跡

古墳・王宮の謎をさぐる

小笠原好彦【著】
Yoshihiko Ogasawara

吉川弘文館

目次

はじめに　1

第一部　大和の古墳時代

1　鶯塚古墳――大和の船形埴輪を配した大型首長墳　6
2　佐紀陵山古墳――佐紀盾列古墳群の大型首長墳　12
3　馬見古墳群――葛城氏の勢力を示す前期・中期の古墳群　18
4　佐味田宝塚古墳――家屋文鏡に描かれた建物　23
5　島の山古墳――多量の石製腕飾類が配された被葬者　29
6　巣山古墳1――前方部で見つかった出島状遺構　36
7　巣山古墳2――被葬者像の追究　41
8　室宮山古墳――家形埴輪群の性格　46
9　南郷大東遺跡――浄水で祭祀をおこなった導水施設　52

10 極楽寺ヒビキ遺跡――古墳時代の市を想定する 57
11 巨勢山古墳群――蘇我氏一族の群集墳 63

第二部 飛鳥の古墳と被葬者

1 都塚古墳――冬野川の南に築造された蘇我氏の古墳 70
2 石舞台古墳――巨石で築造した大型の横穴式石室 78
3 文殊院西古墳――阿倍氏の本拠に築造された横穴式石室 84
4 菖蒲池古墳――二つの家形石棺をおさめた横穴式石室 90
5 東明神古墳――横口式石槨の八角墳 96
6 マルコ山古墳――壁面に漆喰を塗る横口式石槨 103
7 キトラ古墳――壁面に四神を描く横口式石槨 109
8 高松塚古墳――壁面に宮廷人・四神を描く横口式石槨 115
9 中尾山古墳――火葬墓の八角墳 125

第三部　飛鳥の宮殿

1　小墾田宮―推古天皇が造営した王宮　132
2　斑鳩宮―法隆寺東院にあった厩戸皇子の王宮　138
3　飛鳥宮跡―飛鳥時代の政治の中心舞台　144
4　両槻宮―斉明天皇が造営した王宮　151
5　稲淵川西遺跡―整然と殿舎を配した皇子宮　157
6　雷丘北方遺跡―雷丘付近に造られた皇子宮　163
7　石神遺跡―石人像・須弥山石が見つかった宮殿遺跡　169
8　吉野宮跡（宮滝遺跡）―持統天皇が通い続けた離宮　176
9　飛鳥京苑池―飛鳥宮にともなう朝廷の苑池　186
10　酒船石遺跡―亀形石造物による古代の祭祀　193
11　飛鳥池遺跡―富本銭・金属製品を鋳造した官営工房跡　199

あとがき　207

引用・参考文献　209

はじめに

奈良県は古代には大和と呼ばれ、大和政権の本拠となったところである。古代政権が成立した大和盆地は、北から南へ佐保《さほ》川、秋篠《あきしの》川、富雄《とみお》川が流れ、東南から北へ初瀬《はせ》川、南から北へ飛鳥《あすか》川、曽我《そが》川、葛城《かつらぎ》川、高田《たかだ》川などが流れこみ、これらの河川は大和《やまと》川として合流し、その西で河内へ流れこんでいた。

このように大和のすべての河川が、大和盆地のほぼ中央部で一つに集合して流れることは、他地域にさきがけて、これらの諸河川を治水するために、強力な政治権力が形成され、大和政権に発展したとみてよい。

三世紀後半、大和盆地の東南部には、大王権力の出現を示す箸墓《はしはか》古墳、東殿塚《ひがしとのづか》古墳など大型の前方《ぜんぽう》後円墳《こうえんふん》が集中して築造されており、大和政権は、ここを本拠とする政権だったことをよく示している。これらの初期の大型前方後円墳には、墳丘に円筒埴輪《えんとうはにわ》が配列され、埋葬主体部として竪穴式石室《たてあなしきせきしつ》が設けられた。そして、鏡、鍬形石《くわがたいし》・車輪石《しゃりんせき》・石釧《いしくしろ》などの石製腕飾類、勾玉《まがたま》・管玉《くだたま》などの装身具、刀剣類の武器・武具などが副葬されている。

その後の四世紀後半から五世紀初頭には、大王墓を中心とする大型首長墳《しゅちょうふん》は、大和盆地北端の奈良山の南麓に、佐紀盾列《さきたたなみ》古墳群が築造されている。ここには、五社神《ごさし》古墳（伝神功皇后陵《じんぐうこうごう》）、陵山《みささぎやま》古墳

（伝日葉酢媛陵《ひばすひめ》）・ひしあげ古墳（伝磐之媛陵）・ウワナベ古墳など大型首長墳が集中して築造されている。また、大和西部の葛城《かつらぎ》氏の本拠に馬見《うまみ》古墳群が築造されている。

馬見古墳群に関連する古墳では、一九九六年（平成八）に島《しま》の山《やま》古墳が発掘された。この島の山古墳では、前方部から検出された粘土槨《ねんどかく》上に、車輪石・鍬形石・車輪石が大量に敷き並べられており、多くの人を驚嘆させせた。併せて被葬者に強い関心を呼びおこした。また、二〇〇一年（平成十三）に発掘された巣山《すやま》古墳は、馬見古墳群で初めて二〇〇㍍《メートル》を超える大型首長墳であった。この巣山古墳では、前方部から濠に手の平のような形態で張出した島状遺構から水鳥などの埴輪が出土し、注目されている。

大和政権の大王の居処となった王宮跡は、初期には大型の大王墓が築造された三輪《みわ》山周辺に営まれたものと推測される。これまで纒向《まきむく》遺跡から掘立柱《ほったてばしら》建物が一部見つかっているが、その規模や実態はなお不明というほかない。

五世紀後半から六世紀には、葛城地域の南端部に七〇〇基からなる大群集墳である巨勢山《こせやま》古墳群が築造されている。その所在地は葛城地域ながら、すでに葛城一族は衰退していた。それだけに築造氏族の解明が大きな課題である。

大和政権の中枢部に営まれた王宮は、三輪山周辺から五世紀には磐余《いわれ》などの地に遷った。そして六世紀の末に即位した推古《すいこ》天皇は、蘇我《そが》氏の本拠の飛鳥に豊浦宮《とゆらのみや》・小墾田宮《おはりだのみや》を営んだ。以後、一時的に難波宮、近江大津宮に遷都したが、ほぼ百年間は飛鳥に諸王宮が営まれ、政権をになっている。

大和政権は、初期には中国・朝鮮三国と国際的なつながりを有した。しかし、五世紀の倭《わ》の五王《ごおう》の後にあたる六世紀には、中国との外交関係はまったく途絶え、朝鮮三国の百済《くだら》・新羅《しらぎ》・高句麗《こうくり》のみとなった。ところが五八九年に隋《ずい》が南朝、北朝を統一すると、飛鳥の大和朝廷は六〇七年（推古十五）遣隋使《けんずいし》の小野妹子《おののいもこ》を派遣して中国との国際外交を再開させ、新たな国家的な発展をめざすことになった。

推古が即位する前の五八八年（崇峻元）、飛鳥に蘇我馬子《うまこ》が飛鳥寺《あすかでら》を造営し、大和では厩戸皇子《うまやどのみこ》や有力氏族もあいついで氏寺を建立した。そして、それまでの古代国家とは異なり、より国際化を強めるとともに、経典に記す漢字を使用する社会へと歩みはじめている。

飛鳥の遺跡には石敷きした遺構が多い。これらは王宮・皇子宮もしくは官衙《かんが》と推測されるものである。本書では飛鳥時代の中心となった飛鳥宮跡の構造、稲淵川西《いなぶちかわにし》遺跡、雷丘北方《いかづちのおかほっぽう》遺跡の性格をとりあげて述べるとともに、石敷遺構の性格にも言及した。

六九四年（持統八）、持統《じとう》天皇は、天武《てんむ》天皇の意向を継承し、飛鳥の北に、初めて中国的な条坊をもつ藤原宮・京を造営した。持統は文武《もんむ》天皇に皇位を譲るまでに、吉野宮の離宮に三一回も謎の行幸《ぎょうこう》を重ねている。著者は中国の西安《せいあん》で玄宗《げんそう》皇帝・楊貴妃《ようきひ》が入浴したとされる華清池《かせいち》（温泉）の浴槽を見学した体験をもとに、持統の吉野宮行幸の謎にも検討を試みてみた。

また、一九七二年（昭和四十七）高松塚《たかまつづか》古墳をはじめ、マルコ山古墳・束明神《つかみようじん》古墳・キトラ古墳など、多くの市民に注目された飛鳥で発掘された古墳に対し、その被葬者像を検討した。

本書では、奈良県の各地に残る古墳時代から飛鳥時代の主要な古墳、王宮跡、注目すべき遺跡を取りあげた。そして、これまで明らかになっている研究成果を詳細に紹介するとともに、それらの成果を著者の視点から捉えなおし『日本書紀《にほんしょき》』『万葉集《まんようしゅう》』などに関連記事を求め、その背後に展開した歴史を叙述したものである。

第一部

大和の古墳時代

1　鶯塚古墳《うぐいすづかこふん》

―大和の船形埴輪を配した大型首長墳―

山上の前方後円墳

奈良市春日野町の若草山の山上に、鶯塚《うぐいすづか》古墳という前方後円墳《ぜんぽうこうえんふん》がある。この古墳は、清少納言《せいしょうなごん》の『枕草子《まくらのそうし》』に「みささぎは　うぐいすのみささぎ」といったのがこの古墳であるとの伝えがあり、古くからよく知られた古墳である。

鶯塚古墳は全長一〇三メートルの前方後円墳で、一九三三年（昭和八）に日本古文化研究所によって調査され、古墳の実測図が作成されている（図2）。この図には後円部の最上段に、円状にめぐる円筒埴輪《えんとうはにわ》列、上段のくびれ部付近から前方部に二列の円筒埴輪列、前方部の下段にも西、東で円筒埴輪列が記入されている。この古墳の埋葬施設は不明である。

この古墳に配置された形象《けいしょう》埴輪は、これまでわずかに切妻造《きりづまづくり》の家形《いえがた》埴輪の屋根部分と船形《ふながた》埴輪片が知られているだけである。

鶯塚古墳は、若草山の山上に二段に築造されているので、奈良市内で最古期の四世紀代のものとみなされてきた。しかし、墳丘の形態や埴輪片からみると、五世紀前半に築造されたものである（図3）。

鶯塚古墳の墳丘からは、眼下に東大寺《とうだいじ》の大仏殿、西に平城宮跡や生駒《いこま》山地、南に天理市地域の丘陵、飛鳥の耳成《みみなし》山などが見える。また、北には遠く聖武《しょうむ》天皇が造営した恭仁京《くにきょう》の左京にあたる木津川《きづがわ》市加茂町域がよく望める。このように、鶯塚古墳は、じつにすぐれた位置に築造されている。

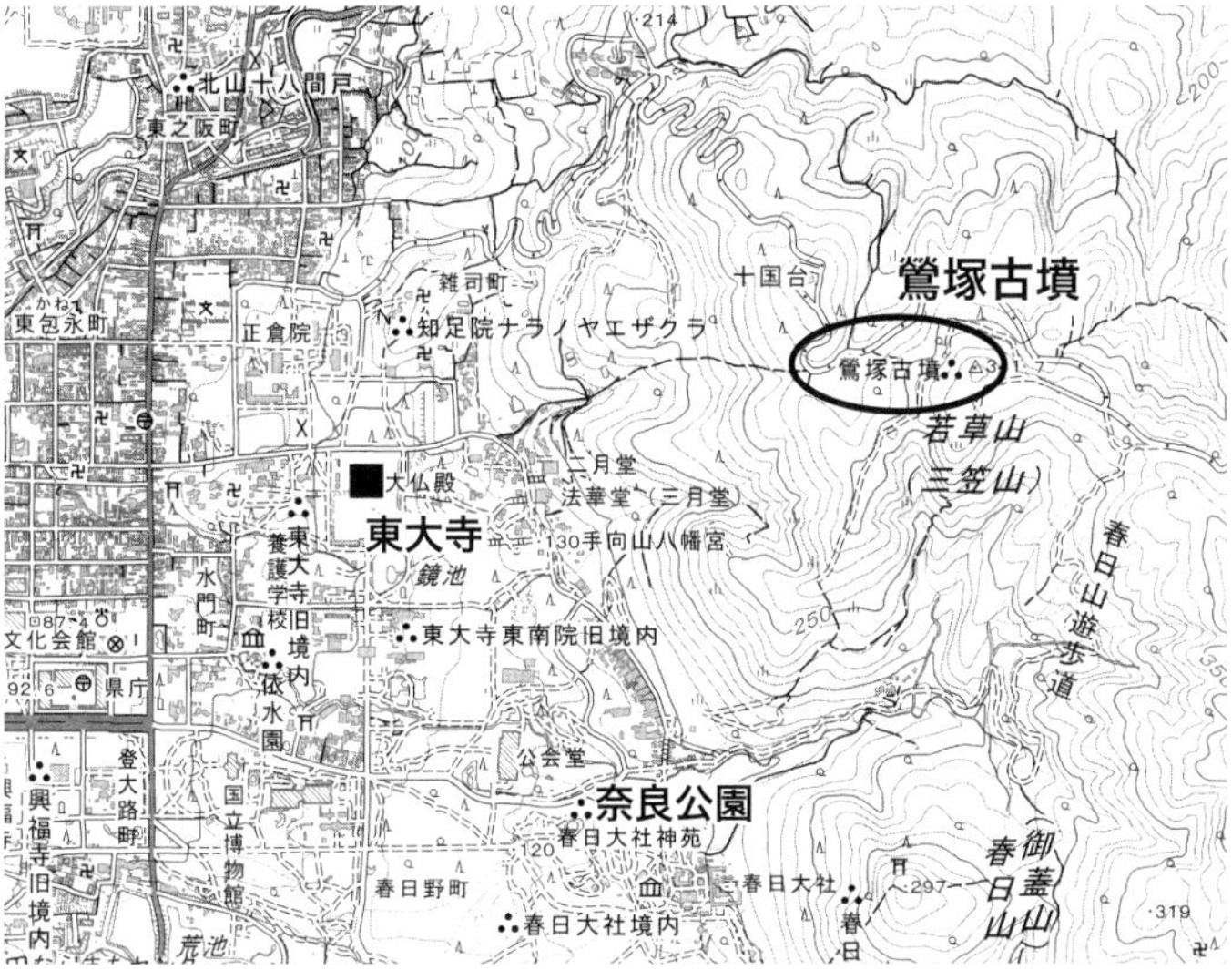

図１　鶯塚古墳の立地

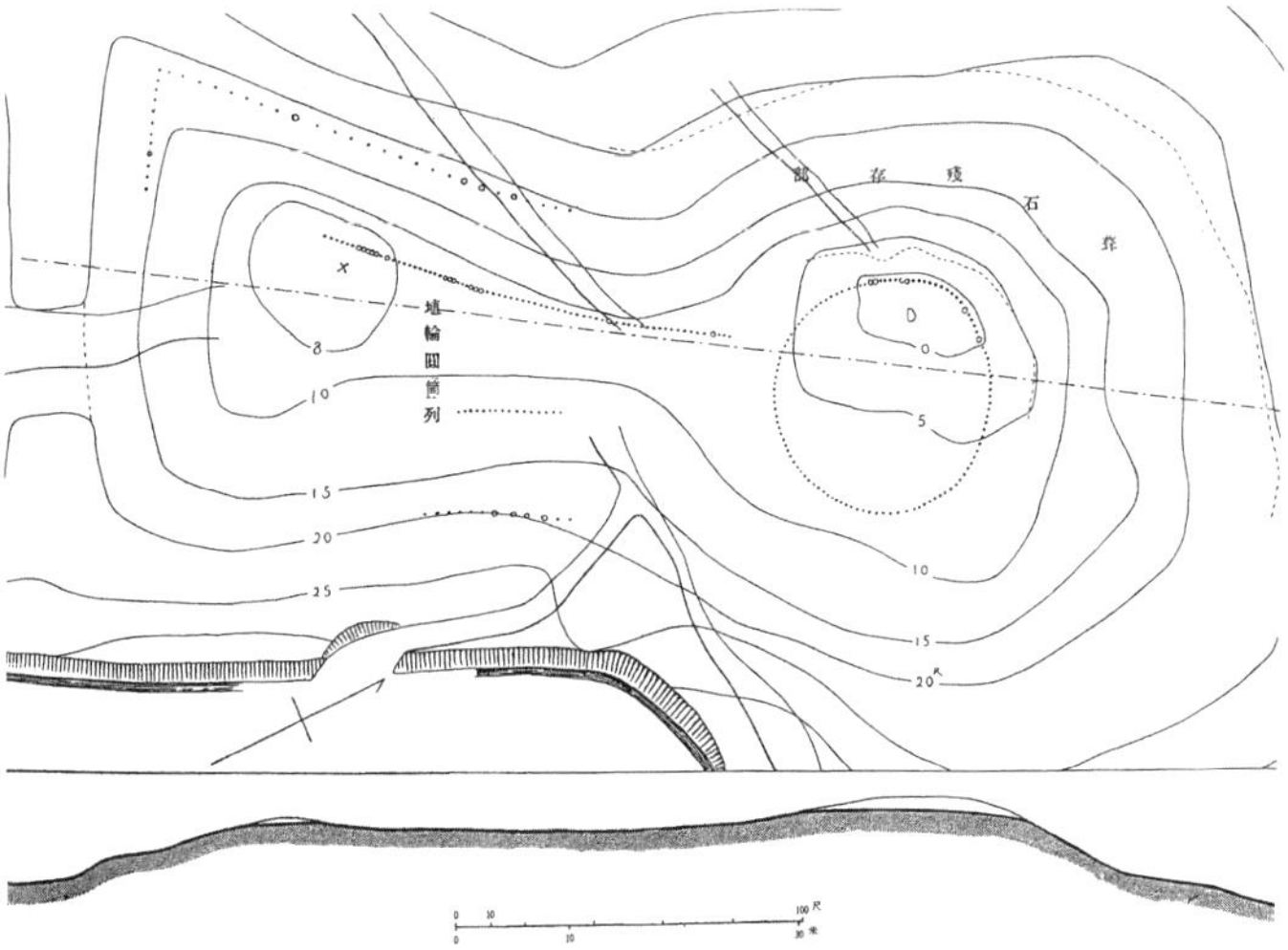

図２　鶯塚古墳の墳丘実測図
（日本古文化研究所『近畿地方古墳墓の調査』１、1935 年）

図3　鶯塚古墳の墳丘

ところで、弥生時代には山上の眺望がよくきくところに高地性集落がある。このこともあり、以前にこの若草山の山上に登り、弥生の高地性集落がないかどうか、歩き回って探してみたことがある。ここからは、山城の南端部の山がよく望めるので、高地性集落が営まれる条件によくあう地点であるが、まだ弥生土器は採集できていない。

船形埴輪の出土例

さて、鶯塚古墳から採集されている形象埴輪では、船形埴輪片が含まれていることは、この種の形象埴輪が見つかっている古墳が少ないことと、古墳の被葬者の性格を示すものとして注目される。

船形埴輪は、古く宮崎県西都原《さいとばる》一六九号墳から出土したものがよく知られている。近年は、同様の形態のものが滋賀県栗東市の新開《しんがい》四号墳から出土している（図4）。また、三重県松阪市の宝塚一号墳からは、同様の形態ながら、全長一四〇㌢の大型で、船の上部に大刀、儀杖《ぎじよう》、蓋《きぬがさ》を立てたみごとな飾船を表現したものが出土している。さらに大阪市の高廻《たかまわり》二号墳、京都府京丹後市のニゴレ古墳などからは、丸木舟《まるきぶね》を刳り抜いた船底部に舷側板《げんそくいた》をつけ、舳《へ》先と艫《とも》が上下に二股に分離して表現した船形埴輪が見つかっている。

このように、古墳時代の船を表現した船形埴輪には、船底部から舷側板が一体に表現されたものと舳先、艫で大きく二股に分離して表現した準構造船のものとがある。これらの船形埴輪では、丸木舟を船底に使用した準構造船が四世紀末から出現し、五世紀の初頭から船底から一体に表現するものが製作されている。そして、両者をあわせて、四四例が見つかっているだけである。それだけに、その出土例は、ごく限られているといってよい。しかも六割の二六例は大和と河内から出土している。そして、大和と河内以外は、東は下野、常陸、信濃、近江、伊勢、西は丹後、備前、安芸、讃岐、豊後、日向など、海や淡水湖に近い古墳などから出土している。

図4　滋賀県新開4号墳出土の船形埴輪
（栗東歴史民俗博物館所蔵）

船形埴輪と被葬者の性格

このような出土例からみると、船形埴輪が配された古墳は、船や航海と深く関連をもつ者が被葬者であったと考えて間違いないだろう。また出土する古墳のうち、前方後円墳の首《しゅ》長墳《ちょうふん》から出土しているのは、大和の鶯塚古墳、伊勢の宝塚一号墳、安芸の甲立《こうたち》古墳、豊前の亀塚《かめづか》古墳の四例にすぎない。四世紀末に出現した船形埴輪が、五世紀代の古墳に顕著に配されるようになったのは、この時期には、倭の五王によって南朝に使節が派遣されるという歴史的な背景があったことが想起される。また一方では、朝鮮半島の百済《くだら》、伽耶《かや》、新羅《しらぎ》との外交、さらに鉄鋌《てってい》、銅の素材など、多くの資源を入手するために、船による頻繁な往来があったことによるものだろう。

鶯塚古墳は、大和東北端部に築造された古墳で、後にはこの地域一帯を本拠とする和邇《わに》氏につながる系譜の有力氏族の有力首長が埋葬されたものと推測される。この有力首長は、築造された前方後円墳の位置からみて、木津川流域と大和との出入口をおさえていたものとみられる。倭《わ》の五王《ごおう》の時代には大和政権の中枢部とかかわりをもち、大和政権を代表し、南朝に大使的な任務をもって派遣された可能性が少なくないだろう。

また、前方後円墳に埋葬された伊勢の宝塚一号墳、豊前の亀塚古墳の首長らは、畿外の大海に面した地域の有力首長であった。それだけに、これらの首長墳は海を望んで築造されており、航海技術を身につけた有力首長として、副使的な使節として派遣された可能性が少なくないものと推測される。そして、この時期に築造された大和のウワナベ古墳の陪冢《ばいちょう》の大和六号墳からは、八七二枚におよぶ大・小の鉄素材の鉄鋌が副葬されている。

さらに、河内、丹後、近江などに築造された中・小古墳で、船形埴輪を配した古墳は、一つには、これらの大使、副使とともに使節団として派遣され、航海技術の駆使、あるいは水夫《かこ》を統率するという重要な役割を担ったものと推測される。また、経済的な活動を目的に、朝鮮半島などに派遣され、鉄鋌、銅素材など多くの諸物資を入手した小首長が含まれていると考えられる。そして、なかには軍事的な使命を受け、部隊長的な役割を担った者もふくまれているだろう。

中・小古墳の被葬者に配された船形埴輪も、河内の高廻二号墳、丹後のニゴレ古墳に配置された船形埴輪のように、きわめて精巧に製作されている。これらの船形埴輪の多くは、被葬者の葬送儀礼に際して、大和政権から下賜されたものが少なくないと考えられる。

若草山の頂部に築造された鶯塚古墳に配置された船形埴輪は、このような大和政権による対外的な外交関係のもとでの活動に対し、それを顕彰、あるいは記念するものとして、この古墳の墳丘に配されたと推測されるのである。

2 佐紀陵山古墳《さきみささぎやまこふん》

——佐紀盾列古墳群の大型首長墳——

埴輪製作の伝承と佐紀陵山古墳の形象埴輪

奈良市の西方、平城宮跡の北側一帯には、大和政権に関連する大型の前方後円墳《ぜんぽうこうえんふん》が集中して築造された佐紀《さき》盾列《たたなみ》古墳群がある。この古墳群にふくまれる大型首長墳《しゆちようふん》の一つに、佐紀陵山《みささぎやま》古墳（伝日葉酢《ひばす》媛《ひめ》陵）がある。この大型首長墳は、平城宮跡のすぐ北にあり、全長二〇七㍍の規模を有する前方後円墳で（図6）、周囲に周濠《しゆうごう》がめぐっている（図7）。

一九一六年（大正五）、後円部の一部が荒らされることがあり、その補修工事が行われ、その結果が報告されている。それによると、後円部の中央部に方形の区画があり、その下に竪穴式石室《たてあなしきせきしつ》があったことが知られた。また、後円部の上部の区画内で一個体の家形埴輪《いえがたはにわ》と蓋《きぬがさがた》形埴輪、盾形《たてがた》埴輪などが検出された（図8）、これらが鰭付円筒埴輪《ひれつきえんとう》とともに配置されていたとみなされている。

『日本書紀《にほんしよき》』垂仁三十二年条には、垂仁《すいにん》天皇の皇后の日葉酢媛が亡くなったとき、天皇はそれまでおこなわれてきた殉死《じゆんし》の悪習を止めるように提案した。そのとき、土師《はじ》氏の祖先にあたる野見宿禰《のみのすくね》が出雲から土師工人一〇〇人を呼び寄せ、人物や馬など種々の物の形を造って古墳に配置し、殉死を止めさせたと記されている。そして、これらの土製品を埴輪と呼んだという。この伝承は、『日本書紀』を編纂する際に、土師氏が氏族に伝えられてきた伝承を提出したものを基にして記述されたと考えられている。

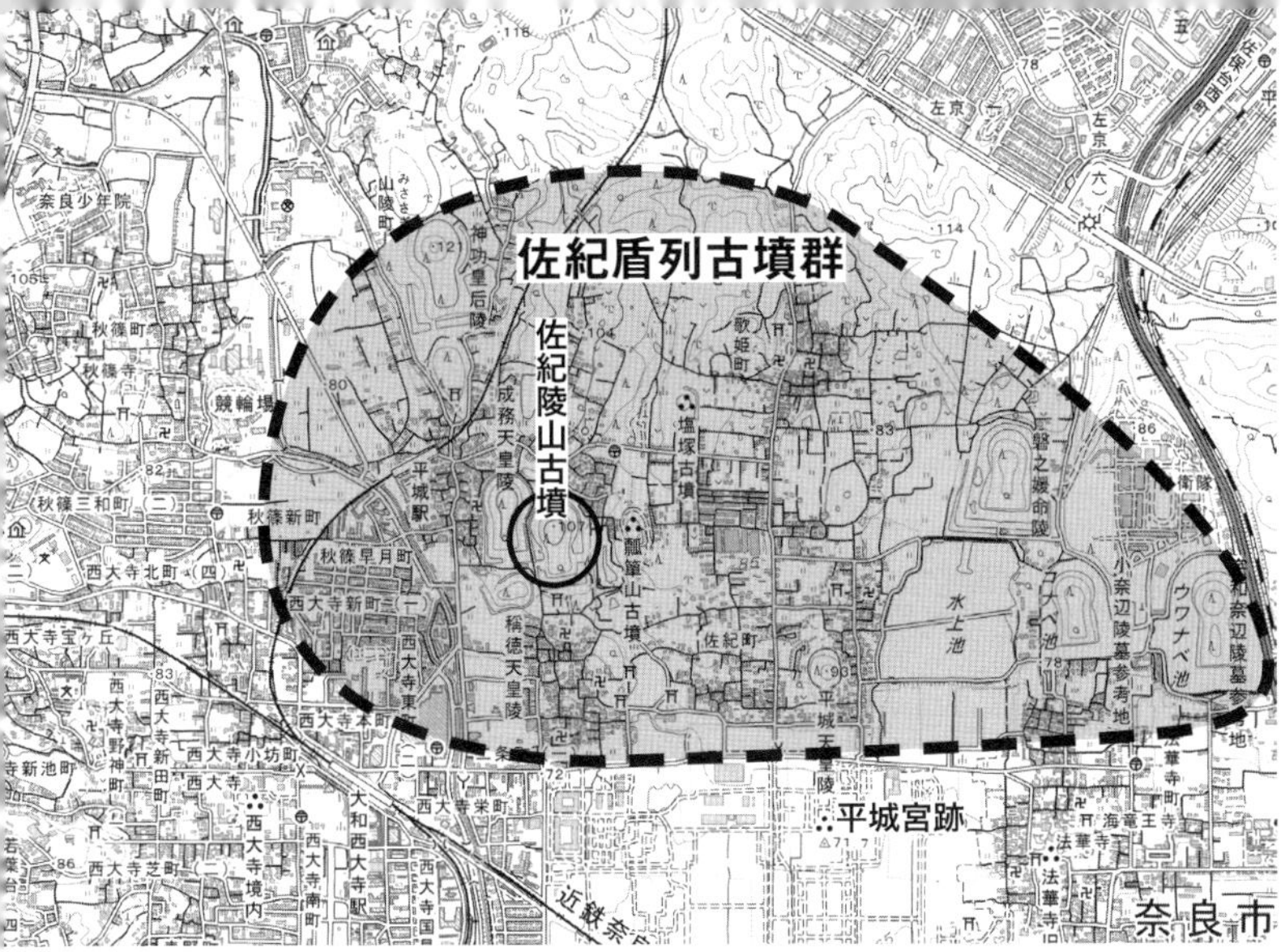

図5　佐紀盾列古墳群と佐紀陵山古墳（伝日葉酢媛陵）

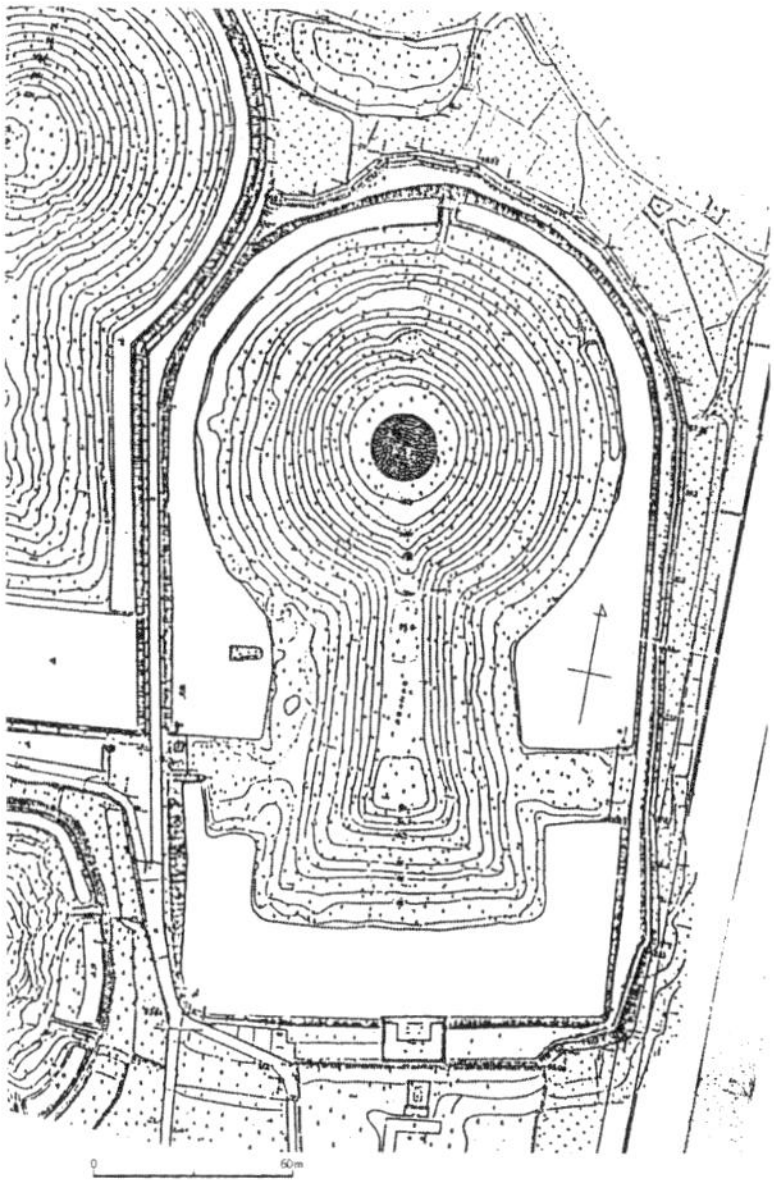

図6　佐紀陵山古墳(伝日葉酢媛陵)の墳丘実測図
（原資料は宮内庁書陵部所蔵「成務天皇狭城盾列池後陵　称徳天皇高野陵　皇后日葉酢媛命狭木之寺間陵之図」、学生社刊『古墳の航空大観』より転載）

図７　佐紀陵山古墳（伝日葉酢媛陵）

埴輪の製作開始時期

しかし、古墳に配された形象埴輪は、古墳時代の前期にあたる四世紀後半の古墳では、家形埴輪、蓋形埴輪、盾形埴輪、靫形《ゆきがた》埴輪、短甲形《たんこうがた》埴輪などが配置され、五世紀中ごろに馬形《うまがた》埴輪が加えられた。そして、人物埴輪は最も遅れ、五世紀後半から配されたことが明らかになっているので、『日本書紀』の記事とは一致しない。

ただし、近年の佐紀陵山古墳（伝日葉酢媛陵）に対する研究によると、古墳に形象《けいしょう》埴輪を配置するようになったのは、この佐紀陵山古墳（伝日葉酢媛陵）からの可能性が少なくないといわれている。このような研究状況からすると、『日本書紀』の編纂時に、土師氏が氏族の伝承説話として、形象埴輪を創作したということのみでなく、人道的な説話をも創作し、加えて提出したことになるだろう。

七世紀後半には、大化の薄葬令《はくそうれい》が契機となり、規模の大きな古墳を築造することが規制されるようになった。また墳丘上に埴輪を並べることも、すでに廃止されていたのである。このような葬送儀礼に対

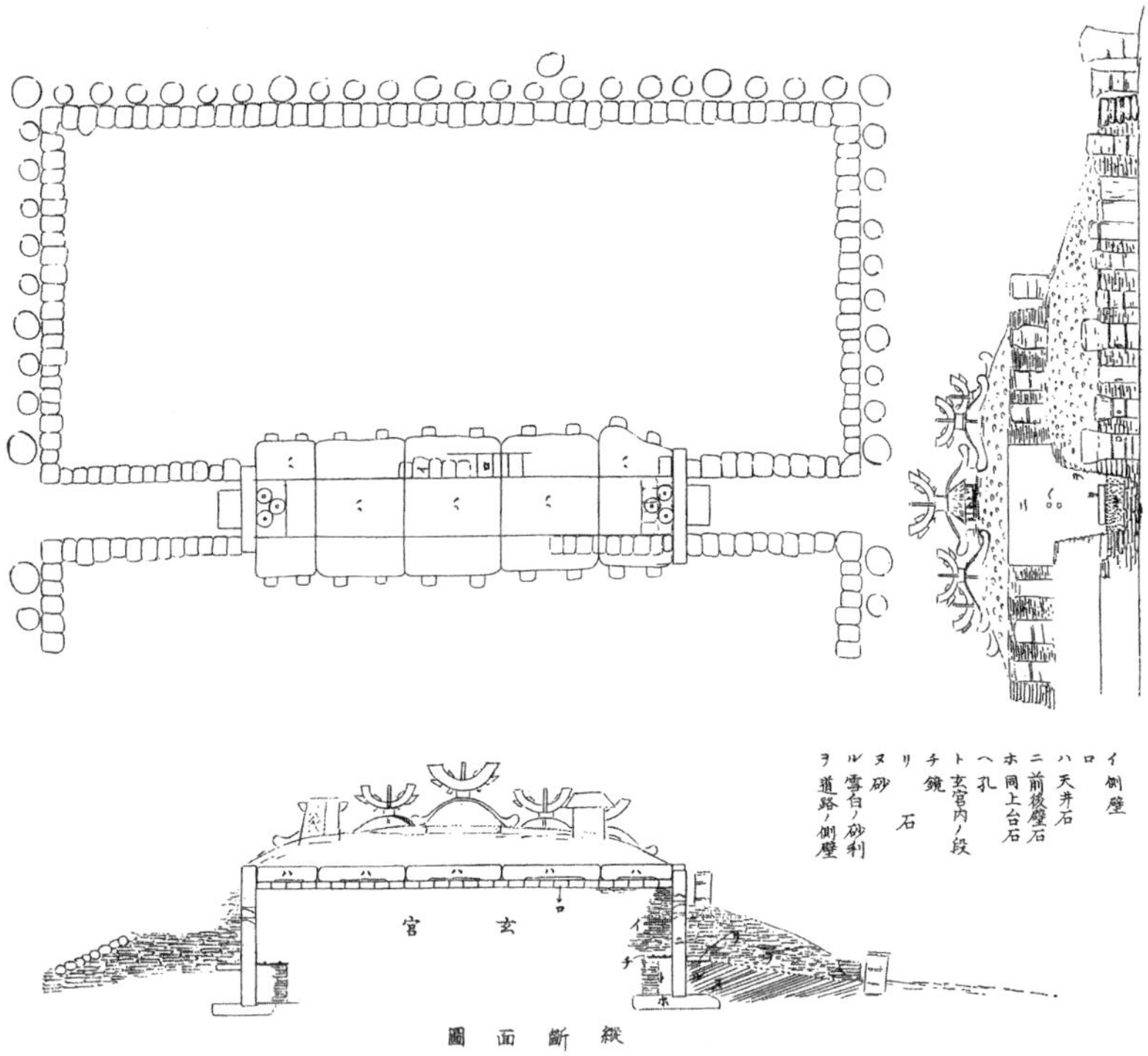

図8　佐紀陵山古墳（伝日葉酢媛陵）の後円部に配された形象埴輪
（原資料は宮内庁書陵部所蔵「和田千吉氏構想　狭木之寺間陵御所在復原図」、学生社刊『古墳の航空大観』より転載）

する著しい簡略化は、それまで古墳を築造するのを職掌とした土師氏にとっては、国家的な貢献への見通しがもてない状態であり、氏族伝承はこうした状態のもとで提出したものだったと推測される。

それにしても、古墳に形象埴輪を配置したとき、家や蓋、盾、靫、甲冑などをかたどったものとともに、人物の埴輪を当初から製作し、古墳に配置されなかったのは、なぜだろうか。また、形象埴輪として馬よりも遅れ、五世紀後半から配置されるようになったのはなぜか。これらは、これまで十分に問われていないことである。

人物埴輪製作のきっかけ

人物埴輪は、人体の頭、銅、腕などを空洞に作るので、高度な技術を必要としたことが要因かもしれない。しかし、必要であれば技術的には未熟でも、製作されたであろうから、それが要因とはみなせないだろう。人物埴輪が配置されるようになった五世紀は、倭《わ》の五王《ごおう》の時代であった。

この倭の五王時代は、南朝の南京《なんきん》に使節が派遣された。この南朝では、それ以前の秦漢代からの葬送儀礼として、墓室に家、井戸、竈、倉など多くの明器《めいき》とともに、男女の人物や家畜などの動物をかたどった俑《よう》や泥象《でいしょう》が多数副葬されていた。このような南朝の文化、文物、さらに葬送儀礼にともなう明器、泥象などを多く見聞して帰朝した倭の五王の使節らの情報が影響し、古墳での埴輪祭祀に、人物埴輪も加えられるようになった可能性が少なくないのではないか。

しかし、それまで、人物埴輪が配置されなかったのは、中国の葬送儀礼の情報不足だけではなかったのではないか。これは、人物埴輪を古墳に配することが困難な問題、あるいは支障というべきものがあったのではないかと思われる。たとえば、インドでは釈迦が亡くなった後、ストゥーパが造られ、釈迦の像を表現することは禁止され、仏足石《ぶっそくせき》として表現された。釈迦の教えも宝輪《ほうりん》として表現された。このような時期を一定経過した後、ガンダーラで初めて仏像が製作されている。

このような経緯を考慮すると、古墳時代の前期には、崇拝する神々、あるいは首長をはじめとする特定の人物を粘土などで表現することが禁止、もしくは禁忌されていたのではないかと推測される。古墳時代の前期には、ほとんど人物をかたどったものが知られていない。そして、神像は神獣鏡《しんじゅうきょう》など鏡の世界で見るだけだったと思われる。しかし、五世紀には、南朝へ使節が派遣され、南朝の文化・文物、葬送儀礼の情報が導入されるようになり、人物の表現を禁忌する慣習から、解放されるに至ったものと推測されるのである。そこで、初めて人物埴輪が古墳上に登場できたものとみなされる。今日でも、イスラームの世界では、マホメットの像を崇拝することはかたく禁じられていることを想起してみる必要があるだろう。

3 馬見古墳群《うまみこふんぐん》

――葛城氏の勢力を示す前期・中期の古墳群――

馬見古墳群の構成

奈良盆地の西南部には、大型首長墳《しゅちょうふん》が集中して築造された馬見《うまみ》古墳群がある。この馬見古墳群は、南北にのびる馬見丘陵一帯に築造された四世紀から五世紀の古墳群で、川合大塚山《かわいおおつかやま》古墳をふくむ北東支群、巣山《すやま》古墳・新木山《にきやま》古墳などをふくむ中央支群、佐味田宝《さみだたから》塚《づか》古墳などからなる西支群、新山《しんやま》古墳・築山《つきやま》古墳などによる南支群から構成される（図9）。

これらのうち、最も早く築かれたのは、南支群に位置する新山古墳である。新山古墳は、全長一二七メートル《メー トル》の前方後方墳《ぜんぽうこうほうふん》の墳形をなしている。埋葬施設は竪穴式石室《たてあなしきせきしつ》で、鏡三四面、鍬形石《くわがたいし》、石釧《いしくしろ》、金銅製帯《おび》金具《かなぐ》（図10）などが副葬されていた。金銅製帯金具は、中国の晋朝からもたらされたものとみなされている。これに続く佐味田宝塚古墳は、西支群に位置する全長一一〇メートル《メー トル》の前方後円墳《ぜんぽうこうえんふん》である。一八八一年（明治十四）に、粘土《ねんど》槨《かく》状の埋葬施設から鏡三六面、石釧、車輪石《しゃりんせき》、鍬形石《くわがたいし》などが出土した。鏡には、三角縁神獣鏡《さんかくぶちしんじゅうきょう》などとともに、四種の建物を表現した家屋文鏡《かおくもんきょう》がある。また、巣山古墳は中央支群に位置する全長二二〇メートル《メー トル》の四世紀末の大型古墳である。

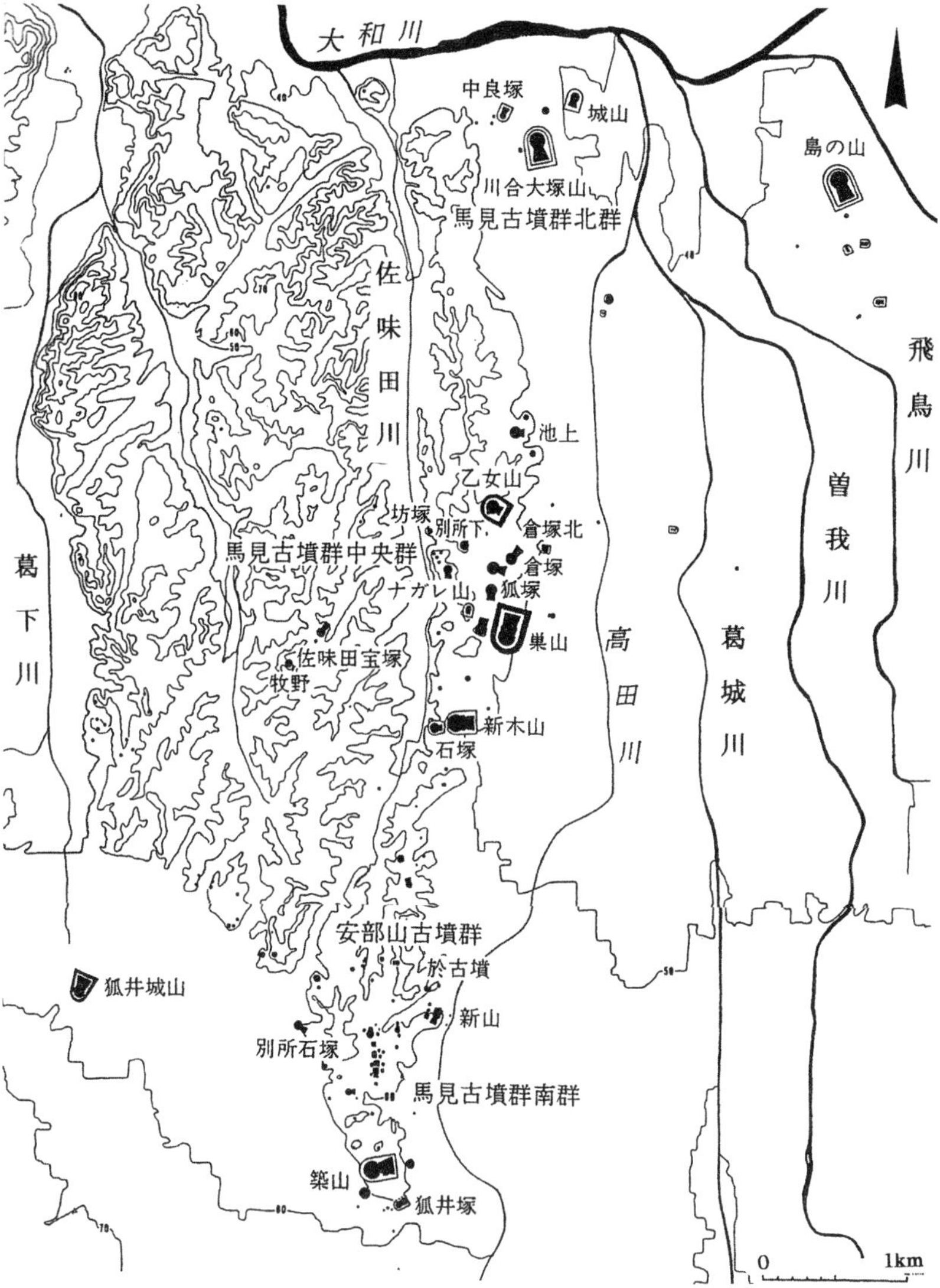

図9　馬見古墳群の古墳分布（奈良県立橿原考古学研究所『葛城氏の実像』、2006年）

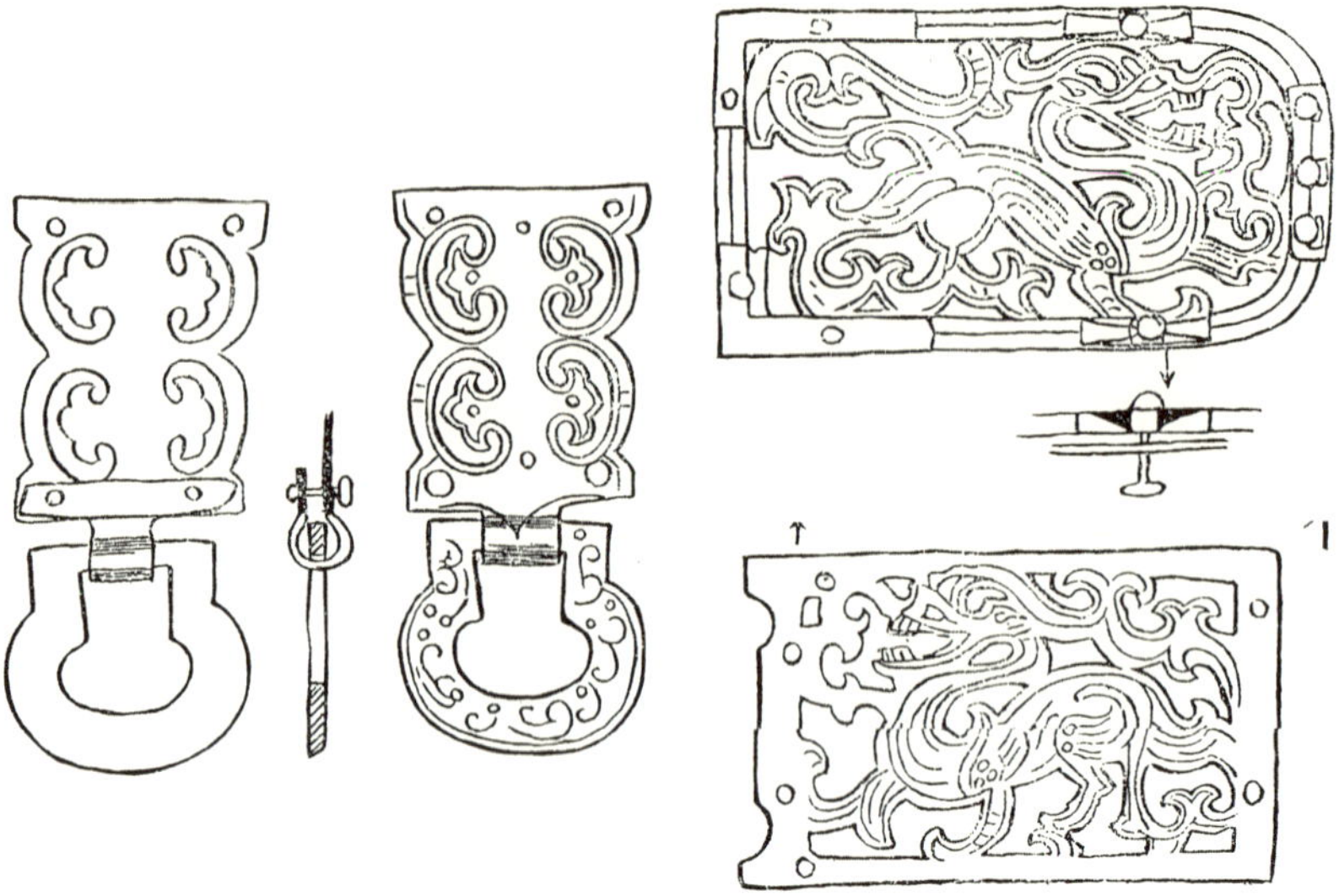

図10　新山古墳出土の帯金具
（梅原末治『大和国北葛城郡佐味田宝塚及大塚字新山古墳調査報告』1921年）

これらの大型首長墳をふくむ馬見古墳群は、これまで大和西南部に築造されており、森浩一氏が葛城《かつらぎ》氏によって築造された古墳群と指摘して以来、大和の有力氏族葛城氏の古墳群と考えられてきた。

『古事記』『日本書紀』と葛城氏の活動

ところが、近年は、馬見古墳群に大型の前方後円墳が多すぎるとして、大和政権の王室と関連をもつ古墳群とみる考えがだされている。しかし、最古期の新山古墳が前方後方墳の墳形をなしていること、『古事記《こじき》』『日本書紀《にほんしょき》』、さらに『延喜式《えんぎしき》』には、大和政権の大王家がここに埋葬された記事がまったくないので、そうは考えられないように思われる。

葛城氏は、「記紀」によると、葛城襲津彦《かつらぎのそつひこ》の女《むすめ》である磐之媛《いわのひめ》が嫁いだように、多くの女性が天皇家と婚姻関係をもったことが記されている。それだけに大和を本拠とした氏族でも、最も勢力をもつ有力氏族であったみてよい。かつて、井上光貞氏は、『日本書紀』神功皇后《じんぐうこうごう》六十二年条に記述されている葛城襲津彦を『百済記《くだらき》』に記す沙至比跪《さちひこ》と対比し、実在した人物とした（井上一九五六）。そして近年は、白石太一郎氏が築造年代とその規模からみて、室大墓《むろのおおはか》の被葬者に葛城襲津彦を推測する考えを提示している。しかし、葛城襲津彦は、神功皇后・応《おう》神《じん》・仁徳《にんとく》朝に朝鮮に派遣された将軍的な人物として、長きにわたって活動しており、活動した期間としては、長すぎるきらいがある。これは、この時期に大陸に派遣された葛城氏の何人かの有力首長の活動が、一人の襲津彦の活動として記されたものではないかと思われる。

河川交通と古墳群の立地

さて、馬見古墳群が、前述のように葛城氏に関連する古墳群とすると、どのような背景から、このような大規模な古墳群を形成することができたのだろうか。馬見古墳群は、現在の河合町、広陵町を中心に広く分布し、馬見丘陵の北端部から南端部にかけて広く大型首長墳が築造されている。

いま、この馬見丘陵の北東部から東方を眺望すると、じつに多くの中規模の河川が大和《やまと》川に流れこんでいるのを見ることができる。ここには東から流れる初瀬《はせ》川に、飛鳥《あすか》川、曽我《そが》川、葛城《かつらぎ》川、高田《たかだ》川などの河川が集中し、合流しながら流れこんでいる。馬見古墳群の東北部に築造された大型首長墳は、これらの河川が流れる一帯を望むように築造されている。とりわけ五條市域を水源とする曽我川、さらに葛城氏の本拠から流れる葛城川、高田川がここに流れこんでいる。このことは、これらの複数の中河川にともなう堤防の築造や維持・管理による治水が、この地域の有力首長にとっては、きわめて重要なことであったと考えられる。

古代では、陸路で多くの諸物資を運ぶことは困難であった。その点、船による水運や交通は、時間はかかるが、一時にじつに多くのものを運ぶことができる。重量のあるものは、水運でこそ運搬が可能であった。特に下流域へ運ぶときは、じつに適した運送手段であった。

この河川による輸送、交通をおこなうには、たえず河川を管理することが重要な課題になる。とりわけ複数の河川が合流する地には、土砂が堆積し、浅瀬になりやすく、一時的に雨が大量に降ると、河川が氾濫《はんらん》することになり、耕地を破壊するだけでなく、交通手段としても機能をはたせないことになる。それだけに、葛城地域の有力首長にとって、これらの河川の恒常的な管理は、きわめて重要なことであった。

大化《たいか》の改新《かいしん》では、古い習慣が廃止されている。その一つに、橋のない河川に設けられた津の渡しで、通行税を徴収することが禁じられている。馬見丘陵のすぐ東には、前述した複数の河川が大和川に流れこんでいる。このことは、これらの河川を利用し、多くの諸物資を船で漕運したり、通航したりするには、河川を管理する葛城氏とのかかわりなしには、通行しえないことであったとみてよい。いま、馬見丘陵の東地域の河川を通行するのに際し、今日の高速道路のように、通行料金を徴収したとすると、葛城氏は複数の重要な河川を管理していただけに、おのずと大きな経済力、さらには政治力をもつことになったものと推測される。馬見丘陵での大型首長墳の築造は、この地域の河川を葛城氏が掌握していたことを対外的に明示する記念物になったであろう。

4 佐味田宝塚古墳《さみだたからづかこふん》

——家屋文鏡に描かれた建物——

四種の建物が描かれた鏡

馬見《うまみ》古墳群のなかで注目される古墳の一つに、佐味田《さみだ》宝塚《たからづか》古墳（北葛城郡河合町）がある。この古墳は全長一一〇メートルの前方後円墳《ぜんぽうこうえんふん》であり、主体部は粘土槨《ねんどかく》で、その内部に三四面の銅鏡が副葬されていた（図11）。その中には家屋文鏡《かおくもんきょう》と呼ばれる銅鏡があり、日本では他に例のない四種の建物を内区に描いたものが出土したことがよく知られている。

この鏡に描かれた四種からなる建物の一つは、竪穴住居《たてあなじゅうきょ》である。その右に、切妻造《きりづまづくり》の高床《たかゆか》倉庫がある。これは、左側に梯子《はしご》がかかっている。その右に高床住居がある。これは建物の側面から見た状態で表現され、建物の正面に低い縁側、背面に手すりのついた梯子がついている。四つめの建物は、低い壇上に建てられた平地住居である（図12・13）。

これらの建物は、古墳時代の四世紀代に畿内に建てられていたものをモデルとして、日本の鏡作り工人によって描かれたと考えられるものである。しかも、長い間このような建物を描いた鏡は、中国ではまったく知られなかったので、これらの建物を描いた意匠は、日本の鏡作工人によって独創的に採用さ

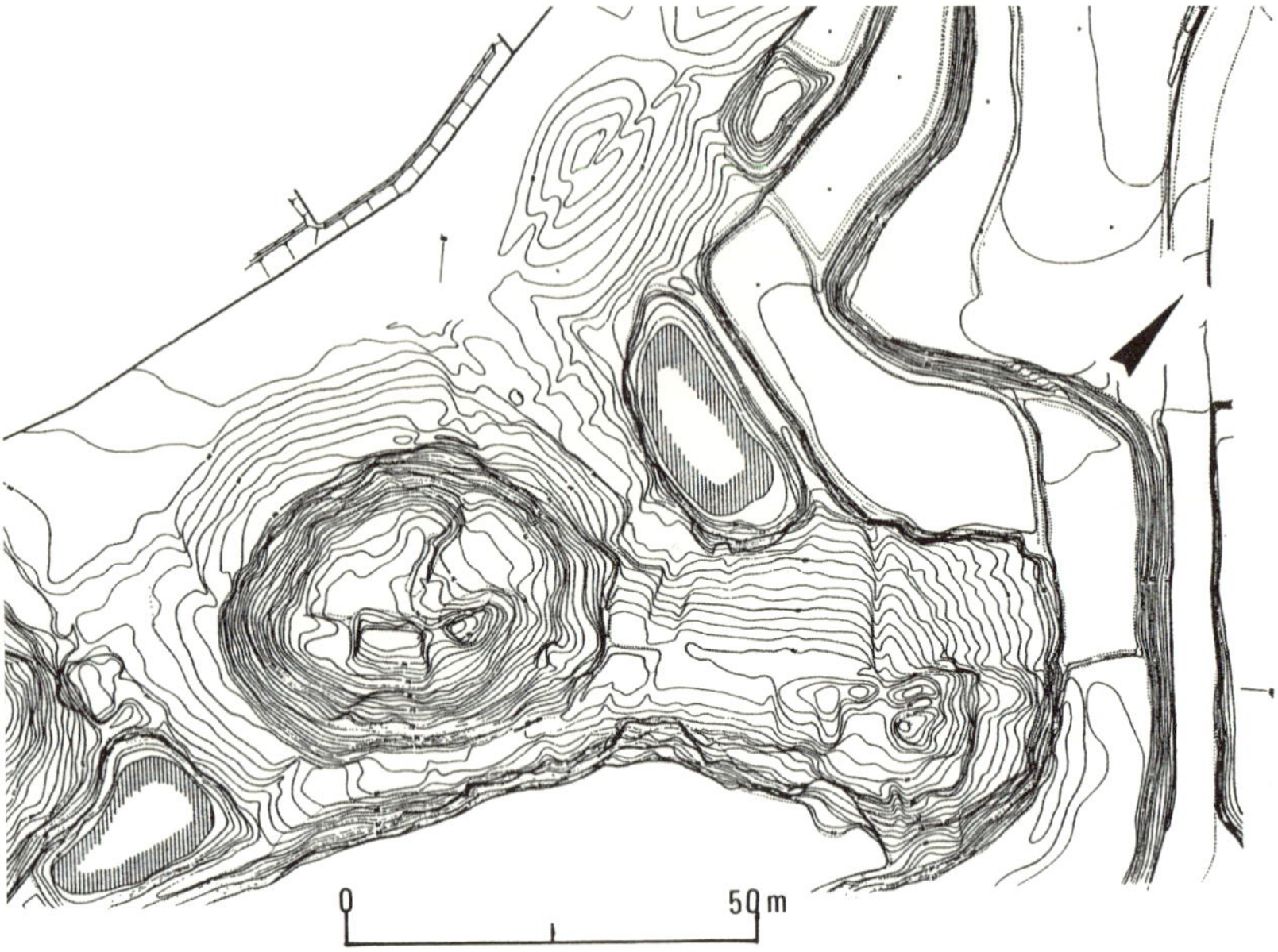

図 11　佐味田宝塚古墳の墳丘実測図
（河合町教育委員会・奈良県立橿原考古学研究所附属博物館『馬見丘陵の古墳』1988 年）

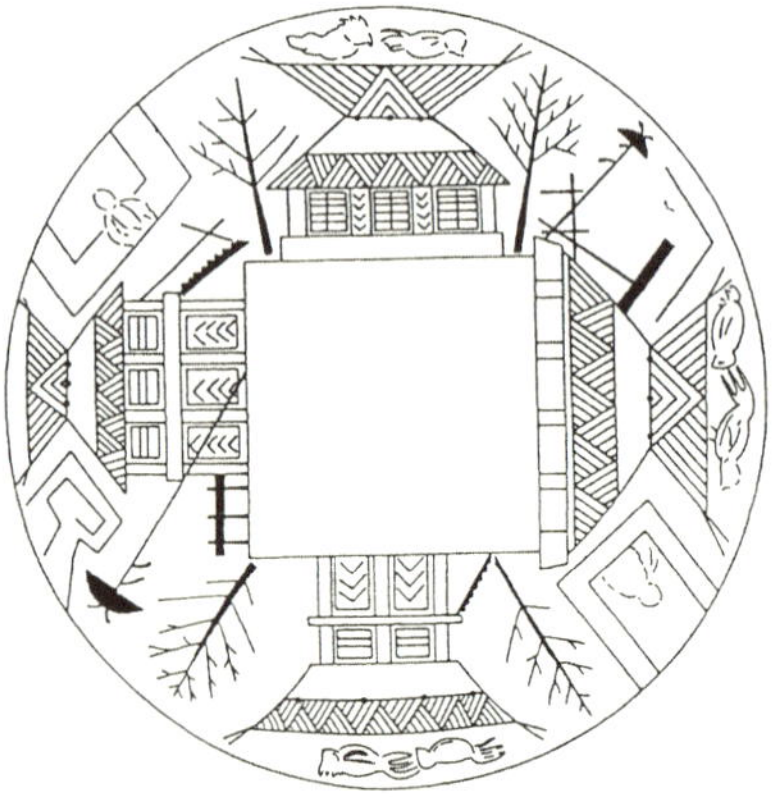

図 13　家屋文鏡書き起こし図

図 12　家屋文鏡（宮内庁書陵部所蔵）

れたものとみなされてきた。

家屋文鏡のモデルは何か

しかし、一九八八年（昭和六十三）六月、同志社大学の森浩一氏（当時）が、『浙江出土銅鏡』の本に収録された、中国の浙江省《せっこうしょう》から出土した同様の建物を表現した後漢《ごかん》代の屋舎人物画像鏡《おくしゃじんぶつがぞうきょう》を見出し、家屋文鏡はこのような鏡をモデルとして作られたものであると朝日新聞に公表されたのである。私もさっそく、この本を取り寄せて二つの鏡に描かれた住居などを比較してみた。

浙江省で出土している屋舎人物画像鏡（図14）は、中央の鈕《ちゅう》を中心として、三つの建物と人物が描かれている。一つは、傘状の屋根が重なり、中心に一本の軸が描かれた建物である。その両側には、人物が坐って相対する。その左には、二層の屋根の建物があり、右側に大きく竜のような獣が立ち上がる。その左には、上は傘状の屋根、下は寄棟《よせむね》のような屋根となり、太い柱が見える。さらに左に、大きく描いた坐る人物と、その両側に小さく二人の人物を描いている。

図14　屋舎人物画像鏡
（王士倫『浙江出土銅鏡』文物出版社、1987年）

このように、日本の家屋文鏡は、四種類の建物を描いただけだが、屋舎人物画像鏡の方は、いずれも二層の屋根からなる三棟の重閣《じゅうかく》風の建物を配して描いており、家屋文鏡と同一とはいいにくい面もある。しかし、鏡の内区文様に異なった建物を表現するという点では共通するので、家屋文鏡はこの鏡そのもの、あるいは他にも同様の建物を描いた鏡があり、それをもとに日本の四種の建物を表現したものと考えられるだろう。

中国の墳墓に副葬された屋舎人物画像鏡からみると、家屋文鏡は建物のみを描いており、より簡素な意匠になっている。したがって、家屋文鏡の文様はこれまでの理解のように、日本の鏡作り工人が独創的に発案したものではなく、中国の屋舎を描いた鏡をもとに、日本風に翻訳されたことになるだろう。

建物と鳥の表現の意味

しかし、日本の家屋文鏡では、屋舎人物画像鏡にはない屋根の上に、一対の鳥が止まって描かれていることも、また重視する必要がある。家屋文鏡に描かれた四種の建物には、屋根に一対の鳥が止まっている。しかし、高床住居のみは、鳥の表現がない。これは、他の建物には描いているので、空間が狭かったことから省略したもので、本来は描くはずだったとみてよいだろう。

この家屋文鏡の建物と鳥を一体に表現したものと、少なからず関連をもつと考えられるものに、中国の山東省《さんとうしょう》嘉祥《かしょう》県《けん》で見つかっている漢代の墳墓の壁に描かれた著名な武氏祠《ぶしし》の画像石《がぞうせき》の表現がある（図15）。武氏祠の画像石は、後漢代に山東省を中心に広まった神仙思想《しんせんしそう》をみごとに表現したもので、亡くなった墓主が神仙界へ到達した状況を中心に描いたものである。筆者はこれまで三度、山東省の曲阜《きょくふ》に近い嘉祥県にある武氏祠博物館を訪れて詳細に見たことがある。

武氏祠の画像石では、下段に、墓主が車馬に乗り神仙界へ出行する状態が描かれている。また中段では神仙界にたどり着き、扶桑《ふそう》の下で、それまで乗ってきた馬車の馬を開放した状態を描き、楼閣《ろうかく》建物の

図15　武氏祠の画像石（孫青松・賀福順『嘉祥漢代武氏墓石刻』2004年）

下では、墓主が神仙界にたどりついた労がねぎらわれている。そして、楼閣の階上では、正面を向く西王母《せいおうぼ》を中心に、宴会がおこなわれている状態が表現されている。しかも、この楼閣建物の屋根上に、注目すべき一対の鳳凰《ほうおう》のような大きな鳥がとまっている。この一対の鳳凰こそ、家屋文鏡の建物の屋根上に表現されている鳥と同一系譜でつながっているものと思われるのである。

このように、中国後漢の祠堂《しどう》や墳墓に描かれた画像石の絵画にみる昇仙図《しょうせんず》には、建物の上に一対の鳳凰を表現したものは、じつに顕著にみられるので、家屋文鏡に表現された一対の鳥も、この系譜をひいて描かれたものとみて間違いないものである。では、どのような意味で、日本の家屋文鏡に一対の鳥を描いたのだろうか。

鏡と神仙界

古墳時代に副葬された鏡には、しばしば、吉祥の銘文が刻まれている。これには、「上は仙人ありて老いを知らず、渇しては玉泉《ぎょくせん》を飲み、飢いては棗《なつめ》を食らう。天下に浮遊して四海に敖《ごう》す」などという神仙界を述べる文がしばしば刻まれている。古墳時代前期の古墳に、このような神獣鏡が副葬されたのも、日本古代の首長層が、中国の神仙思想を受け入れていたことによるものとみてよい。おそらく、日本の首長層はこれらの銅鏡を、不老長寿につながるものとして、また死しては神仙界へ赴くパスポートとしての役割をはたすものと考えていたと推測されるのである。

もしそうだとすると、この家屋文鏡も単に四種の建物を描いただけでなく、この鏡をもった被葬者が、つぎの神仙界へ入ることを許可する証明書にあたるものとして描かれたものと解釈できるだろう。

このように、家屋文鏡に描かれた建物は、古墳時代の前期に構築されていた四種の建物を示したカタログではなく、神仙界で居住する建物として描くことが必要とされ、そのため神仙界の鳳凰が屋根上に描かれたものと理解されるのである。なお、この家屋文鏡は、馬見古墳群の佐味田宝塚古墳から出土しているだけである。それだけに、この銅鏡は葛城氏に所属する鏡作り工人によって製作された可能性が少なくない。

5 島の山古墳《しまのやまこふん》

――多量の石製腕飾類が配された被葬者――

「記紀」の検証

『古事記《こじき》』の「序文」には、天武天皇のとき、『帝紀《ていき》』『本辞《ほんじ》』に誤りが多いので、正しい『帝紀』と『本辞』『旧辞《くじ》』を伝えようとし、稗田阿礼《ひえだのあれ》に習誦するように命じたとある。しかし、そのままになったので、元明《げんめい》天皇が太安萬侶《おおのやすまろ》に命じて稗田阿礼が暗誦しているものを記録し、提出させたものが和銅五年（七一二）正月二十八日に完成したとしている。その後の養老四年（七二〇）、『日本書紀《にほんしょき》』も完成した。

これらの「記紀」のうち、『古事記』は叙事詩的に、『日本書紀』は年月日を明記し、編年的に歴史を述べている。『古事記』は、上巻・中巻・下巻からなり、上巻は神代のこと、中巻は応神《おうじん》天皇まで、下巻は仁徳《にんとく》天皇から推古《すいこ》天皇まで記されている。

『古事記』の序文に記す『帝紀』は、日継《ひつぎ》のこと。『本辞』は天皇・皇子・皇女や氏族の伝承が書かれたものである。このうち『帝紀』に記された内容は、古く武田祐吉氏によると、a天皇の続柄、b御名、c皇居と治世年、d后妃と皇子・皇女、e事績の簡単な記事、f皇子・皇女の事績、g崩御《ほうぎょ》年月日と山陵が記されていたとする。しかし、井上光貞氏は、eとfの事績はふくまれている場合にあるが、必ずしも記されたものとはいえないとした。

ところで、戦前には、「記紀」の内容は、そのまま真実なものとする歴史教育が行われた。しかし、津田左右吉《つだそうきち》氏は、「記紀」に記された内容は、そのまま歴史的なものとは考えられないとした。第二次世界大戦以後の歴史教育では、「記紀」に記されたことは、大半が歴史的な事実とは遠いものとされている。とりわけ、『古事記』は叙事詩的に記されており、歴史というよりも文学とみなされるようになった。

さて、考古学による古墳の発掘では、その古墳に埋葬された被葬者がつねに問題になる。その際に決まったように、「記紀」に被葬者の人物が求められることになる。四〜六世紀代に実在した人物を求めるとなると、「記紀」の記載はそのまま事実ではないとしながらも、それ以外にはよりどころがないのが実情である。ここで具体的に「記紀」とかかわる古墳の被葬者の問題を取りあげてみたい。

島の山古墳の発掘と被葬者論争

一九九六年（平成八）に奈良県磯城《しき》郡川西町で全長一九〇メートルの島の山古墳（図16・17）の前方部が発掘され、長さ八・五メートル、幅一・七〜二メートルの長大な粘土槨《ねんどかく》が見つかった。しかも、この粘土槨上には車輪石《しゃりんせき》八〇、鍬形石《くわがたいし》二一、石釧《いしくしろ》三二の石製腕飾《うでかざり》類が全面を覆うようにおかれていた。これらは東半部に車輪石が集中し、西半部に鍬形石、石釧が集中するところがみられながらも、それらの中にも車輪石がおかれていた（図18）。このように多量の石製腕飾類が配された他に、これらの石製品の上には、一三〇〇点におよぶ玉類がばらまかれていた。

その後、粘土槨の内部の調査では、木棺の中央部にあたる被葬者の頭部付近から銅鏡三、碧玉製合《へきぎょくせいごう》子《す》三、大型管玉《くだたま》五、竪櫛《たてぐし》一が副葬され、首から胸に相当するところで三連の管玉と親玉からなる首飾り、

図16　島の山古墳の全景（奈良県立橿原考古学研究所提供）

図17　島の山古墳

図18　島の山古墳の石製腕飾類と出土状態（奈良県立橿原考古学研究所提供）

また二連からなる手《て》玉《だま》が見つかっている（図19）。このように前方部に埋葬された被葬者は、手玉が見つかったことと、武器がまったく副葬されていないことなどから、女性に想定されている。

調査後、この被葬者に対して田中卓《たかし》氏が古墳の付近に糸井神社があること、この古墳はもと「島根山」と呼称されたとし、その所在地が『和名類聚抄《わみょうるいじゅうしょう》』の三宅《みやけ》郷にあたり、そこに三宅連、糸井造が本拠としていたと推測した。そして、被葬者として『古事記』に記す応神天皇の妃である糸井《いとい》比売《ひめ》が前方部に、その父の嶋垂根《しまたりね》が後円部に埋葬されたとする見解を明らかにした。

しかし、直木孝次郎氏は、これまで被葬者を古墳名にする古墳の例がないこと、島根山の名称は糸井比売の父の嶋垂根を被葬者とする考えから生まれたこと、『日本書紀』の応神紀には嶋垂根は見えず、糸井比売に相当する女性は糸媛と伝えているとする。そして、糸井比売が実在の人物であり、一四〇個を超える石製腕飾類で覆われるほど応神に寵愛された妃なら、応神が埋葬されたと伝える河内の志紀《しき》郡かその周辺に墓を求めるべきであろうとし、「記紀」に被葬者を求めることを戒めている。

被葬者は葛城氏にかかわる女性

ところで、島の山古墳は、その所在地からみて葛城《かつらぎ》の本拠の東端に造られた古墳である。この大型首長墳《しゅちょうふん》の被葬者は、後円部、前方部ともに、あるいはいずれかが葛城氏にかかわる被葬者と想定される。しかし、後円部の埋葬主体部は、竪穴式石室《たてあなしきせきしつ》であることと副葬品の一部が知られるだけである。

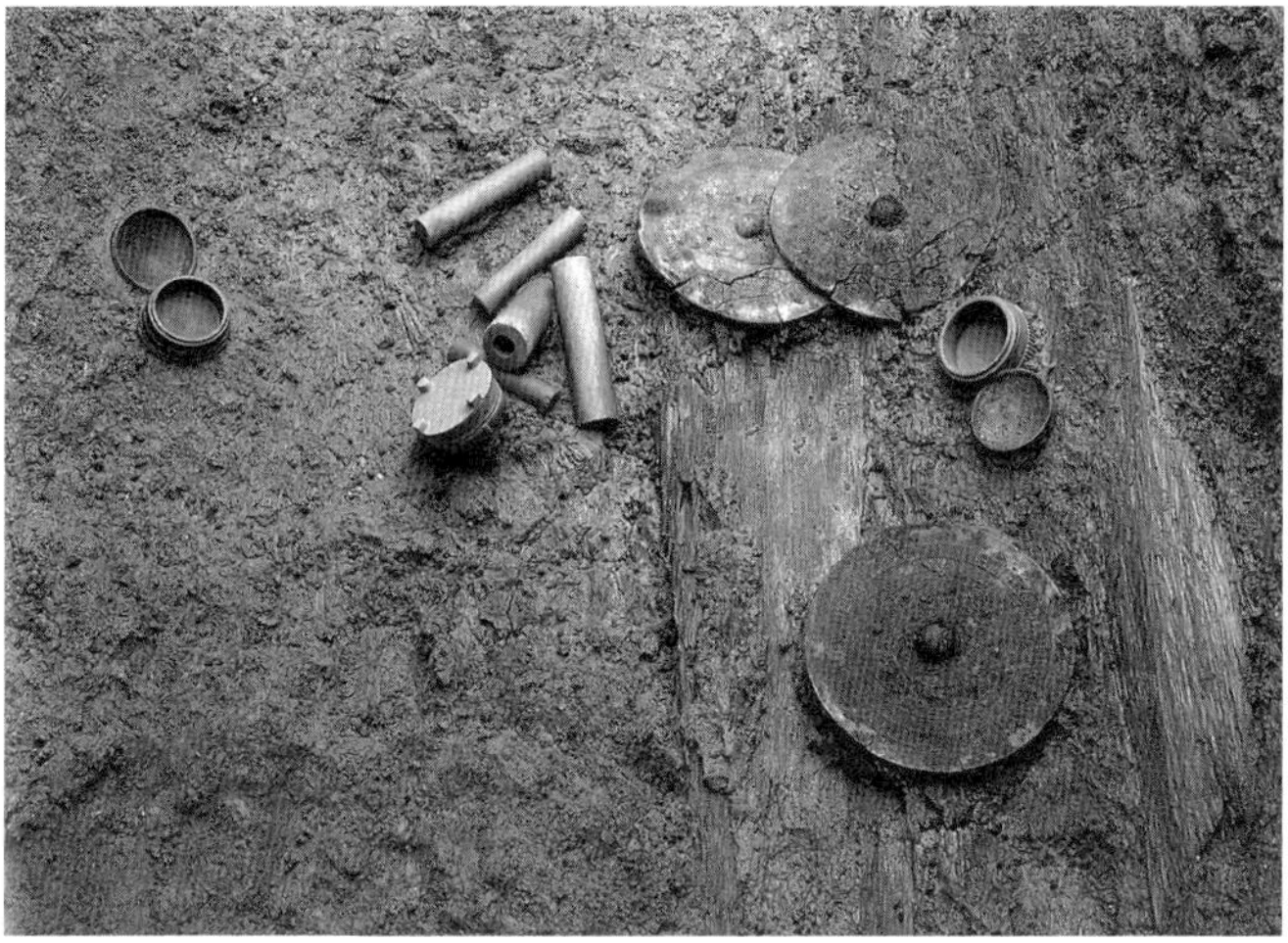

図19　島の山古墳と棺内副葬品の状態（奈良県立橿原考古学研究所提供）

そこで、前方部に埋葬された女性をあえて葛城氏にかかわる人物とみなして「記紀」に求めると、『日本書紀』には、神功皇后《じんぐうこうごう》の母を葛城高額媛《たかぬかひめ》と記していることから、高額媛が被葬者の候補になる。そして前方部の粘土槨内の木棺には、鏡三、石製合子三、竪櫛一など副葬品はごくわずかであった。これらは、被葬者自身の社会的地位、あるいは力量を示したものとみてよい。しかし、それにもかかわらず粘土槨上には、一四〇個以上の石製腕飾類が敷きつめられていたのである。しかも、いずれも同型、同大に造られた車輪石（図20）、鍬形石、石釧が並べられていた。

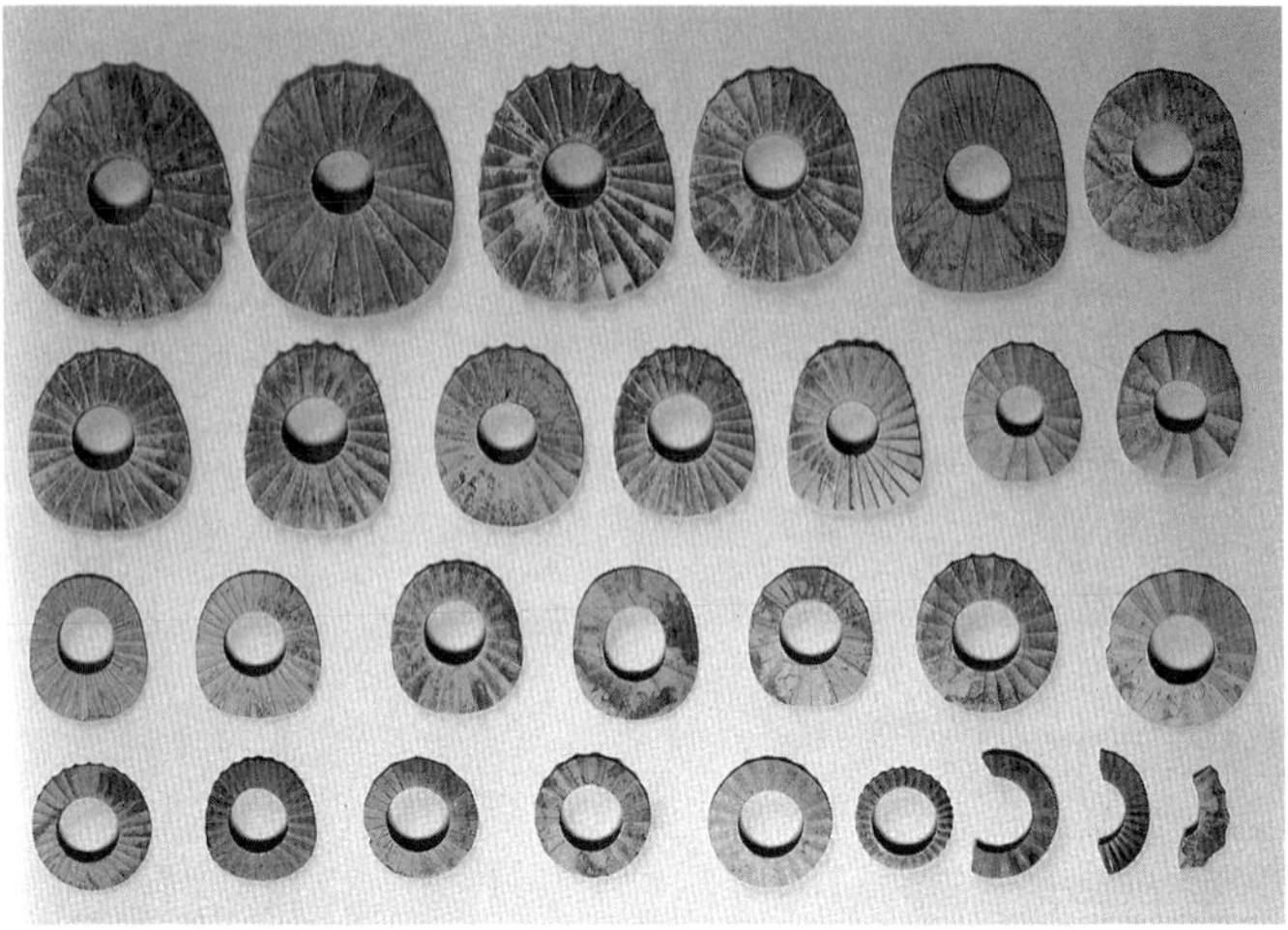

図20　島の山古墳出土の車輪石（奈良県立橿原考古学研究所提供）

これは神功皇后が母の高額媛を埋葬する最後の葬送儀礼に際し、葛城氏、父の気長宿禰王《おきながのすくねのおう》の一族である息長《おきなが》氏、大王家の参列者に相当する数の車輪石、鍬形石、石釧が準備されたものと推測される。そして、これらの石製腕飾類は、葬送祭祀をおこなう祭主によって参列者に一個ずつ玉串《たまぐし》のようにわたされ、ついで粘土槨上に配列されていったと想定されるのである。

このように、さほど社会的地位が高かったとは思えない前方部の女性被葬者に対し、じつに多くの石製腕飾類が配列されていたことは、葛城氏における高額媛と神功皇后の存在を想定することなしには、容易に説明しにくいのではないか。これらの多量の石製腕飾類は、神功皇后が宝器として母の高額媛が埋葬された粘土槨上の全面に供給させるという、それまで例のない盛大な葬送儀礼をおこなうことによって、高額媛の葬儀を権威づけたものである。そして、まさに神功皇后がもつ権力を参列者に誇示したものと思われる（小笠原二〇一七）。

このように理解すると、この島の山古墳の前方部にみる他に例のない多くの石製腕飾類の供献は、これまで伝説的な人物とみなされている神功皇后が実在した可能性がきわめて高くなったものと思われる。

そして、『帝紀』には神功皇后が記されており、応神天皇の母として実在したものとみなされるのである。

そして、このことは、現代の歴史学は、『古事記』の序文に記すように、皇統譜、系図を主とする『帝紀』に記された神功皇后と、物語や伝承を収録した『本辞』『旧辞』によって記された神功皇后とは、明確に区別して扱うべきことを示している。

6　巣山古墳《すやまこふん》 —1

——前方部で見つかった出島状遺構——

巣山古墳の石室と副葬品

大和盆地の西部にある馬見《うまみ》古墳群は、多くの前方後円墳《ぜんぽうこうえんふん》をふくんで築造されているが、その丘陵中央部に築造された大型の前方後円墳に巣山《すやま》古墳（北葛城郡広陵町）がある。

この大型首長墳《しゅちょうふん》は、丘陵の東麓に平行して北向きに築造されている。墳丘は三段に築造され、くびれ部には両側に造出がつけられている。これまで古墳の全長は二〇二メートルとされてきたが、近年の確認調査によると二二〇メートルの規模であることが明らかになった。墳丘の周囲には幅の広い周濠《しゅうごう》がめぐっている（図21）。一九二六年（昭和二）に史跡に指定されたときの上田三平氏の報告では、後円部に盗掘された孔が二つあり、二基の南北方向の竪穴式《たてあなしき》石室が確認されている。西の石室は割石で造られ、天井石《てんじょういし》が四枚残っていた。また、東の石室には三枚の天井石が遺存することが報告されている。

明治年間に盗掘を受けたことがあり、その際に多くの遺物が見つかっている。これには、鍬形石《くわがたいし》四個以上、車輪石《しゃりんせき》三、石釧《いしくしろ》一、滑石製大勾玉《かっせきせいおおまがたま》一、滑石製勾玉三五、管玉《くだたま》六三、棗玉《なつめだま》三、滑石製刀子《とうす》一一などが出土している。これらのうち、鍬形石の一つに帯状をなす多数の凸帯に、縦に細かく刻みを加飾したものが一個ある。また、滑石製大勾玉は、九・五チセンの大きさなもので、頭部に平行する溝をつけ、鋸歯《きょし》文《もん》や櫛歯《せつし》文《もん》を加えており、注目されるものである。これらの副葬品からみると、巣山古墳は、四世紀末に築造されたものと考えてよいものである。

見つかった出島状の遺構

さて、この古墳は二〇〇〇年（平成十二）から広陵町教育委員会が四次にわたって墳丘裾部《すそぶ》の発掘調査を実施し、墳丘の全長、葺《ふき》石《いし》の状態、二つの前方部隅を確認する発掘をおこなっている。この調査によって、全長を確認できただけでなく、西側前方部の中央部に近いところから、予期しない墳丘から周濠にのびる大きな出島《で》状《じまじょう》の遺構が見つかった（図22）。

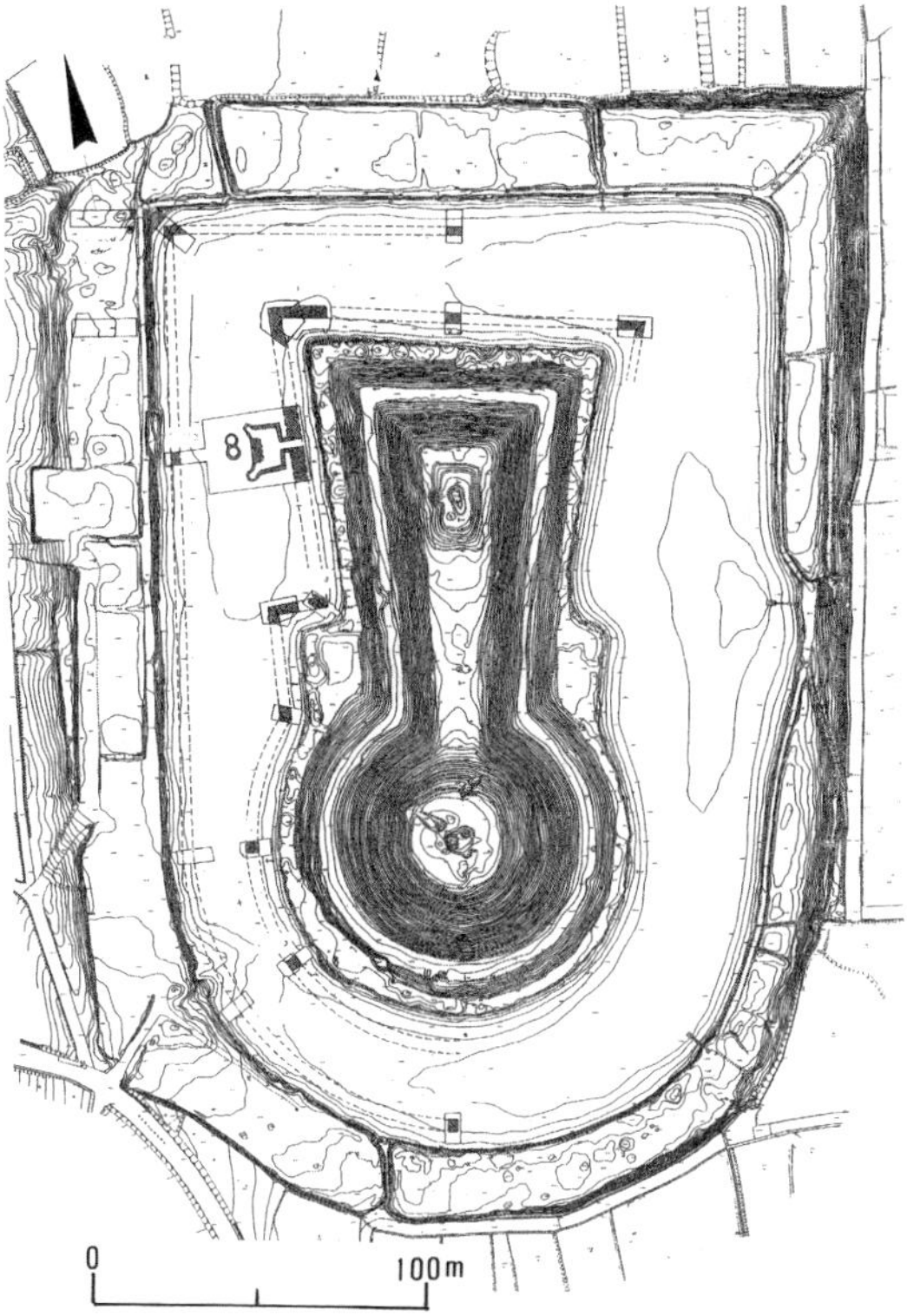

図21　巣山古墳の墳丘実測図
（広陵町教育委員会編『巣山古墳調査概報』学生社、2005年）

この出島状遺構は、周濠の堆積土に覆われていたが、一・五メートルほどの高さで二段に

図22　巣山古墳の出島状遺構（広陵町教育委員会提供、阿南辰秀撮影）

築かれ、葺石を施していた。この出島の形状は、墳丘から西へ幅五メートル、長さ五メートルほどの狭い土橋がのび、その西に南北一六メートル、東西一二メートルの南北に長い矩形の島をなしていた。しかも、西北端は細く突起状に、西南端も半島状に少し突き出しながらも円状をなし、いずれも端部に複数の大きな立石を配していた。この出島状遺構の上面は、全体に白石が敷きつめられており、家形埴輪《いえがたはにわ》や蓋《きぬがさ》形《がた》埴輪、さらに水鳥形《みずどりがた》埴輪などの形象《けいしょう》埴輪が出土した。さらに二・五メートル隔てた西には、南北に長い七メートルほどの規模のヒサゴ状をなす島も設けられていた（図23）。

出島状の遺構と水鳥形埴輪の性格

では、このような巣山古墳の前方部西側で見つかった出島状遺構は、どのような性格をもって設けられたものだろうか。近年におこなわれた他の前方後円墳の発掘例をふくめて考えてみよう。

巣山古墳の出島状遺構には、その上面に白石が敷きつめられていた。また、入母屋《いりもや》造《づくり》や切妻造《きりづまづくり》など、七個体の家形埴輪が出土している。これらの家形埴輪は、壁の四面に透かしを入れており、御所《ごせ》市室宮《むろみや》山《やま》古墳のものと共通点が多いものである。これらの家形埴輪の周辺からは、七個の蓋形埴輪、四個の盾《たて》

図23　巣山古墳の出島状遺構と埴輪の復元(広陵町教育委員会提供)

形《がた》埴輪も見つかった。また、柵形《さくがた》埴輪と呼ぶ長方形で上端を鋸歯状にした埴輪も、頂部から西側に転落して一〇個ほどが見つかっている。この柵形埴輪は、大阪府狼塚《おおかみづか》古墳や今城塚《いましろづか》古墳にみるように、空間を区画するために配されたものとみられる。さらに、囲形《かこいがた》埴輪も見つかった。この囲形埴輪は、屈曲した鈎形《かぎがた》をなし、短い一端の壁面に入口を設け、その上部に鋸歯状の突起がつけられている。これらの他にも注目される形象埴輪に、西南部の岬状をなす突出部の渚から、三個の水鳥形埴輪が出土しており(図24)、これらは水際に配されていたものとされている。

このような形象埴輪などの出土状態から、調査関係者はこの出島状遺構は、柵形埴輪が結界を示す聖域に家形埴輪を配し、それらを威儀《いぎ》具の蓋形埴輪や盾形埴輪で囲んでいたものと推測している。また、囲形埴輪が検出されているので、導水型《どうすいがた》土製品は見つかっていないが、導水祭祀がおこなわれたものと推測している。

さらに、水鳥形埴輪は、岬《みさき》状の突出部に置かれていたので、これらの水鳥は、「記紀」に白鳥説話が記されているように、遠い海のかなたの常世《とこよ》とかかわるものとし、南西の突出部の水鳥形埴輪は、常世の水辺の情景を表現したものと想定している。しかも、この常世は海の

図24　巣山古墳の出島状遺構から出土の水鳥型埴輪
（広陵町教育委員会所蔵、阿南辰秀撮影、小学館提供）

かなたにある島であり、永遠の神仙界と理解している。つまり、巣山古墳の出島状遺構は、亡くなった首長層が住む神仙界を再現したものであり、常世の海、常世の浜を表現したものであったとしている。古墳の周濠に出島状遺構を設け、水鳥形埴輪を配した例には、大阪府藤井寺市の津堂城山《つどうしろやま》古墳がある。この津堂城山古墳の島状遺構も同様のもので、四隅に立石が配されていた。

さて、巣山古墳で見つかった出島状遺構は、調査関係者が想定するように、首長層が他界した後に赴く神仙界を表現したものと考えられる。しかも島を意識して表現し、その州浜《すはま》には水鳥形埴輪も配されている。

このような神仙界や神仙思想で、島に関連するものとしては蓬莱島《ほうらいじま》がある。秦始皇帝は、山東半島の東海上にあった蓬莱島に、不老不死の薬を求め、斉国の琅邪《ろうや》出身の徐福《じょふく》を派遣したことはよく知られている。この出島状遺構こそ、まさに中国の神仙思想の影響を強く受けた日本の首長層が思い描いた蓬莱島を表現したものではないかと思われる。

7 巣山古墳《すやまこふん》——2

——被葬者像の追究——

英雄時代論争

戦後まもなく石母田正《いしもだしょう》氏が執筆した「古代貴族と英雄時代」(『石母田正著作集』一〇、岩波書店、一九八九年所収)という論文では、「古事記の一考察」という副題がついていた。ここでは『古事記《こじき》』が叙事詩であることを述べ、しかも、神武《じんむ》天皇の行動には、まったく抒情性が読みとれないという。しかし、景行《けいこう》天皇によって日本武尊《やまとたけるのみこと》が西へ向かい、ついで東へ赴いた叙述には豊かな抒情性があり、彼の人間性もまた描かれていると述べている。しかも、日本の原始社会から国家ができるまでには、英雄が活躍した時代があったという。これは、ギリシャのホメーロスによる叙事詩に描かれたような英雄時代が日本にもあったのだとしている。また、この著作では、戦前は「記紀」の記述を歴史として信じさせられた時代に、津田左右吉《つだそうきち》氏が「記紀」の物語が歴史的事実ではなかったことを証明するためにほとんどすべての学問的努力をしなければならなかったほど、日本の歴史学の環境は学問としてみじめで野蛮であったとした。そして、「記紀」に記された英雄的行動なしには国家は創造しうるものではないとし、英雄時代があったことを提起したことから、英雄時代論争が展開した。

考古学は発掘した遺構や遺物から、過去の歴史を復元する。しかし、過去の歴史の時代にかかわる情報が乏しい場合には、その時代の歴史には届きにくく、どうしても現代社会を投影した歴史になりがちである。それには、古代に記述された「記紀」と対比することによって、より古代の実態に近づくことが必要である。

大型首長墳・巣山古墳

さて、先に大型首長墳《しゅちょうふん》の前方部に埋葬された被葬者に言及した島の山古墳は、馬見《うまみ》古墳群の東端に築造された大型首長墳である。この馬見丘陵には前期の四世紀から後期の六世紀にかけて二五〇基におよぶ古墳が築造されている。

このように多くの古墳が築造されているが、二〇〇㍍《メートル》を越える天皇（大王）陵に近い大型の前方後円《ぜんぽうこうえん》墳《ふん》が初めて造られたのは、馬見丘陵の中央部の東側にある巣山《すやま》古墳である。

この古墳は北向き三段に造られた全長二二〇㍍《メートル》の大型墳で、濠《ほり》を掘った土を墳丘と東側の外堤に積んでいる。古墳の後円部の墳頂にあがると、西より二つの竪穴式《たてあなしき》石室がある。いまは盗掘された痕跡は埋まっているが、西には四枚の天井石、その東ではもう一つの石室があり、三枚の移動した天井石が見えていたという。また、前方部にも、小さな石室があった。これらは明治年間に破壊されたようで、車輪《しゃりん》石《せき》三、鍬形石《くわがたいし》四、管玉《くだたま》六三、棗玉《なつめだま》三、滑石製大勾玉《かっせきせいおおまがたま》一、石製刀子《とうす》一一などが宮内庁書陵部に収められている。

近年の広陵町教育委員会による発掘調査では、前方部の西側で出島状遺構が検出されていることは前述した。また、前方部の北西端では、小型の明器《めいき》の鋤《すき》四、三又鋤一、火きり臼《うす》二、掘棒一の木製品が見つかっており、ここでも古墳築造に関連する儀礼がおこなわれたとみなされている。

ところで、この巣山古墳は、葛城氏の本拠地に築造された馬見古墳群で初めて二〇〇《メートル》を超えて造られた記念碑的な大型首長墳であった。しかも、周辺には一〇〇《メートル》以上の規模を持つもつ前方後円墳の一《いっ》本松《ぽんまつ》古墳、倉塚《くらつか》古墳、ナガレ山古墳、帆立貝式《ほたてがいしき》の乙女《おとめ》山《やま》古墳などの首長墳が集中して造られている（図25・26・27）。これらは巣山古墳の被葬者と同族関係、もしくは擬制的な同族関係をもって築造された首長墳と、帆立貝式の乙女山古墳のように有力家臣の墓がふくまれているものと理解される。

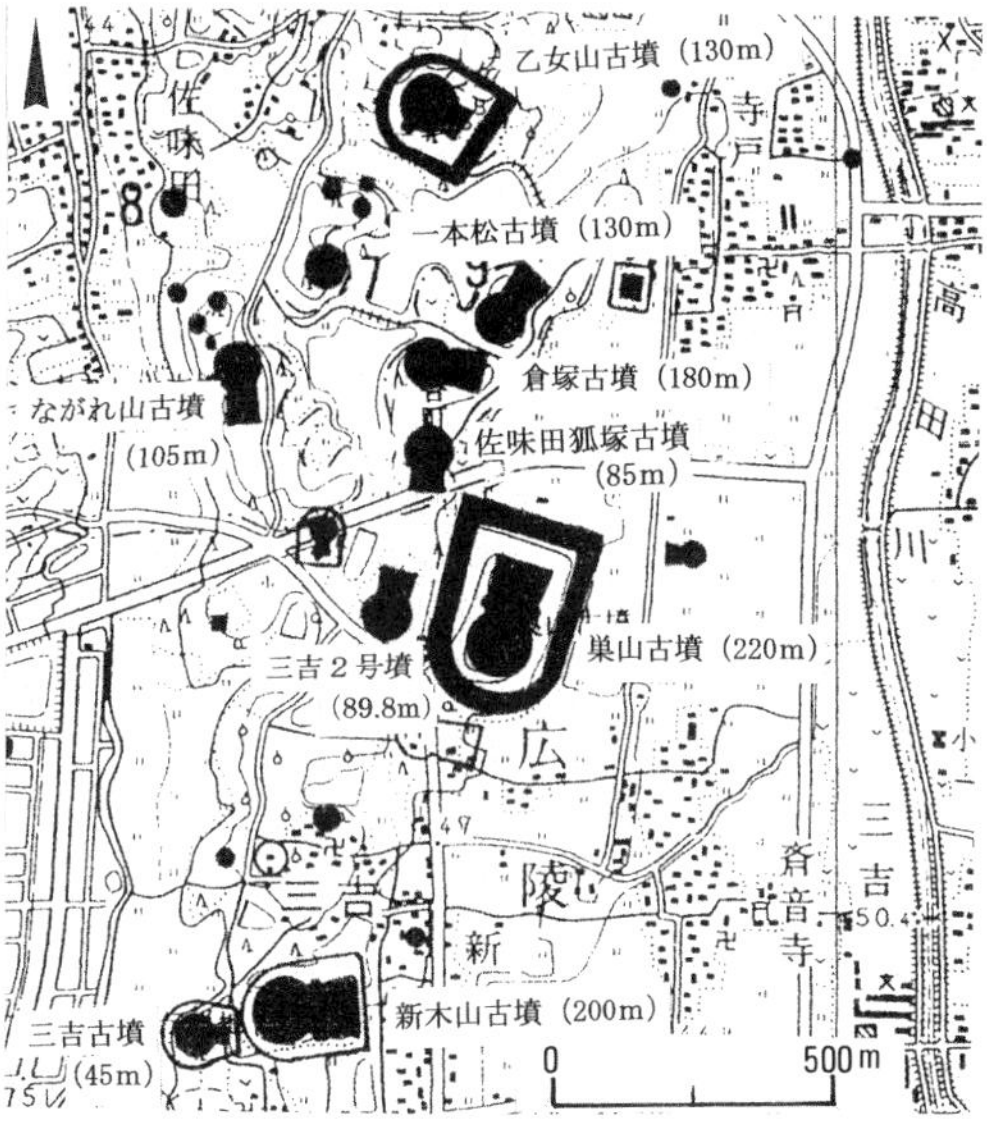

図25　巣山古墳と周辺の首長墳

図26　巣山古墳の遠景

図 27　ナガレ山古墳

葛城氏と古墳の被葬者

葛城氏といえば、井上光貞《いのうえみつさだ》氏は、『日本書紀《にほんしょき》』神功皇后《じんぐうこうごう》摂政六十二年条に新羅《しらぎ》に将軍として派遣された葛城襲津彦《かつらぎのそつひこ》は、同一とみなされる人物が『百済記《くだらき》』にも記されているので、三八二年に実在した人物であることを論証した。これをもとに白石太一郎氏は、葛城の地域の御所《ごせ》市にある全長二四〇メートルの大型墳の室宮山《むろみややま》古墳が五世紀初頭に築造されていることから、葛城襲津彦を被葬者としている。そこで、この室宮山古墳が葛城襲津彦の墓とすると、それに先立つ四世紀末に、葛城の地域に初めて二〇〇メートルを超す大型墳として造られた巣山古墳の被葬者が改めて問題になる。

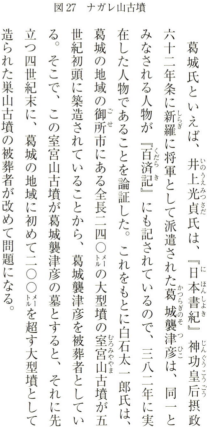

いま、これをあえて「記紀」に求めると、『古事記』の孝元《こうげん》天皇段に、建内宿祢《たけのうちのすくね》の子に波多、巨勢《こせ》、蘇我《そが》、平群《へぐり》、紀《き》、葛城長江曾都毘古（襲津彦）ら九人がいたことを記している。葛城襲津彦は『日本書紀』のみでなく、『古事記』にも記されている人物で、その女《むすめ》の磐之《いわの》媛《ひめ》は仁徳《にんとく》天皇の皇后となっている。この襲津彦（曾都毘古）が建内宿祢の子として記されているのは、『帝紀』の系譜にそのように記されていたためと考えられる。

そこで、室宮山古墳が造られる以前に、馬見古墳群の中央部に築造された大型墳の巣山古墳の被葬者は、波多氏、巨勢氏、蘇我氏、平群氏、紀氏、葛城氏らの祖である建内宿祢とみる可能性が高いことになるだろう。これは、一〇〇メートル以上の首長墳が巣山古墳の周辺に集中して築造されていることからみても、まさにふさわしい被葬者である。

建内宿祢は、『古事記』では成務《せいむ》天皇から仁徳天皇まで、『日本書紀』でも景行天皇から仁徳天皇まで大臣《おおおみ》として記されているが、伝説的な人物とされている。しかし、それは前述した神功皇后の場合と同じように、それらは『本辞《ほんじ》』あるいは『旧辞《くじ》』の記事に信憑性が乏しいものを多くふくんで記されていることによるものであり、皇統譜の『帝紀《ていき》』に、葛城氏の祖として記録されるようなすぐれた人物であったとみなされるのである。

また、『日本書紀』允恭五年条には、反正《はんぜい》天皇の殯《もがり》の任務を怠った葛城襲津彦の孫の玉田宿祢《たまたのすくね》が、允《いん》恭《ぎょう》天皇の命で訪れた使者を殺害し、建内宿祢の墓に隠れたことを記しており、葛城に建内宿祢の墓があったことも考慮される。このように、前回述べた神功皇后の母の葛城高顙媛《たかぬかひめ》、また神功皇后と同様に、建内宿祢と記される人物もまた『帝紀』の皇統譜に記された人物とみて間違いないものと考える。そして、馬見丘陵一帯に築造された馬見古墳群には、建内宿祢以後の葛城氏の歴代の首長墳が順次築造されたものと想定される（小笠原二〇一七）。

そこで、そのように考えられるとすると、「記紀」のもとになった『帝紀』に記された系図と、葛城氏の本拠に築造された大型首長墳の形態、石室構造、副葬品や墳丘から出土した資料などによって築造時期を決定し、葛城氏の歴代にわたる有力首長墳の被葬者を具体的に復元することは、考古学的な方法論によって十分に可能になるのではないかと思われるのである。

8 室宮山古墳《むろみややまこふん》

——家形埴輪群の性格——

室宮山古墳の発掘

御所《ごせ》市の東南の平野部にひときわ目立つ西向きの大型の前方後円墳《ぜんぽうこうえんふん》が築かれている。大字の室《むろ》に築造されていることから室大墓《むろのおおはか》とも呼ばれる室宮山古墳《むろみややま》である。この首長墳《しゅちょうふん》は五世紀の初頭に築造されたと考えられているもので、全長が二四〇メートルもある大規模なものである（図29）。一九〇八年（明治四十一）ころに、前方部から三角縁神獣鏡《さんかくぶちしんじゅうきょう》など一一面に相当する鏡片と、滑石製《かっせきせい》の勾玉《まがたま》、管玉《くだたま》、棗玉《なつめだま》、石製刀子《とうす》などが出土したことがある。これらの副葬品をみても、葛城地域の有力首長の古墳であることをうかがわせるものである。

その後、一九五〇年（昭和二十五）、後円部の埋葬主体部の一部が破壊されたことから発掘調査がおこなわれている。その結果、後円部に二ヵ所の埋葬施設があることが判明した。また、埋葬施設を二重に囲むように、長方形をなす円筒埴輪《えんとうはにわ》列が南と北に二ヵ所あることもわかった。そのうち、南側の埋葬施設は、厚い板石を組合せた長持形石棺《ながもちがたせっかん》を納め、その周囲に緑泥片岩《りょくでいへんがん》の割石を小口積みして囲んだ全長五・五メートルの竪穴式石室《たてあなしきせきしつ》があった。これらの石棺や石室から、勾玉・管玉・琴柱《ことじ》形《がた》石製品、革綴《かわと》じの短《たん》甲《こう》などが出土した。また、石室上の被覆土から、石製模造品の刀子一五、滑石製勾玉六二三、管玉一八、臼玉《うすだま》七五、ガラス製の臼玉三九が出土したことが報告されている。

この室宮山古墳は、後円部の東南部に鎮座する八幡神社の境内の端に、墳丘上に通ずる小径がある。

図28　室宮山古墳の立地

図29　室宮山古墳の墳丘実測図
（奈良県教育委員会「室大墓」『奈良県史跡名勝天然記念物調査報告』第18冊、1959年）

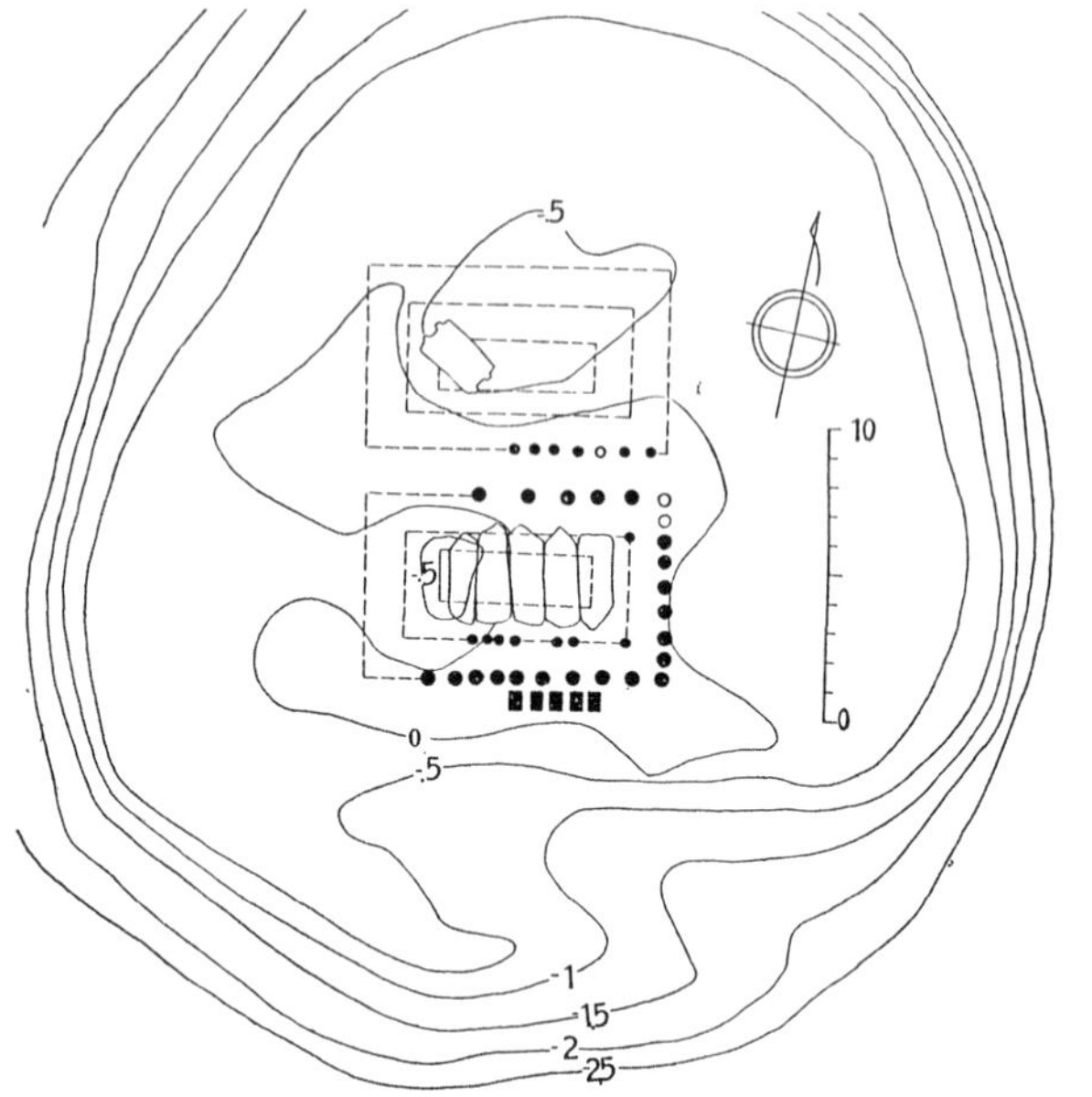

図30　室宮山古墳の形象埴輪配置
（奈良県教育委員会「室大墓」『奈良県史跡名勝天然記念物調査報告』第18冊、1959年）

それを登ると後円部の中央部にでる。そこには、大きな靫《ゆき》の形象《けいしょう》埴輪が復元して立てられている。その傍の大きな孔《あな》から、竪穴式石室の一部と縄掛突起《なわかけとっき》をもつ長持形石棺を見ることができる。

大型で精巧に作られた埴輪

発掘されたとき、この南側の竪穴式石室の上部に、二重に囲む長方形の円筒埴輪列があり、その内側から、家形《いえがた》埴輪、蓋形《きぬがさがた》埴輪と筒形《つつがた》の形象埴輪が見つかっている（図30）。また、外側の南の区画列には、靫・甲冑・盾・など武器・武具をかたどった形象埴輪が並び、さらに、その南に五個の家形埴輪列が東西に列をなして検出されている。

それらの家形埴輪は、東側からつぎのように並んでいた。

まず、東端に大型の切妻造《きりづまづくり》住居、その西にも軸部の壁面に窓を設けた大型の切妻造の住居が二個、さらに西端から二つ目に正面の壁に柱や窓状の透かしのある寄棟造の住居。左端は家形埴輪の基部のみが検出されている。これらの家形埴輪や形象埴輪は、橿原考古学研究所の附属博物館に復元して展示されているように、いずれも大型で、しかも精巧に作られている。では、これらの家形埴輪や器財形《きざいがた》埴輪は、どのような意図で室宮山古墳に配されたのか。『日本書紀《にほんしょき》』垂仁紀《すいにんき》に記された埴輪の成立譚とは別に、改めて少し考えてみることにしたい。

家形埴輪の性格とその重要性

古墳に並べられた形象埴輪は、すでに奈良市佐紀陵《さきみささぎやま》山古墳（伝日葉酢媛陵《ひばすひめりょう》）の項で述べたように、初期のものは一棟の家形埴輪を中心に、そのまわりに蓋《きぬがさ》の威儀具《いぎぐ》、靫・盾など、武器や武具が配されていた。この配置からみても、形象埴輪では、その中心となる家形埴輪が最も重要なものであったとみてよい。

家形埴輪の起源は、もともと弥生時代末に造られた墳丘墓に、亡くなった首長に供献された家形土器に始まったものである。これは、他の多くの供献物などとともに、亡き首長がつぎの世で住む住居として献上されたものと考えられる。ところが、古墳の築造にともない供献された家形土器から転じた家形埴輪は、首長霊の所在を示す依代《よりしろ》として、墓室が設けられた墳丘の中央部に置かれている。

ところで、古代中国の秦《しん》・漢《かん》代以降、皇帝や諸侯らは、墳墓に副葬された銅鏡の銘文や墓室に描かれた画像石《がぞうせき》の絵画からみると、死後は神仙界《しんせんかい》へ昇仙《しょうせん》するものと考えていた。しかも、神仙界へ赴くさいに、墳墓に明器《めいき》として鏡の他に、陶屋《とうおく》、竈《かまど》、井戸、穀物倉などとともに、多くの人物や動物の俑を副葬している。

日本の前期古墳の首長層も、神仙思想を銘文として刻む鏡が副葬されていることからみると、やはり

図31　室宮山古墳出土の形象埴輪
（奈良県立橿原考古学研究所附属博物館提供）

神仙界に赴くという他界観をもっていたものとみて間違いない。しかも、日本の古墳では、明器に相当する器財を、古墳の石室内のみはなく、誰もが見ることができる墳丘に他の形象埴輪とともに配列している。さらに、形象埴輪の配置は、首長霊の依代として、また神仙界で居所として使用する建物として家形埴輪を中心に配し、その周辺を靫、盾、甲冑などの威儀具や武器・武具を象った形象埴輪で囲んでいる。しかも、家形埴輪は、四世紀末には複数の住居と倉庫による首長《しゅちょう》居館《きょかん》の表示に変化している。

家形埴輪が移動した可能性

室宮山古墳の家形埴輪は、五世紀初めの居館型に変化した段階のもので、大和の古墳に配された家形埴輪の代表的なものである（図31）。

しかし、室宮山古墳で検出された家形埴輪群は、つぎのような問題がある。それは、検出された円筒埴輪による区画では、埋葬施設の上を囲む内郭の円筒埴輪列の内部と、南外郭の埴輪列の外に、五個は分かれて一列に並んでいた。だが、円筒埴輪列による区画外に、複数の家形埴輪を一列に配した例は他に知られない。このように円筒埴輪列の区画外に家形埴輪が一列をなして検出されたのは、何らかの事情で、後に移動した可能性を考慮する必要があるのではなかろうか。それは、たとえば後に、北側で追《つい》葬《そう》の埋葬主体部が設けられ、葬送儀礼がおこなわれた際に、先に配列した南側の円筒埴輪列の内部に配置された家形埴輪のうち、破損したものを撤去し、さらに遺存したものを南区画の外部の南端に一列に配置替えしたことも想定しえないことではないように思われる。

家形埴輪は、他の形象埴輪とは異なり、下端には短い基部がつくだけなので、移動させることはじつに容易に起りうるのである。五世紀の群馬県赤堀茶臼山《あかぼりちゃうすやま》古墳や白石稲荷山《しろいしいなりやま》古墳などの家形埴輪群にみるように、室宮山古墳の場合も、七、八個体の家形埴輪によって、神仙界に住む首長居館を表現し、しかも埋葬施設の直上に配されていた可能性がなお残るのではなかろうか。

9 南郷大東遺跡《なんごうおおひがしいせき》

――浄水で祭祀をおこなった導水施設――

南郷大東遺跡の導水施設

大和盆地の西南部、御所《ごせ》市の南部に南郷《なんごう》遺跡群がある。この遺跡群は圃場《ほじょう》整備に関連して発掘調査がおこなわれ、新たに多くの知見がえられている。この遺跡群にふくまれる重要な遺跡の一つに南郷大《おお》東《ひがし》遺跡がある。ここからは古墳時代の導水施設と呼ばれる興味深い遺構が見つかっている。

この南郷大東遺跡には、西側に幅五《メートル》、長さ二〇《メートル》近い岸に石を貼った長大な貯水池がある。ここから水は木樋によって東に導かれ、幅の広い長さ四《メートル》をなす板に浅く長方形に彫りこんだ木製槽《もくせいそう》に注がれる。そして、木製槽の上澄みの水は、浅く狭く掘られた細溝によって導かれ、一段下に配された丸太を半円に刳り抜いた長大な木樋《もくひ》に流れこんでいた（図33）。これらの導水施設の遺構は、貯水した水をいったんは止めて濾過《ろか》し、さらに木樋で送水する施設と考えられるものであった。

また、この濾過する木製槽と木樋を囲むように、東西、南北とも二間の覆屋を示す細い柱が見つかっている。しかも、その外側には細い枝による垣根を矩形状にめぐらし、北に出入口の張出し部を設けた鉤形をなして検出されている（図34）。これらの遺構は、古墳時代の五世紀中ごろのものと想定されている。

導水施設の発掘例

大東遺跡で見つかった導水施設と同様のものは、これまで奈良県纒向《まきむく》遺跡、大阪府神並《こうなみ》・西ノ《にしの》辻《つじ》遺跡、滋賀県服部《はっとり》遺跡などで知られている。纒向遺跡の施設は、古墳時代前期のもので、木製槽と木樋を示す木材に横方向から注ぐ溝が見つかっている。また、神並・西ノ辻遺跡のものは、複数の貯水池から流れる水に直交する位置に置く木槽を配し、その水が鈎の手に配する木樋へ流れている。さらに服部遺跡のものは、杭と板に囲まれた中を水が流れ、その流水が石敷き上に置いた木製槽に流れ、さらに木樋に流水が流れこむもので、古墳時代前期に想定されている。

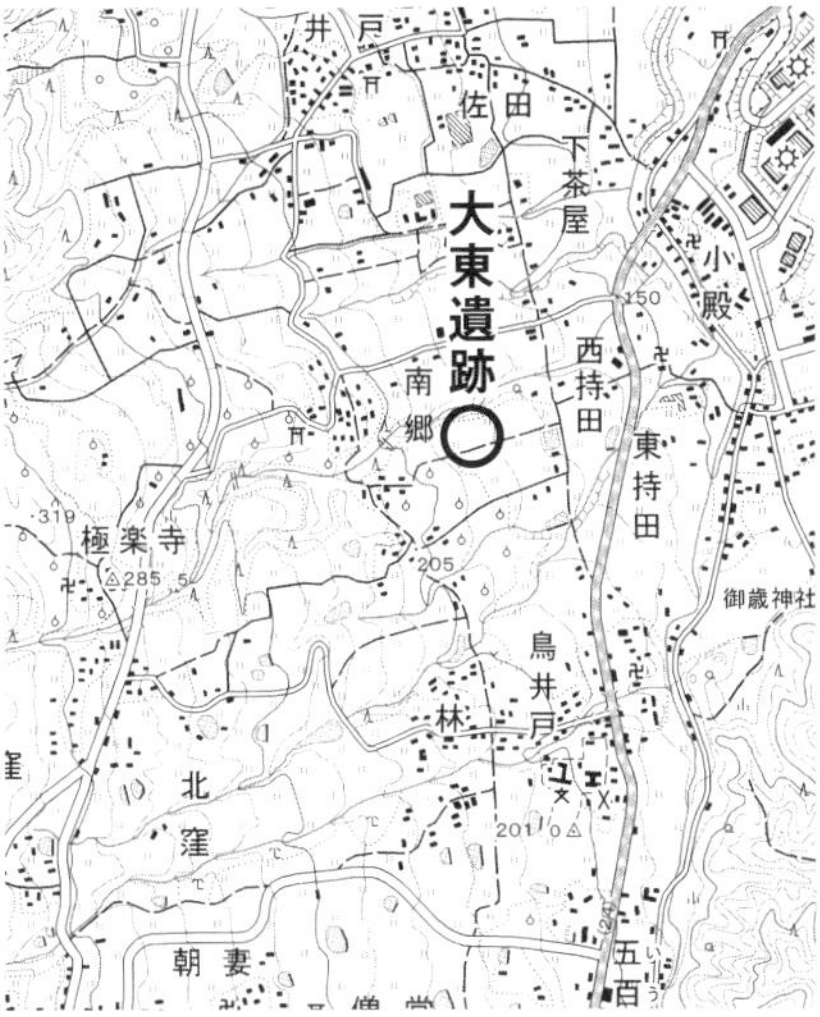

図 32　南郷遺跡群地図

図 33　南郷大東遺跡の導水施設
（奈良県立橿原考古学研究所提供）

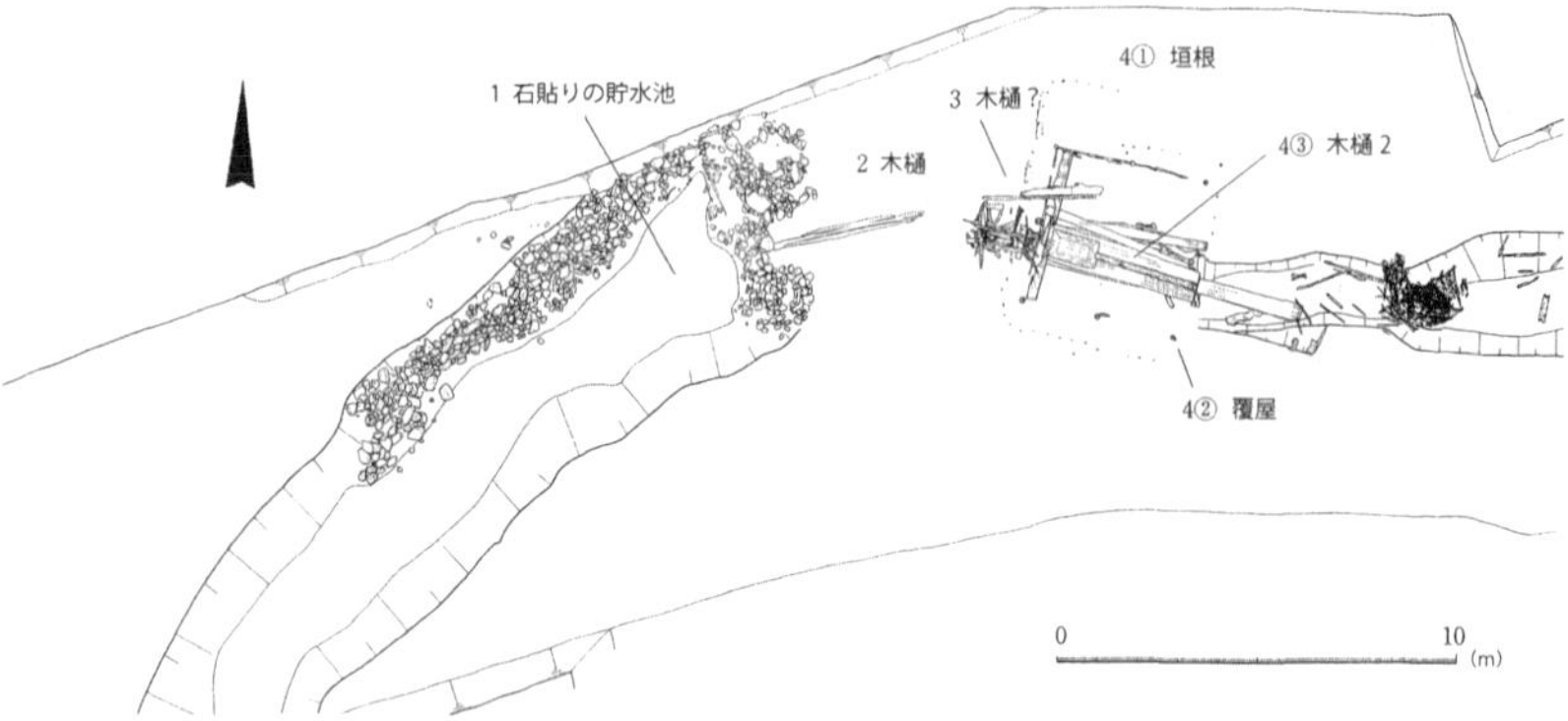

図 34　南郷大東遺跡の導水施設実測図
（奈良県立橿原考古学研究所附属博物館『カミによる水のまつり』2003 年）

これまで見つかっている纒向遺跡、神並・西ノ辻遺跡、服部遺跡のものも、いずれも木製の槽状のものに水を注ぎ、濾過した浄水をさらに流す施設とされるものである。このうち大東遺跡の導水施設は、建物によって覆われ、さらに垣根状のものによって囲む施設も見つかっている。

導水型土製品・埴輪の出土

このような導水施設を粘土でかたどった導水形土製品、あるいは埴輪が、近年は兵庫県行者塚《ぎようじやづか》古墳、三重県宝塚《たからづか》一号墳、大阪府狼塚《おおかみづか》古墳・心合寺山《しおんじやま》古墳など、各地の古墳でも出土するようになった。また、導水施設を囲んでいたと考えられる生垣状の施設と類似する囲形埴輪《かこいがたはにわ》と呼ぶ形象《けいしょう》埴輪も、導水型土製品とともに出土している。では、この導水施設は、どのような性格のものとして設けられた施設だろうか。

これには大東遺跡で見つかった垣根状の施設も、あわせてどのような目的で囲んでいたのかが問題になる。まず、行者塚古墳の導水型土製品は、小型の全長一四㌢の細長い粘土製品で、大小の木製槽と木樋を連ねて表現しており、家形《いえがた》埴輪の中におかれていた。また、宝塚一号墳のものは、家形埴輪の床面の一端に、取水用の矩形の凹みとそれに続く楕円形の凹み、さらに木樋状の溝を表現した幅一七センチ、長さ一九センチのもの、狼塚古墳のものも、家形埴輪の床面に取水用の凹み、長方形の槽、樋口を表現したものである。また、狼塚古墳のものは、方形の槽と長い木樋を表現した長さ二八・七センチ、幅一〇・四センチの土製品である。

　このように、木槽と木樋を表現した遺物であるが、小型の土製品や家形埴輪の床に表現したものとが見つかっている。しかも、これらの導水施設に関連するものは、いずれも共通して囲形埴輪と呼ばれる形象埴輪の中に置かれている。囲形埴輪と呼ぶ形象埴輪は、戦前に後藤守一氏が群馬県赤堀茶臼山《あかぼりちゃうすやま》古墳から出土した塀をめぐらせた形象埴輪に対し、仮称したものである。近年は出土例が急増し、学術用語として使用されている。これには、平面形が方形をなすものと、行者塚古墳や三重県石山《いしやま》古墳・宝塚一号墳などにみるように、一端を鈎形にし、門を設けたものとがある。また、囲んでいる塀の上端の一部と出入口にあたる門の上に鋸歯《きょし》状《じょう》の突起がつく例が多いので、これらは警固、あるいは防御用の施設を表現したものとみなされる。

図35　南郷大東遺跡出土の木槽
（奈良県立橿原考古学研究所附属博物館提供）

　このように、大東遺跡で見つかった導水施設とそれを覆う施設、また周囲を囲む生垣は、導水型土製品と家形埴輪、さらに、それを囲む囲形埴輪と組み合って出土するので、関連するものと考えられる。

このような特徴をもつ導水施設と導水型土製品に対しては、導水施設の性格そのもの、いま一つは囲形埴輪にみるような塀がめぐらされていた意味を、あわせて明らかにする課題があるだろう。

導水施設の性格

導水施設は、形状からみて濾過した水を貯める施設とみてよい（図35）。しかも、これを囲んでいるのは、水を浄化にするだけでなく、清浄な水を使用する祭祀がともなったことを示しているものと思われる。この点では、大東遺跡の導水施設では、そこから流れる水路に堆積した土壌から、かつて寄生虫が検出されたということで、古代の水洗トイレとみる考えがだされたことがあるが、そのようには理解し難いものである。

さらに首長の古墳上にこれらの導水型土製品を配し、その上に家形埴輪、さらに囲形埴輪で囲んだものもある。これらは、宝塚一号墳では、家形埴輪に井筒をおき、それを囲形埴輪で囲んだものも出土していることからみると、つぎの世の神仙界でも清浄な水を必要としたこと、あるいは祭祀と深く関連するものとして間違いないだろう。しかも、これとほぼ同一の導水施設の形態をなす飛鳥時代のものが、二〇〇〇年（平成十二）飛鳥宮跡の東四〇〇㍍の地で、亀形石造物の形態をなして見つかっている。

導水施設が果たした役割、あるいは導水施設をともなった祭祀に対しては、そこで再考することにしたい（193頁、酒船石遺跡の項を参照）。

10 極楽寺ヒビキ遺跡《ごくらくじひびきいせき》

——古墳時代の市を想定する——

極楽寺ヒビキ遺跡の発掘

二〇〇四年（平成十六）秋、大和盆地の南西部にあたる御所《ごせ》市の南丘陵部にある南郷《なんごう》遺跡群の南端部から、古墳時代の首長《しゆちよう》居館《きよかん》が発掘された。極楽寺《ごくらくじ》ヒビキ遺跡である。これは五世紀後半のもので、一辺が約七〇メートル、四周には堀がめぐらされ、その裾部《すそぶ》には古墳の墳丘のように石が張られていた。また、南側の堀には、中央部に幅六メートルの土橋がかけられ、堀の西南隅には四本の石が立てられていた。居館の内部は、全体に板塀がめぐり、特に南側には二重にめぐらされていた。また土橋を渡った正面には門が設けられ、その内側に三本の太い柱を配した「大型三連柱穴」と呼ばれる遺構があった。

居館敷地の西側には、大型の掘立柱《ほつたてばしら》建物が一棟建てられていた。この建物は、身舎《もや》は桁行《けたゆき》二間、梁《はり》行《ゆき》二間で、一般に見る柱とは異なり、断面が長方形をなす角柱が使用されていた。しかも、その外側に桁行、梁行とも五間の縁《ふち》がめぐる特異なもので、さらに西と南には、縁に沿うように板塀がめぐらされていた（図36・37）。この建物の東は広い空間をなしており、北東隅に小規模な建物と倉庫一棟が検出されただけであった。

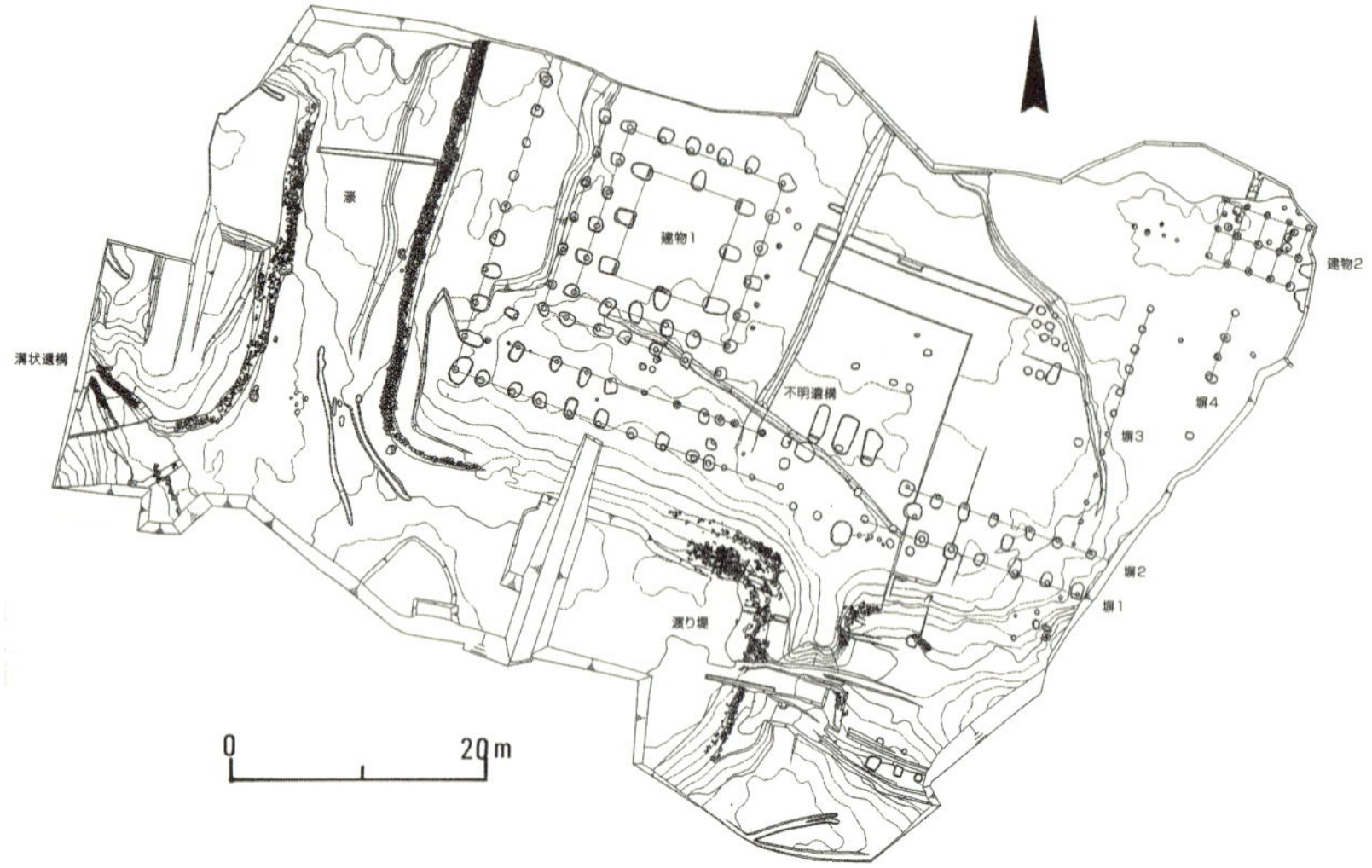

図 36　極楽寺ヒビキ遺跡の遺構実測図
（「極楽寺ヒビキ遺跡」『奈良県文化財調査報告書』第 122 集、2007 年）

一方、四周にめぐらされた堀や土橋の周辺からは、土器、土製品、木製品、鉄製品などの遺物が出土した。土器には、五世紀後半の土師器《はじき》の他に、坏身《つきみ》、坏蓋、壺、横瓶《よこべ》などの須恵器《すえき》、韓式系土器《かんしきけいどき》の甕《かめ》、甑《こしき》、深鉢《ふかばち》などが多く出土している。また、木製品には曲物《まげもの》、鉄製品として鉄鏃《てつぞく》が一点出土している。

非日常的な大型楼閣建物

このように極楽寺ヒビキ遺跡の首長居館からは、日常的とは考えにくい特異な大型の楼閣《ろうかく》建物が一棟検出されている。ここは、周辺に営まれた南郷遺跡群のなかでも南西部にあたる高台にあり、周辺の集落や奈良盆地一帯を望むようなところにある。そして、特異な大型建物が検出され、遺物もあまり多くないこと、広場があることなどから、発掘されたときの報道とは異なり、祭祀的な機能をはたした「首長祭祀域」と想定されている。

図37　極楽寺ヒビキ遺跡全景
（南西から、奈良県立橿原考古学研究所提供）

ところで、この極楽寺ヒビキ遺跡のような古墳時代の首長居館と考えられている類例の遺跡は、全国で七〇〜八〇ヵ所ほど知られている。その代表例は一九八一年（昭和五十六）に発掘された群馬県三《み》ツ寺《でら》I遺跡である。この遺跡は五世紀後半のもので、三方に水濠をめぐらし、複数の張出部があり、内部は南北に区分されている。南は主屋を中心とし、井戸、石敷《いしじき》遺構があり、政治、祭祀的な空間で、北は一部しか掘られていないが、工房が検出され、生産にかかわるものとみなされている。また、五世紀後半の静岡県古《こ》新田《しんでん》遺跡では、西側に左右対称に建物を配した政治空間、東に倉庫や管理施設を配した経済空間が見つかっている。さらに、群馬県原之《げんの》城《じょう》遺跡の六世紀の居館では、西北部に倉庫群、中央部に主屋を中心とする政治空間、東北部に祭祀遺構が見つかっている。では、極楽寺ヒビキ遺跡は、どのような性格をもつ居館と理解すべきだろうか。

居館の立地と性格

極楽寺ヒビキ遺跡は、この地域を本拠地とした葛城氏の首長居館に関連するものとみてよい。この葛城《かつらぎ》氏に関連する首長居館としては、五世紀後半のものが名柄《ながら》遺跡で検出されている。この名柄遺跡は、水越峠《みずこしとうげ》の東に位置し、石垣をめぐらす堀と突出部があり、掘立柱建物や工房の竪穴《たてあな》住居が検出され、ここで大刀などの武器の生産をおこなっていたものと想定されている。

極楽寺ヒビキ遺跡は、その居館から南に離れた場所に位置し、遺跡の北の地域には発掘調査が著しく進展し、渡来系氏族が居住したことも想定されている南郷安田《やすだ》遺跡などからなる南郷遺跡群が分布する。この極楽寺ヒビキ遺跡は、これらの南郷遺跡群のいくつかの遺跡を北に眺望できる丘陵の高所に設けられている。

そして、東には佐味を経由して古代の宇智郡《うちぐん》、さらに紀ノ川へ通ずる交通路があったことが容易に想定できるところに位置している。このような位置と立地が、ここに極楽寺ヒビキ遺跡で見つかった首長居館に関連する施設が設けられた主要な要因であったと思われる。この極楽寺ヒビキ遺跡の首長居館は、発掘された遺構からみると政治的機能をはたしたとされる建物は見つかっていないが、入口のすぐ西には、高床で縁をめぐらす楼閣建物が構築されていたことが判明した。この建物は、調査関係者による復元では、楼閣をなし、しかも吹き抜けの建物が建てられていたものと想定されている。また、楼閣建物の東には広場があるので、祭祀空間を想定する考えが提示されている。しかし、発掘調査では、具体的に祭祀を考えさせるような遺物や遺構は見つかっていないといってよいであろう。

経済的空間としての市の想定

これまで発掘されている古墳時代の首長居館には、政治的空間、祭祀的空間の他に、経済的な空間も

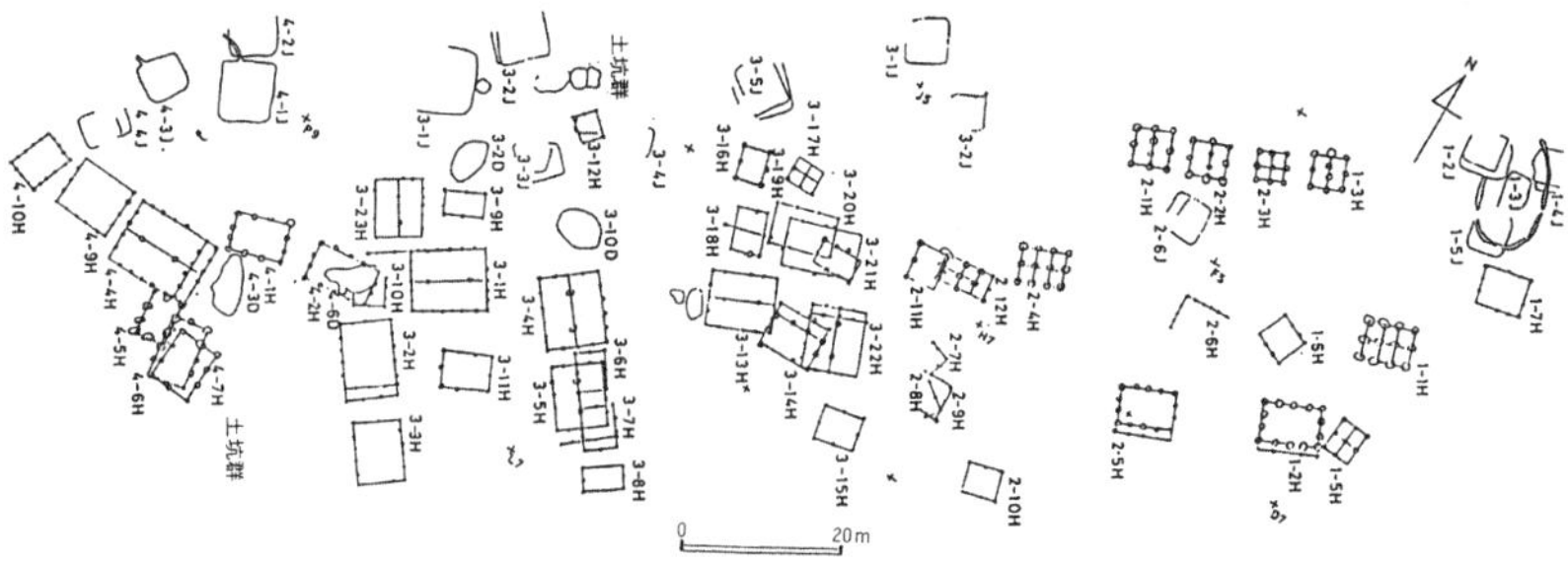

図38　静岡県古新田遺跡（柴田稔『古新田』Ⅰ、1992年）

図39　四川省の市を表わす画像塼
（高文・王錦生『中国巴蜀漢代画像塼大全』国際港澳出版社、2009年）

設けられたとみなされるものがある。その例に前述した静岡県古新田遺跡がある（図38）。この古新田遺跡の首長居館では、西に左右対称に構築された掘立柱建物群による政治空間、東に少し離れて複数の倉庫などを主体にした空間がある。この空間は、その広場で首長の管理のもとに定期的に諸物資の交易をおこなった市が開かれたものと考えられている。

　古代の市を描いた古墳時代の絵画はないが、中国では四川《しせん》省《しょう》から市を描いた後漢《ごかん》代の画《が》像塼《ぞうせん》（図39）が出土している。これには方形に塀をめぐらし、四方に門を設け、その内部に市の店舗と市を管理する市楼《いちろう》が描かれている。日本でも、古墳時代には、その地域の諸物資の流通の拠点となる市が有力首長の管理のもとに、しばしば首長居館の広場でおこなわれたものと推測される。また、それ以外にも海浜、河川に設けられた港津《こうしん》などに交易する市が設けられた場合が少なくなかったものと思われる。

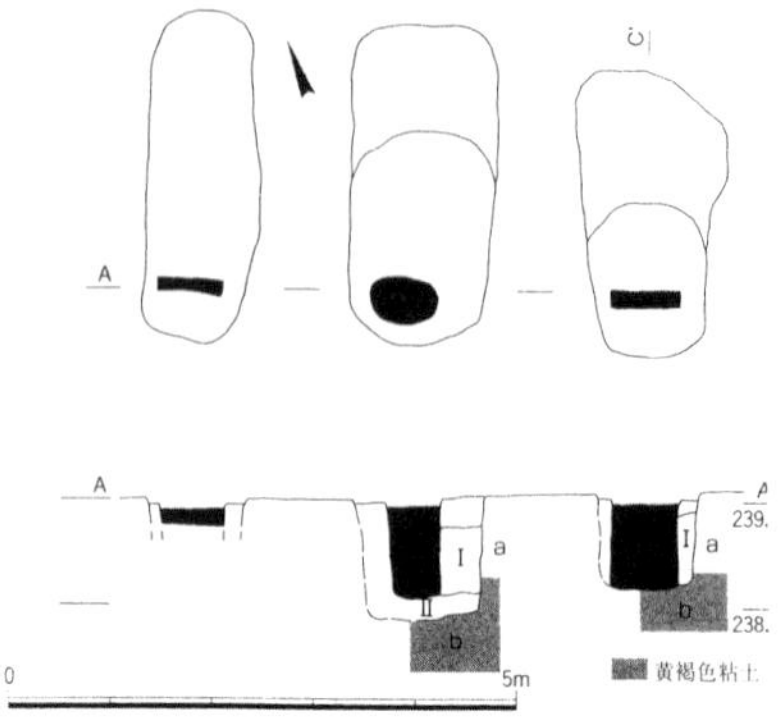

図40　大型の三連結柱穴
（「極楽寺ヒビキ遺跡」『奈良県文化財調査報告書』第122集、2007年）

極楽寺ヒビキ遺跡の首長居館は、南郷遺跡群を構成する諸集落で生産した武器・武具などをはじめ、高度な金属製品などを、葛城氏の首長の管理のもとで営まれた市の機能をはたした施設であった可能性が最も高いものと推測されるのである。居館の入口に構築された楼閣建物は、かつて山西省の平遥城《へいようじょう》（明《みん》代）に建てられたという市楼に登った経験からすると、鼓あるいは鐘によって市の開閉を告げ、また市の管理を担った建物と推測されるのである。

極楽寺ヒビキ遺跡で検出された、この楼閣建物は吹き放しの構造のものが想定されているが、この地の冬季の寒さを考慮すると、そうとは考えにくいだろう。また、門の内側に設けられていた大型三連柱穴（図40）は、周辺地域の人たちに市の開閉を告げる幢竿《どうかん》の支柱《しちゅう》（吹流しや旗竿の支え）と想定できるように思われる。

11 巨勢山古墳群《こせやまこふんぐん》

——蘇我氏一族の群集墳——

日本最大規模の大群集墳

大和盆地の西南部、御所《ごせ》市の巨勢山《こせやま》丘陵には、東西三・三キロ、南北三・五キロにわたって巨勢山古墳群という約七〇〇基におよぶ日本でも最大規模の大群集墳《ぐんしゅうふん》が形成されている（図41）。

この群集墳は、五世紀中ごろから六世紀代にかけて造営され、多くの支群にわかれており、径一〇〜二〇メートルの小規模な古墳を主体に構成されている。大半は円墳《えんふん》だが、なかには全長四〇メートル前後の三基の前《ぜん》方後円墳《ぽうこうえんふん》、ほかに方墳《ほうふん》も少しふくまれている。

一九七四年（昭和四十九）以降、開発にともなって西側と南側の支群の一部が発掘され、二割ほどが失われた。これまでの発掘調査によって、古墳の主体部は木棺直葬《もっかんちょくそう》のものと横穴式石室《よこあなしきせきしつ》からなるものとが知られている。副葬品は少ないものが多いが、鍛冶具《かじぐ》や金銅製歩揺付飾金具《ほようつきかざりかなぐ》、装飾付須恵器《すえき》などが出土しており、支群によってかなり性格が異なっている。

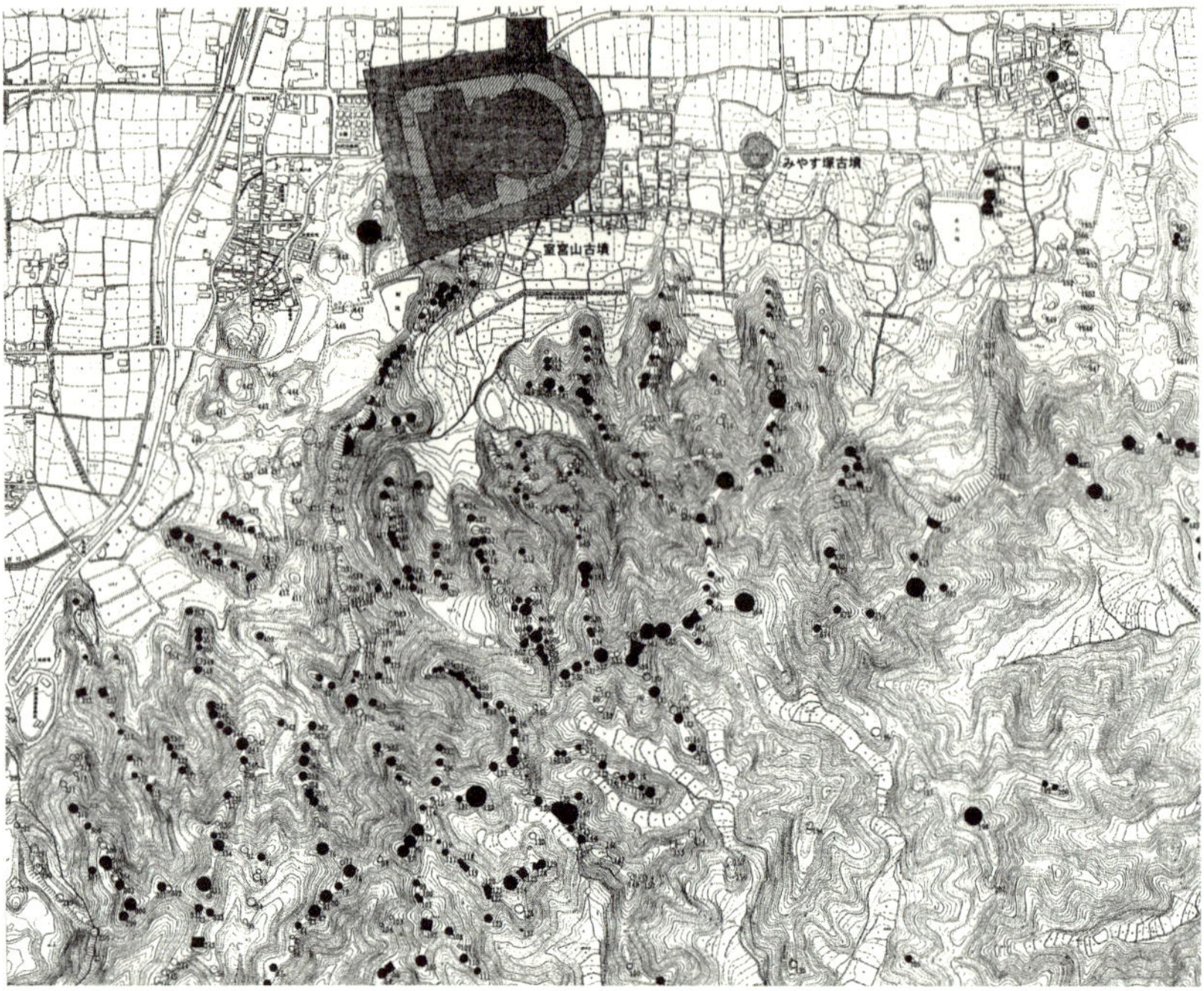

図41　巨勢山古墳群の群集墳
（奈良県立橿原考古学研究所附属博物館『葛城氏の実像』2006年）

巨勢山古墳群と室宮山古墳

巨勢山古墳群が築造された丘陵のすぐ北の平坦地には、全長二四〇メートルの前方後円墳で、五世紀前半に築造された室宮山《むろみややま》古墳（室大墓）が築造されている。かつて白石太一郎氏は、巨勢山古墳群と室宮山古墳の位置からみて、巨勢山古墳群は室宮山古墳の首長と同祖の観念をもってこの大群集墳が築造されたとする考えを提示した。しかも、白石氏は、この室宮山古墳を、井上光貞《いのうえみつさだ》氏が『日本書紀《にほんしょき》』神功皇后《じんぐうこうごう》六十二年条に記された葛城襲津彦《かつらぎのそつひこ》の活動と、『百済記《くだらき》』に記す沙至比跪《さちひこ》の記事を対比し、井上氏が実在した人物とみなした葛城襲津彦を埋葬した大型首長墳に比定している。

　この大型の前方後円墳の室宮山古墳

が葛城襲津彦を埋葬した墓と想定できると仮定すると、巨勢山古墳群は葛城氏によって築造された大群集墳の可能性が高いことになる。

しかし、四世紀から五世紀後半まで強力な勢力を有した葛城氏は、『日本書紀』雄略紀によると、五世紀末の円大臣《つぶらのおおおみ》のときに、雄略《ゆうりやく》天皇によって眉輪王《まよわおう》とともに殺害され、没落したことが記されている。はたして、五世紀末に滅ぼされたと記されている葛城氏が、その後、このような大規模な群集墳を六世紀代に築造しえただろうか。また、一方では、巨勢山古墳群は、現在の御所の地名からみて、巨勢氏との関連が想定しうる地域に築造されているので、巨勢氏によって造られた古墳群とみなす考えもある。

葛城氏から蘇我氏へ

巨勢山古墳群は、その位置からみると、四、五世紀に馬見《うまみ》古墳群が築造された地域の南にあたっている。この地域に関連する『日本書紀』の記事に、神功皇后五年三月七日条に、葛城襲津彦が新羅《しらぎ》から俘《ふ》虜《りよ》を連れ帰ったとし、桑原《くわはら》、忍海《おしみ》、佐糜《さび》、高宮《たかみや》の四つのムラは、そのときに訪れた渡来系氏族の末裔《まつえい》にあたるとしている。これらの四地域は、現在の御所市の南部とその周辺に分布しており、巨勢山古墳群とつながりをもった可能性が少なくない。

しかし、一方では、葛城氏が五世紀末に衰退したとすると、葛城氏からこの地域を継承した有力氏族があったことも容易に想定されることである。葛城氏は建内宿祢《たけうちのすくね》を祖とする氏族である。これと同祖とする氏族には、他に蘇我《そが》氏、平群《へぐり》氏、波多《はた》氏、巨勢《こせ》氏、紀《き》氏などが知られている（図42）。このような氏族系譜の伝承からすると、葛城氏が衰退した後に、同族的つながりをもって引き継いだ氏族がいた

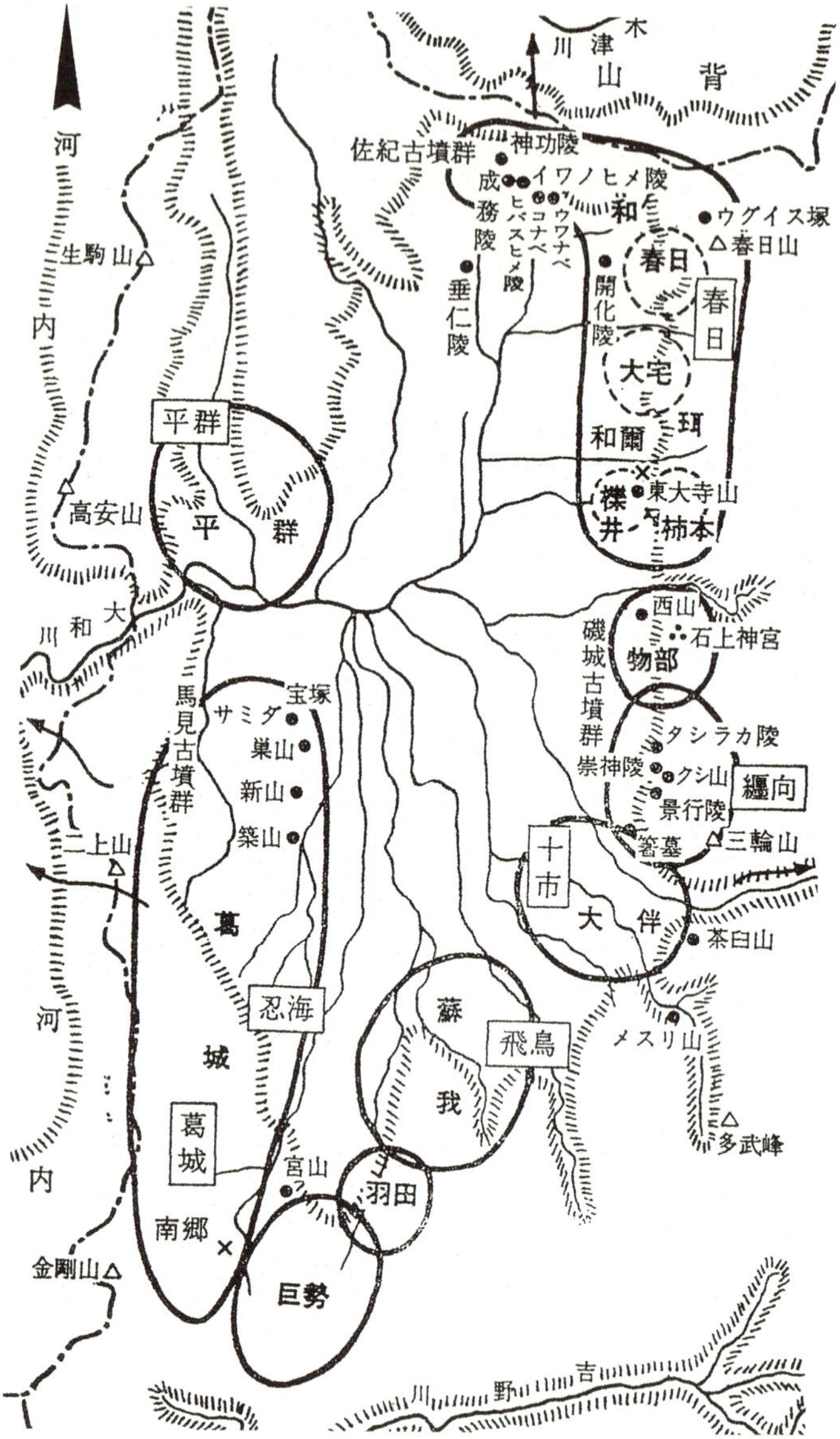

図 42　大和盆地の古代氏族分布（岸俊男『日本古代政治史研究』塙書房　1966 年）

ことが推測される。

そこで注目されるのは、『日本書紀』推古三十二年（六二三）十月一日条に、蘇我馬子《そがのうまこ》は推古《すいこ》天皇に天皇の直轄地《ちょっかつち》となっている葛城県《かつらぎのあがた》は、元は蘇我氏の本貫の地であり、蘇我葛城氏の名もあることなので、その県を永久に譲り受け、天皇から賜った地にしたいと申し出ている。しかし、推古は蘇我氏と同族の出身ということを理由に、この申し入れを断ったことが記されている。

また、『日本書紀』皇極《こうぎょく》元年（六四二）条には、この年に、蘇我蝦夷《えみし》が氏族の祖廟を葛城の高宮に立てて、八佾《やつら》の舞をした。そのときに、

大和の　忍の広瀬を　渡らむと　足結手作り　腰作らふも

（蘇我氏の本拠地である葛城の忍海の広瀬を渡ろうと、足の紐を結び、腰帯をしめ、身づくろいすることだ）

と歌い、蝦夷と入鹿《いるか》の墓を造ったと記されている。

このように、葛城の南部地域は、元は蘇我氏と深いつながりがあった地域であったものと推測されるのである。蘇我氏は六世紀の後半には、曽我《そが》川下流域の曽我の地や飛鳥の地域に進出し、そこを本拠としたとされているが、ここには蘇我氏が築造した群集墳はみられない。蘇我氏と同族的な関係があるとする平群氏、波多氏、巨勢氏、紀氏は、それぞれ本拠に大小の群集墳が築造されている。しかし、蘇我氏の群集墳はみられないのである。

蘇我氏が主体として築造された群集墳

蘇我氏のような強力な勢力を誇った有力氏族によって築造された六世紀の群集墳が大和に存在しな

かったとは考えにくいことである。これは、蘇我氏が五世紀末ないし六世紀に、飛鳥とは異なる葛城南部の地域を葛城氏から継承し、ここに統率化の渡来系氏族の墓をふくんで、大規模な群集墳を築造した可能性が高いのではないか。巨勢山古墳群こそ、まさに蘇我氏が主体となり、五世紀末から六世紀に築造した古墳群ということになるだろう（小笠原二〇一七）。

これまで実施されてきた発掘によって、支群によって多様性がみられるのは、葛城氏が擁した渡来系氏族の古墳もふくんで、形成されたことを示すものであろう。このように、蘇我馬子が推古に要望したように、葛城の地は蘇我氏が六世紀に本拠とした地であり、巨勢山古墳群は、飛鳥に進出する以前に蘇我氏一族によって形成された大群集墳であったと考えられる。

第二部

飛鳥の古墳と被葬者

1 都塚古墳《みやこづかこふん》

――冬野川の南に築造された蘇我氏の古墳――

図43　都塚古墳

都塚古墳の立地

石舞台《いしぶたい》古墳の北側を通り、多武峰《とうのみね》へ向かう県道を少し東へ進むと、冬野《ふゆの》川に架かる都橋がある。この橋を渡って少し進み、東方向への狭い道を進んだ所に、墳丘の南側に開口する横穴式石室《よこあなしきせきしつ》の古墳がある。これが都塚《みやこづか》古墳である（図43）。

都塚古墳は、石舞台古墳の東南四〇〇メートル、冬野川を南に越えたところに築造されている。ここは明日香村大字阪田字ミヤコにあることから、「ミヤコヅカ」と呼ばれてきている（図44）。

墳丘は南からのびる、ゆるい尾根上に築造されている。古墳の形は少し損なわれているようで、少し西へ離れてみると、不整形な台形をなしており、径三〇メートルほどの円墳《えんふん》、もしくは一辺二八メートルほどの方墳《ほうふん》とみなされている。開口する入口から中を覗くと、両袖式の横穴式石室の玄室《げんしつ》に、家形石棺《いえがたせっかん》が安置されているのがよく見える。

古墳と副葬品

一九六七年（昭和四十二）、明日香村と関西大学によって石室内の発掘調査がおこなわれている。それによると、玄室は奥壁、側壁ともに、花《か》崗岩《こうがん》の自然石の巨石を主体に、三段に持ち送りしながら積み上げられており、その上に大・中・小の三枚の天井石で覆っている（図45）。

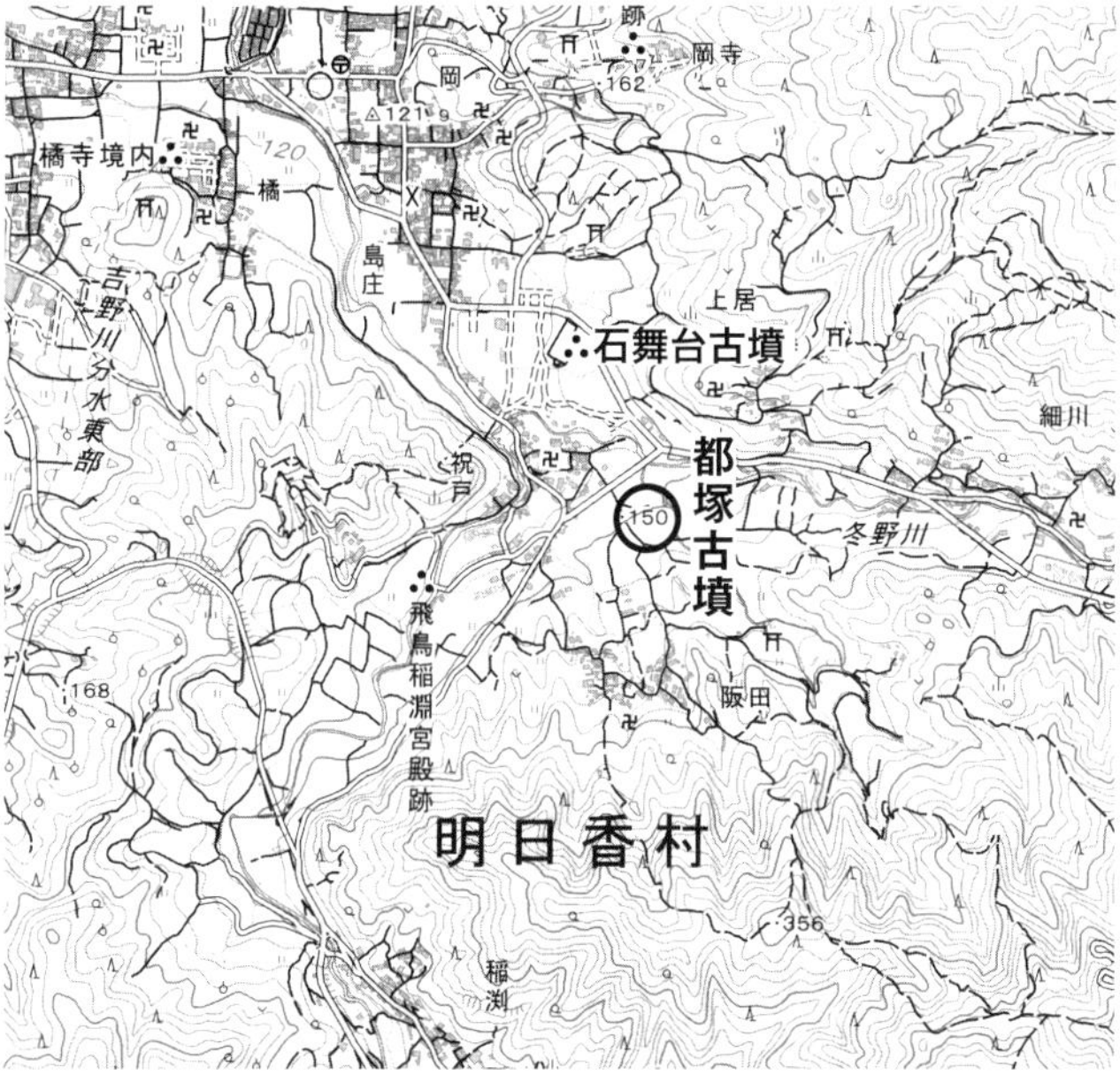

図44　都塚古墳の立地

横穴式石室の全長は一二・二メートル、玄室の長さ五・三メートル、幅二・八メートル、高さ三・五五メートル、羨《せん》道《どう》部は長さ六・九メートル、幅一・九メートル、高さ一・九メートルをなしている。石室の床面に暗渠《あんきょ》の排水溝が設けられていた。

この玄室には家形石棺が安置されている。これは二上山で産出した凝灰岩《ぎょうかいがん》を刳り抜いて製作したもので、棺身は長さ二・三六メートル、幅一・五八メートル、高さ〇・六四メートル、これに長辺に二個、短辺一個の蓋の斜面に大きな縄掛《なわかけ》突起《とっき》をもつ蓋石で覆っている（図46）。この蓋石は以前から開口していた。副葬品は、石室が

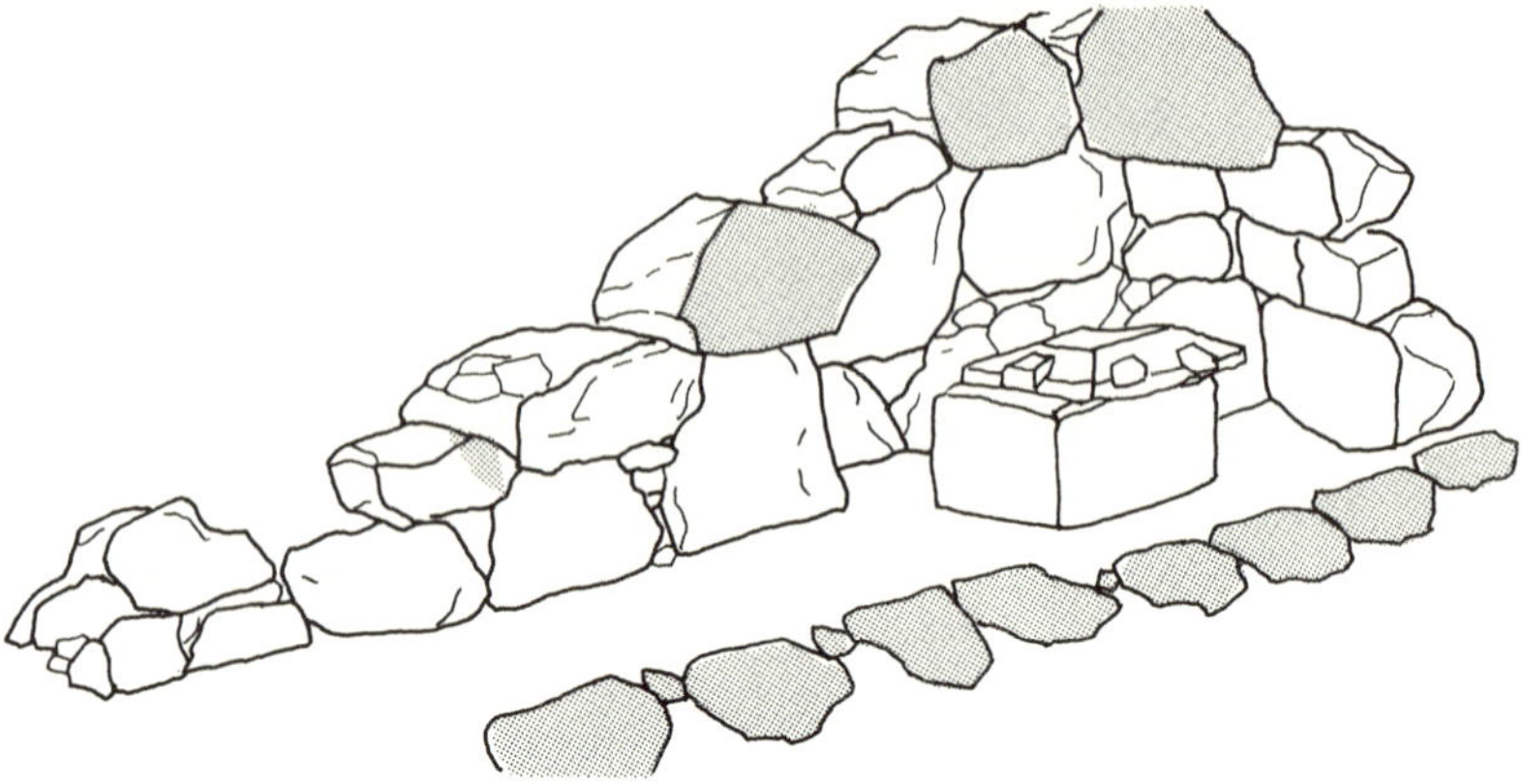

図 45　都塚古墳の横穴式石室
（明日香村教育委員会・関西大学文学部考古学研究室『都塚古墳発掘調査報告書』2016 年）

図 46　都塚古墳の家形石棺（明日香村教育委員会提供）

開口された際に大半のものは持ち出されたと思われるが、それでも鉄鏃《てつぞく》、刀子《とうす》、小札《こざね》、鍬先《くわさき》状の鉄器、須恵器《すえき》、土師器《はじき》などが石室内に遺存しており、その一部を知ることができる。また、石棺の周辺からは、鉄釘片や赤色顔料、棺台とみなされる石五個が検出されており、石棺の他に、木棺も安置されていたものと推測されている。

この都塚古墳が築造された時期は、家形石棺の形態や蓋につけられた縄掛突起の形状、さらに出土した鉄製品や土師器・須恵器などからみて、六世紀後半ないし六世紀末の時期に造られたものとみなされている。

墳丘の発掘

この古墳は、石舞台古墳からわずか四〇〇メートルほど離れたところに築造された古墳で、元日の朝、金の鶏が鳴くという伝説から、「金鳥塚《きんちょうづか》」という別名もつけられている。しかし、石舞台古墳を訪れたことのある見学者でも、冬野川の南側に少し離れた位置にあり、飛鳥を見学するメインルートからは少し外れるので、この都塚古墳を訪れ、石室内を覗いた経験をもつ方は少ないだろう。

さて、これまで都塚古墳の以前の調査は、横穴式石室の構造と家形石棺に対しておこなわれ、墳丘に対する発掘調査は、実施されていなかった。そこで、二〇一三・一四年（平成二十五・二十六）に墳丘の規模を確認するなど、墳丘を対象とする発掘調査が実施されている。そして二〇一四年八月、明日香村教育委員会・関西大学考古学研究室によって、興味深い調査成果が公表された。この古墳への被葬者は、これまで特に検討されること、あるいは言及されることはなかったが、墳丘の調査成果を踏まえて、都塚古墳に埋葬された被葬者像、もしくは被葬者そのものが、にわかに具体的に注目されることになったのである。

二〇一三・一四年の明日香村教育委員会・関西大学の発掘によると、東側斜面の南東隅では、築造した当初に築いた拳大や人頭大の川原石による石積が三段の階段をなして検出された。また墳頂部付近の発掘でも、四段をなす階段状を示す石積が見つかった。

墳丘の特徴の検証

検出された墳丘の一段は、幅が約六メートルのテラス状をなす墳丘土と幅が約一メートル、高さ三〇～六〇センチの石積によって形成され、全体としてピラミッドのように階段状をなしていたとみなされている。また、墳丘の形態、規模は、東西四一メートル、南北四二メートルをなす大型の方墳であったと報告されている。築造された時期は、これまでと同様に、六世紀後半に築造されたものと推定されている。

このような都塚古墳の発掘結果から、調査関係者は高句麗《こうくり》の積石塚《つみいしづか》の影響を受けた可能性も想定されると報道した。また、新聞では調査関係者によって、都塚古墳の被葬者を蘇《そ》我稲目《がのいなめ》とみなす見解も掲載されている。

都塚古墳は、横穴式石室の構造と玄室に置かれていた家形石棺に対する詳細な調査に加え、墳丘の発掘も実施され、墳丘の規模、墳丘の形態もほぼ明らかになった。とりわけ、墳丘が方墳であっただけでなく、八段に想定される階段状の形状をなしていたことが判明し、多くの市民や研究者によって注目されることになった。また、今回の発掘調査によって、都塚古墳に埋葬された被葬者に対しても、初めて見解がだされている。

発掘された都塚古墳の墳丘に対し、新聞などでは、階段ピラミッド状の墳丘と表現し、この墳丘の特異性をとりわけ強調して報道している。しかし、都塚古墳の墳丘は、多くの段をなしていたとしても、墳丘から少し離れて見ると、見かけ上はこれまで築造されている二段ないし三段築成の円墳とほぼ同様に、墳頂まで人頭大の葺石《ふきいし》を貼りつけた墳丘に見えたであろう。ただし、テラス面を多くし、葺石を貼る斜面を少なくした墳丘をなしているので、これまでの伝統的な方墳の築造からみると、少なからず特色をもった墳丘として築造されていることになる。

そのような墳丘に対する葺石の差異だけに、多くの報道のように、特別に特異性を強調すべきではないであろう。これまでの方墳からすれば、段数を頂部まで加えたものであり、高句麗の積石塚とは、築造時期からみて特に関連は認め難く、あるいは影響もないものと思われる。

被葬者をさぐる

ところで、都塚古墳の被葬者はだれであろうか。今回の発掘調査の成果は、この古墳の被葬者を直接的に想定する材料は特に見つかっていないであろう。とはいえ、古墳の被葬者を明らかにすることは大きな課題なので、これまでの知見をふくめて、少しだけ被葬者像を検討してみることにしよう。

まず、報道されている蘇我稲目を想定する考えの妥当性は乏しいであろう。『日本書紀《にほんしょき》』に稲目が没したという欽明三十一年（五七〇）は、天皇や各地の有力首長は、まだ前方後円墳《ぜんぽうこうえんふん》に埋葬される時代だったので、このような小規模な方墳に、大臣の蘇我稲目を埋葬したと想定することは、ほとんど成立

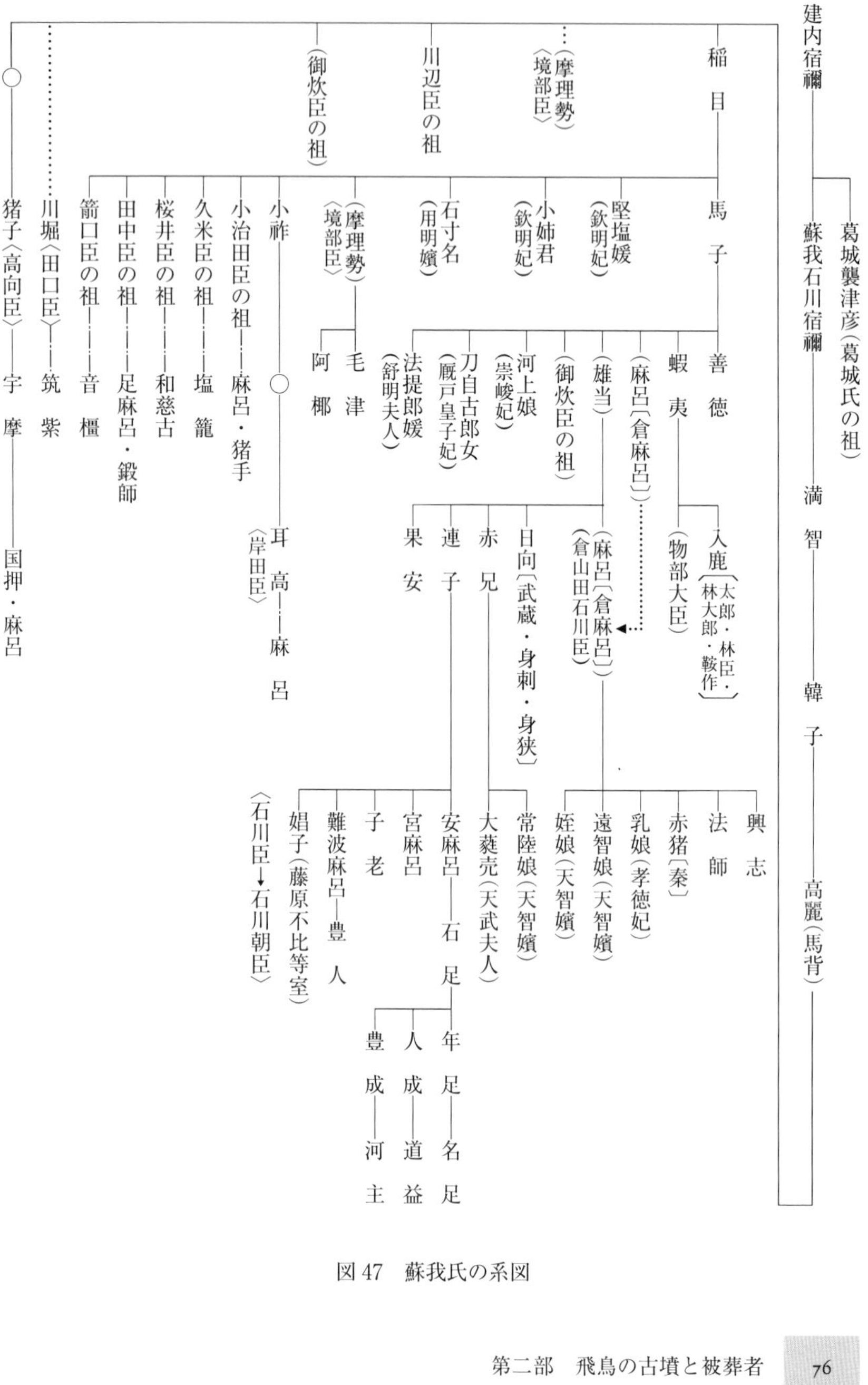
建内宿禰
葛城襲津彦〔葛城氏の祖〕
蘇我石川宿禰
満智
韓子
高麗〔馬背〕
稲目
〔摩理勢〕〈境部臣〉
川辺臣の祖
〔御炊臣の祖〕
猪子〈高向臣〉
宇摩
国押・麻呂
川堀〈田口臣〉
筑紫
馬子
堅塩媛〔欽明妃〕
小姉君〔欽明妃〕
石寸名〔用明嬪〕
〔摩理勢〕〈境部臣〉
毛津
阿椰
小祚
耳高〈岸田臣〉
麻呂
小治田臣の祖
麻呂・猪手
久米臣の祖
塩籠
桜井臣の祖
和慈古
田中臣の祖
足麻呂・鍛師
箭口臣の祖
音檀
善徳
蝦夷
入鹿〔太郎・林臣・林大郎・鞍作〕
〔物部大臣〕
〔麻呂〔倉麻呂〕〕
〔雄当〕
〔御炊臣の祖〕
河上娘〔崇峻妃〕
刀自古郎女〔厩戸皇子妃〕
法提郎媛〔舒明夫人〕
〔麻呂〔倉麻呂〕〕〔倉山田石川臣〕
日向〔武蔵・身刺・身狭〕
赤兄
連子
果安
興志
法師
赤猪〔秦〕
乳娘〔孝徳妃〕
遠智娘〔天智嬪〕
姪娘〔天智嬪〕
常陸娘〔天智嬪〕
大蕤売〔天武夫人〕
安麻呂
石足
年足
名足
人成
道益
豊成
河主
宮麻呂
子老
難波麻呂
豊人
娼子〔藤原不比等室〕
〈石川臣→石川朝臣〉

図47　蘇我氏の系図

しえないだろう。

むしろ、この冬野川の流域一帯は、石舞台古墳が築造されていることからみて、ここは蘇我本宗家の本拠の南端に位置し、ここに蘇我本宗家の墓域が設けられたものと理解される。そして、この都塚古墳は、六世紀末に亡くなった蘇我本宗家に関係する有力首長、もしくはそれに相当する人物が埋葬された古墳と考えられるだろう。しかも、この古墳は、その北に築造された石舞台古墳とのつながりを考慮すると、蘇我馬子《うまこ》が関与して築造された可能性が高いものと推測される。

そこで、六世紀末に埋葬された蘇我本宗家と関連をもつ人物をあえて求めると、欽明《きんめい》に嫁した蘇我稲目の女の堅塩《きたし》媛《ひめ》と小《お》姉君《あねのきみ》が候補になるであろう（図47）。二人のうち堅塩媛は、『日本書紀』推古《すいこ》二十年（六一二）二月二十日条に、檜隈《ひのくま》の欽明陵に合葬されているので、小姉君を埋葬した古墳とみなすのが最も可能性の高い想定ではないかと思われる。

小姉君は、用明《ようめい》天皇の后妃の間人《はしひとの》穴穂《あなほ》部《べの》皇女《ひめみこ》、崇《す》峻《しゅん》天皇（泊瀬《はつせ》部《べ》皇子）らを生んだ母だった人である。都塚古墳は、蘇我馬子が欽明妃となった妹の小姉君を蘇我氏出身の誇るべき人物として、蘇我本宗家の墓域に、より丁寧に築造して埋葬した古墳というべきものであろう。

2 石舞台古墳《いしぶたいこふん》

——巨石で築造した大型の横穴式石室——

巨石で築造された石室

石舞《いしぶ》台《たい》古墳は、飛鳥の中心地にある飛鳥宮跡から、飛鳥川を遡ったところにある橘寺《たちばなでら》より、東南に進んだ明日香村島庄《しましょう》に所在する古墳である。

図48　石舞台古墳

この古墳は、江戸時代の『西国三十三所名所図会《さいごくさんじゅうさんしょめいしょずえ》』の挿図に、水田中に巨石で構築された石室《せきしつ》が舞台のように描かれており、横穴式《よこあなしき》石室の天井石《てんじょういし》が露出していた（図48・49）。巨石を積んだ大型の横穴式石室であったことから、一九三三年（昭和八）十一月、奈良県史蹟調査会と京都帝国大学（当時）の考古学教室によって学術的な発掘調査が実施されている。この発掘調査では、横穴式石室の玄室《げんしつ》と羨道《せんどう》部に堆積した土砂をすべて排土し、現状にみるように床面まで精査している。

発掘の結果、被葬者を埋葬した玄室は両袖式、奥壁は巨石が二枚、東壁は巨石を八石で三段、西壁は七石で三段に構築されていた。そして、

図49 『西国三十三所名所図会』に描かれた石舞台古墳

その上に二枚の巨石で天井を覆っていた。また、羨道部は東壁が四石、西壁が五石からなり、天井石は玄室の入口上部に積んだ楣石《まぐさいし》を兼ねたもの以外はいずれも失われていることが判明した。

石舞台古墳の横穴式石室の規模は、玄室の長さ七・五メートル、幅三メートル、羨道の長さ一一・五メートル、幅二・五メートル。玄室の床面には壁に沿って、幅約三〇センチ、深さ二〇センチの排水溝がめぐらされ、床面に拳大の玉石が敷かれていた。また、この排水溝は、羨道の中央部にも、長さ一一メートル、幅約六〇センチ、深さ四〇センチのものが南北に設けられており、この溝は玄室の中央にそのままのびていたものとみなされている（図50）。

このように、巨石で構築された大規模な石舞台古墳は、角閃石花崗岩《かくせんせきかこうがん》の巨岩で玄室と羨道を構築し、羨道には扉はなく、入口は石を積んで閉塞されていることが判明した。

玄室内には、石棺《せっかん》はなく、また木棺《もっかん》の存在を示す木片もなかった。そして、京都帝国大学の調査報告書『大和

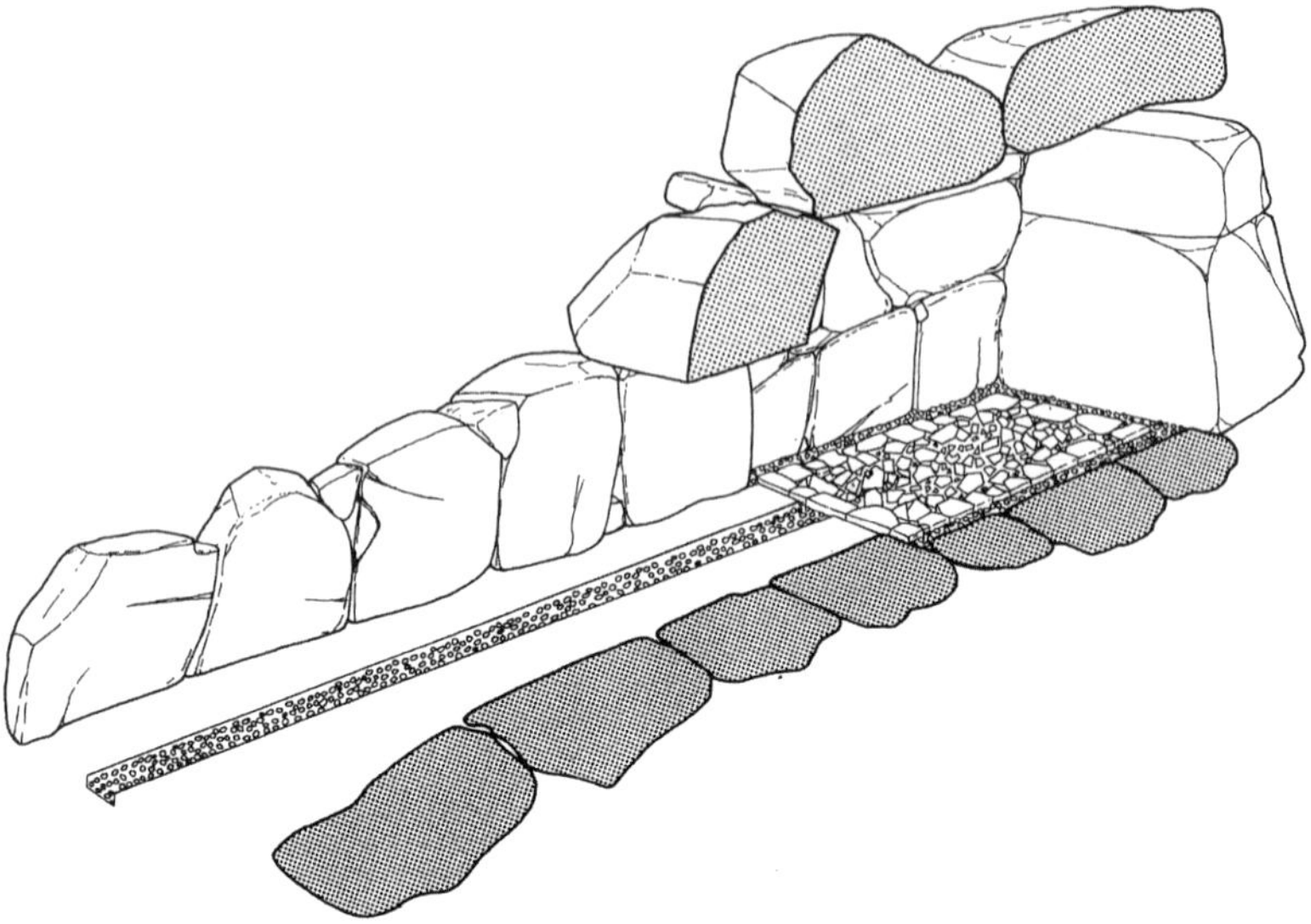

図50　石舞台古墳の横穴式石室（飛鳥資料館『飛鳥時代の古墳』1979年）

島庄石舞台古墳の巨石古墳』（一九三七年）では、石室の東南隅から凝灰岩《ぎょうかいがん》の破片一片が出土したと記すが、これだけでこの石室におさめられた石棺の一部とはみなしにくく、被葬者は木棺ないしは乾漆棺《かんしつかん》に埋葬されたものと想定している。この発掘調査では、古くから石室が開口されており、しかも石室の一部まで露出していたので、たとえ石棺が残されていたとしても、持ち出されているであろうとしている。そして、なお遺物の一部が残っているものと想定して発掘したが、わずかに土師器《はじき》と須恵器《すえき》が出土し、他に鉄鏃《てつぞく》一点が他の鉄片とともに検出されただけであったと記されている。

一方、古墳の墳丘調査では、この墳丘には人頭大の石が葺かれ、外堤の斜面に同様の花崗岩の玉石、四隅の稜線でもやや大きめの玉石が貼られていた。この古墳は方墳《ほうふん》であることも確認された。そして、その上部は円墳《えんふん》ないしは方墳に作られたことが想定されるので、上円下方墳《じょうえんかほうふん》もしくは、上下とも方墳としており、いずれかといえば上円下方墳の可能性が高いとしている。

以上のように、石舞台古墳の横穴式石室は、巨石を積んで両袖に作り、長い羨道部が設けられていることが判明した。これらの巨石の石材は、これと同質のものが東南三キロにあたる高市郡高市村の「モウコンの森」（当時）に散在する石材と類似するので、そこから搬送されたものとし、報告書では丸太材を並べ、修羅に巨石を乗せ、多くの人によって牽引された状況を復元した挿図が掲載されている。

築造年代と被葬者

しかし、石舞台古墳が築造された正確な年代は、副葬品が乏しかったので、出土した遺物から推測するのは困難であった。そこで、調査者の濱田耕作氏は、この古墳と横穴式石室の構造がよく類似する桜井市の赤坂天王山古墳《あかさかてんのうざん》、安倍文殊院西古墳《もんじゆいんにし》、京都市の蛇塚古墳《へびづか》などと比較し、六世紀後半以降のものとする。また飛鳥にある岩屋山古墳《いわややま》、安倍文殊院西古墳のような切石を積んだものより古く、しかも大化薄葬令による規制が行われる以前とみて、七世紀前半のものと想定していた。

また、濱田氏は、『日本書紀《にほんしょき》』推古《すいこ》三十四年（六二六）五月二十日条には、蘇我馬子《そがのうまこ》が亡くなり桃原《ももはらの》墓《はか》に埋葬したこと、馬子は飛鳥川の辺に邸宅を構え、庭の池に嶋を築いたので嶋の大臣と呼ばれたとあることから、石舞台古墳が築造された島庄は、その桃原の地と考えられるかといった点も論じている。さらに、古代史研究者の喜田貞吉氏が、それまで石舞台古墳を蘇我馬子の墓と指摘していたので、その論拠も検討している。そして、石舞台古墳の横穴式石室は、七世紀前半の飛鳥に築造された古墳としては、巨石によって構築され、最も規模が大きいこと、馬子の邸宅があった島庄に築造されていることなどから、蘇我馬子の墓とは断定しえないながら、その可能性が最も高いものとし、喜田氏の見解に近い考えを述べている。

このように石舞台古墳の報告書では、断定する資料がないことから確定しえないとしながら、蘇我馬子の墓とする考えが最も有力な仮説としたのである。この仮説は、その後も特に異論がだされることなく今日に至っているといってよいであろう。

なぜ副葬品が少ないのか

ところで、石舞台古墳の発掘では、副葬品とされるものはわずかに鉄鏃一点と、出土した土師器・須恵器のうち、ごく一部のものにすぎないものであった。石舞台古墳は大規模に発掘され、玄室内で床面の石敷や排水溝を検出しながら、このように副葬品に関連するものが少なかったのはなぜだろうか。これに関連することは、報告書では特に記されていない。

六世紀の後半以降の横穴式石室といえば、一九八五〜八八年（昭和六十〜六十三）に発掘された藤《ふじ》ノ木《き》古墳がよく知られている。この古墳では、家形石棺の中に鏡、冠、大刀、ガラス玉類、沓《くつ》など多量の品々が副葬されていた。しかし、石舞台古墳からは、きわめてわずかの遺物が検出されただけである。

このような違いに加えて、報告書では玄室から凝灰岩の断片が検出されながら、石棺が置かれていたことに対しては、いずれかといえば否定的で、木棺や乾漆棺を想定する考えを述べている。

しかし、石舞台古墳は蘇我馬子の墓と断定しえないまでも、じつに大きな巨石で構築された横穴式石室墳であることからすると、多くの副葬品が伴ったものと推測される。しかも、この時期の副葬品に顕著にみる装身具のガラス玉類がまったく出土していない。また木棺や漆塗棺につける飾金具もまったく見つかっていないことからすると、被葬者は家形石棺に埋納された可能性がきわめて高いであろう。しかも、その副葬品の量は、藤ノ木古墳と同様、あるいはそれ以上のものが副葬されていた可能性が少なくないように思われる。

そこで、石舞台古墳が盗掘された際に家形石棺から副葬品のみをもちだしたというよりも、家形石棺そのものを石室から外部に運び出されたのではないかと推測される。そのため、石室内には副葬品に関連する情報は、ほとんど残りえなかったものと思われる。

六世紀後半以降の飛鳥に造られた横穴式石室では、家形石棺をおさめたものが少なくない。しかも、石舞台古墳は、小規模な横穴式石室の玄室と異なり、玄室がじつに巨大だったので、石室内で容易に石棺を移動させ、玄室に近い羨道部の天井石の一部を除去することによって、石棺を外部に運び出したものと推測されるのである。この島庄に築造された巨大な石舞台古墳は、『日本書紀』の記述により、おそらく蘇我馬子の墓と考えた人たちによって、運び去られたものではないかと推測されるのである。

3 文殊院西古墳《もんじゅいんにしこふん》

——阿倍氏の本拠に築造された横穴式石室——

文殊院西古墳の立地

桜井市の西方、桜井駅の西南一・二キロのところに史跡の安倍寺跡《あべでらあと》がある。この安倍寺跡の東に、著名な安倍文殊院《もんじゆいん》がある。この安倍文殊院の西側の正門から入り、少し長いアプローチを歩くと、大きな本堂がある。この本堂前を過ぎ、さらに東に進んだところに、南に横穴式石室《よこあなしきせきしつ》が開口した文殊院西《もんじゆいんにし》古墳がある。この古墳は、一九二三年（大正十二）に史跡に指定され、さらに現在は歴史的な意義が評価され、特別史跡になっている（図52）。

文殊院西古墳の墳丘は、東・西・南の三方が削られているので、形態、規模ともに明らかでないが、二五メートルほどの円墳《えんふん》とみなされている。境内地には、この古墳の裾にめぐらされていたと思われる外護列石と思われる切石一〇個ほどが点在している。

横穴式石室の特徴

文殊院西古墳の横穴式石室は、全長一二・四メートルある。開口する南の石室の入口から羨道《せんどう》へ入ると、両側に花崗岩《かこうがん》の切石を丁寧に磨いて仕上げた四枚の側石が眼に入る。その切石を見ながら奥へ進むと玄室《げんしつ》の入口がある。両袖式なので、空間が両側に広がり、平面はわずかに胴張りをもつ長方形をなしている。玄室に入って見ると、その空間は、幅二・八五《メートル》、奥行五・一《メートル》、高さ二・七《メートル》あり、側壁は羨道の石

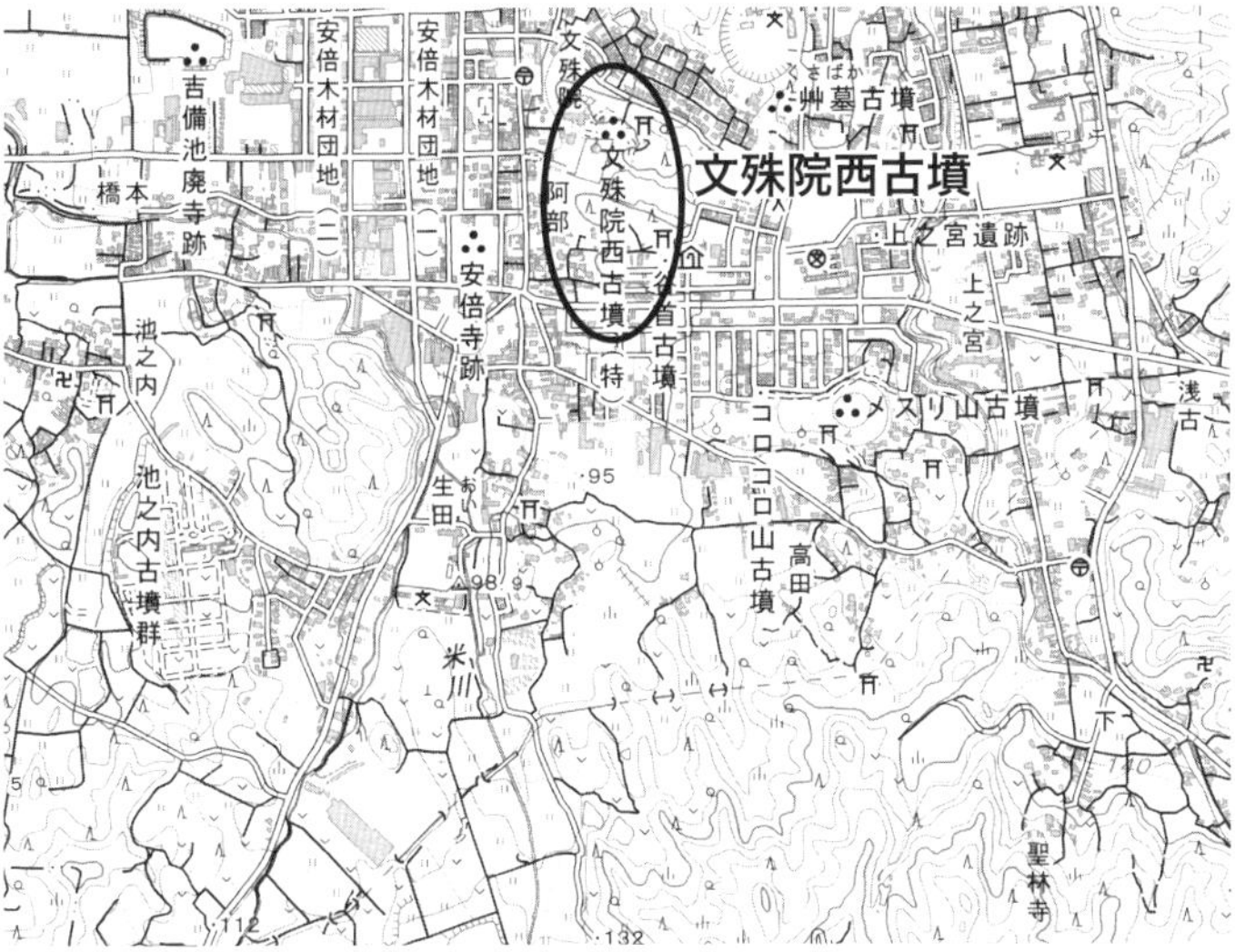

図51　文殊院西古墳の立地

図52　文殊院西古墳

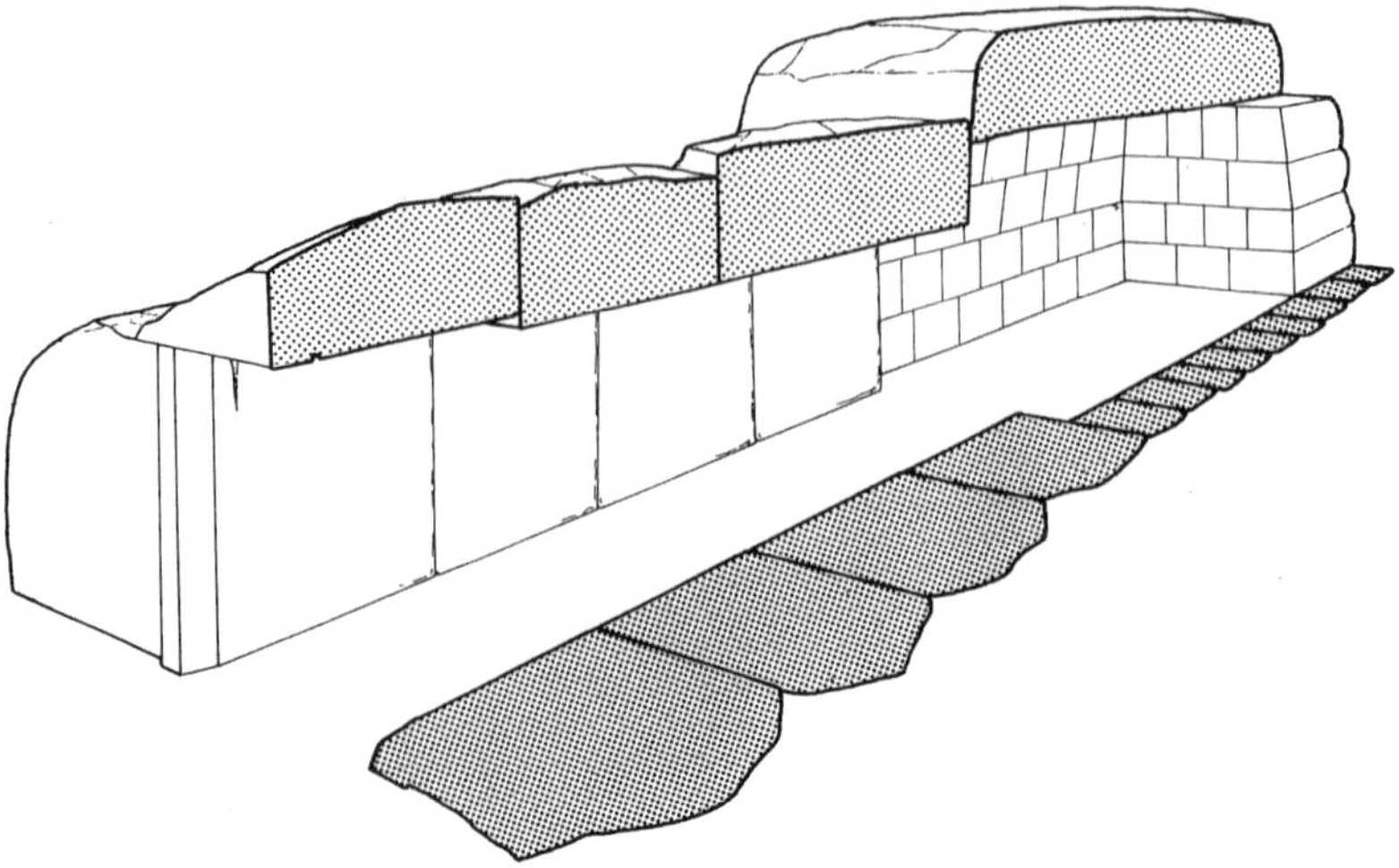

図53　文殊院西古墳の横穴式石室実測図（飛鳥資料館『飛鳥時代の古墳』1979年）

材よりも小さな切石を三一石で五段に布積みしている。また奥壁の近くに高さ一メートル余の不動尊が祀られている。その背後の奥壁も同様の切石を五段に一八石で積まれている。これらの玄室の側壁、奥壁の最下段は大半が地面にうもれているので、一部しか見えない。両側壁に積まれたこれらの切石をよく見ると、横長の石材の中央部に浅い縦線を刻んで二つに区分して表現した石が二個ずつあり、ほぼ同大の切石を整然と積むことを意図したことがわかる（図53）。

さらに切石の間隙には漆喰《しっくい》が残っているところがあり、羨道、玄室ともに切石で積んでいるが、切れ目のない平面をなして仕上げられている。

この玄室の両側壁と奥壁は、少しだけ内傾して積み上げており、羨道部と玄室の境に載せる楣石《まぐさいし》と呼ぶ石も、少し玄室側に内傾させている。天井石は巨大な一石で覆い、その下面は四周とも端の一五センチほどを控え、全体に浅く抉り込んでいる。

玄室から羨道へ、再び戻りながら見ると、羨道は両壁とも幅一・八メートル、高さ二メートルほどの大きな四石の切石をたて、その天井部は三石で覆い、しかも羨道の両側壁の最前部の側壁は一七センチ高く、天井石も少し高くなっている。この最前部の両側壁と天井石には幅三センチ、深さ一・五センチの溝が穿たれており、ここに扉がはめこまれていたとされる。この羨道は長さ七・三メートル、幅二・三メートルある。外に出て、両側壁の入口の南端面を見ると、他の石材と組み合わす仕口があるので、他の石がとりついていたものとみてよい。

文殊院西古墳は、一九二七年（昭和二）に刊行された『奈良県に於ける指定史蹟』第一冊（内務省）の報告で、上田三平氏が羨道、玄室ともに切石による石室の構築を詳細に記し、この古墳のように整美な石材を用いた横穴式石室は例がないとし、また羨道は二重に閉塞されていたものとしている。

このように、文殊院西古墳は、古墳の墳丘は少なからず損なわれているが、構築された横穴式石室は、切石を平坦に磨き、じつに優美に仕上げられている。この古墳は、上田氏の報告では、寛永十年（一六三三）の安倍山絵図に、開口した文殊院西古墳が描かれているので、それ以前に開けられていたものとしている。しかし、『実隆公記《さねたかこうき》』によると、室町時代からすでに開口していたことがわかる。副葬品はまったく伝えられていないので、遺物によって築造した時期を知ることは難しい。しかし、今日では、飛鳥や畿内の横穴式石室の構造に対する研究によって、七世紀中ごろと考えられている。

阿倍倉橋麻呂の活動と寺院建立

『東大寺《とうだいじ》要録《ようろく》』には、阿倍氏の本拠地に阿倍倉橋麻呂《あべのくらはしまろ》が崇敬寺を建立したと記されている。この崇敬寺は、造営が開始したときの創建瓦に、七世紀前半の舒明《じょめい》天皇が建てた百済《くだら》大寺《おおでら》（吉備池廃寺）の系譜を引く単弁蓮華文軒丸瓦《たんべんれんげもんのきまるがわら》が葺かれていることから安倍寺跡に想定されている。

大化元年（六四五）六月、蘇我入鹿《そがのいるか》、蝦夷《えみし》を倒した乙巳《いっし》の変《へん》の後、孝徳《こうとく》天皇が即位し、都は飛鳥から難波に遷り、大化《たいか》の改新《かいしん》がおこなわれた。その後、安倍寺の造営をおこなった阿倍倉橋麻呂は、大化の改新の際に左大臣となっている。

倉橋麻呂は、『日本書紀《にほんしょき》』大化四年（六四八）二月条に、四衆《ししゅ》（比丘《びく》・比丘尼《びくに》・優婆塞《うばそく》・優婆夷《うばい》）を難波の四天王寺《してんのうじ》に招き、仏像四軀を塔内に安置させ、霊鷲山《りょうじゅせん》（釈迦の浄土）の像を造ったことが記されている。また同年四月には、前年に七色十三階の新しい冠位が制定され、それにともない古い冠が廃止されたが、左右大臣は、なお古い冠を着けたと記されている。

そして、翌年の大化五年（六四九）三月十七日に、難波京で没している。『日本書紀』は、この日、孝徳天皇は朱雀門《すざくもん》にでむき、死者の前で哭泣する挙哀《こあい》し、皇祖母尊の皇極《こうぎょく》天皇、皇太子の中大兄皇子《なかのおおえのおうじ》および諸公卿もことごとく哀哭したと記されている。また、『大安寺伽藍縁起并流記資財帳《だいあんじがらんえんぎならびにるきしざいちょう》』は、百済大寺が建立された直後に焼失したので、倉橋麻呂が復興する造寺司の任務を担ったことを記している。

このように七世紀前半から中ごろにかけて、阿倍氏では倉橋麻呂が左大臣となり、政界の中心的役割を担い、しかも氏寺の阿倍寺の造営もおこなっている。

前述した四天王寺の塔からは、百済大寺に葺かれた単弁蓮華文で、外区に複数の圏線をめぐらす重《じゅう》圏文《けんもん》をつけた同笵の軒丸瓦が出土している。この四天王寺から出土する単弁蓮華文軒丸瓦は、近年に菱田哲郎氏の研究によって、百済大寺の再建を進める造寺司を担っていた倉橋麻呂が、四天王寺の塔の造営の際に百済大寺の笵型を四天王寺の瓦窯《がよう》である樟葉平野山《くずはひらのやま》瓦窯に移動させ、そこで焼成して葺かれたものとみなす考えがだされている（菱田一九九四）。このように、阿倍氏出身の倉橋麻呂は左大臣となり、しかも没した日まで知ることができ、文殊院西古墳の築造された七世紀の中ごろの築造年代とよくあうことが知られる。

被葬者は阿倍倉橋麻呂か

文殊院西古墳は、両袖式の横穴式石室で、構築された花崗岩の石材が、いずれも切石で、しかも表面が丁寧に研磨され、華麗に仕上げられている。この時期の横穴式石室では、他に例がない。このように類例のないよく研磨された石材で石室が造られていることは、七世紀中ごろの政界で中心的な役割をはたした倉橋麻呂の墓としてふさわしいものである。

また、七世紀前半に「記紀」にその活動が記されている阿倍氏の人物には倉橋麻呂以外に、倉橋麻呂の父の阿倍鳥《とり》、阿倍宿奈麻呂《すくなまろ》などが知られている。しかし、七世紀中ごろに横穴式石室が築造されたとすると、年代的には倉橋麻呂が最もよくあっている。文殊院西古墳の被葬者は、以前からも倉橋麻呂が被葬者にあげられてきているが、被葬者の名を記した墓誌がないので、確定することはできない。しかし、彼以外の人物は想定できないだろう。

断定はできないまでも、この古墳は阿倍氏の本拠に造られた、七世紀中ごろに活躍した阿倍倉橋麻呂の墓とみなしうる可能性がきわめて高いものである。このことは、この後に飛鳥に七世紀に築造された古墳の被葬者を考えるうえでも、重要な判断する材料を私たちに提供していることになるのである。

4 菖蒲池古墳《しょうぶいけこふん》

――二つの家形石棺をおさめた横穴式石室――

菖蒲池古墳の立地

古代の飛鳥は、蘇我《そが》氏の本拠だった。この飛鳥には、石舞台《いしぶたい》古墳や都塚《みやこづか》古墳が築造された冬野《ふゆの》川の流域とはべつに、飛鳥の西南部にじつに多くの古墳が築造されている。その一つに菖蒲《しょうぶ》池《いけ》古墳がある(図54)。

図54　菖蒲池古墳の入口

菖蒲池古墳は、飛鳥の中心ともいうべき甘樫丘《あまかしのおか》から西南部の橿原市五条野町一帯に広がる丘陵の南端付近に築造されている古墳である。付近の地形は、南西方向に丘陵がのびており、その南斜面に菖蒲池古墳は造られている。ここは二〇一五年(平成二十七)一月に新たに発掘調査で見つかった小山田《こやまだ》古墳の西一〇〇メートルほどに位置する。

精巧な二つの家形石棺

この菖蒲池古墳は、横穴式石室《よこあなしきせきしつ》内に二つの精巧な家形石棺《いえがたせっかん》がおさめられており、一九二七年（昭和二）に国史跡に指定されている（図56）。しかし、この古墳の現状は、かなり墳丘が損なわれており、横穴式石室の天井石の一部も露出し、墳丘の形態、規模ともに不明である。石室は羨道《せんどう》部と玄室《げんしつ》の南端部を失っているが、花崗岩《かこうがん》の巨石によって南向きに構築された横穴式石室である。玄室は両方の側壁とも二段、八個の石材が整然と積まれている。奥壁も粗く加工した石材が二段に積まれ、下段の石はほぼ垂直に、上段はやや内傾して積まれている。石材の間隙および側壁の凹部には、漆喰《しっくい》が広範囲に塗られ、壁面を平滑にしていると報告されている。天井石は三個残っている。羨道部がすでに破壊されているように、古くに開口されており、玄室に二個の家形石棺が縦方向に揃えて配列されている。現存する玄室の内法《うちのり》は、長さ七・三メートル、幅二・六メートル、高さ約二・六メートルある。

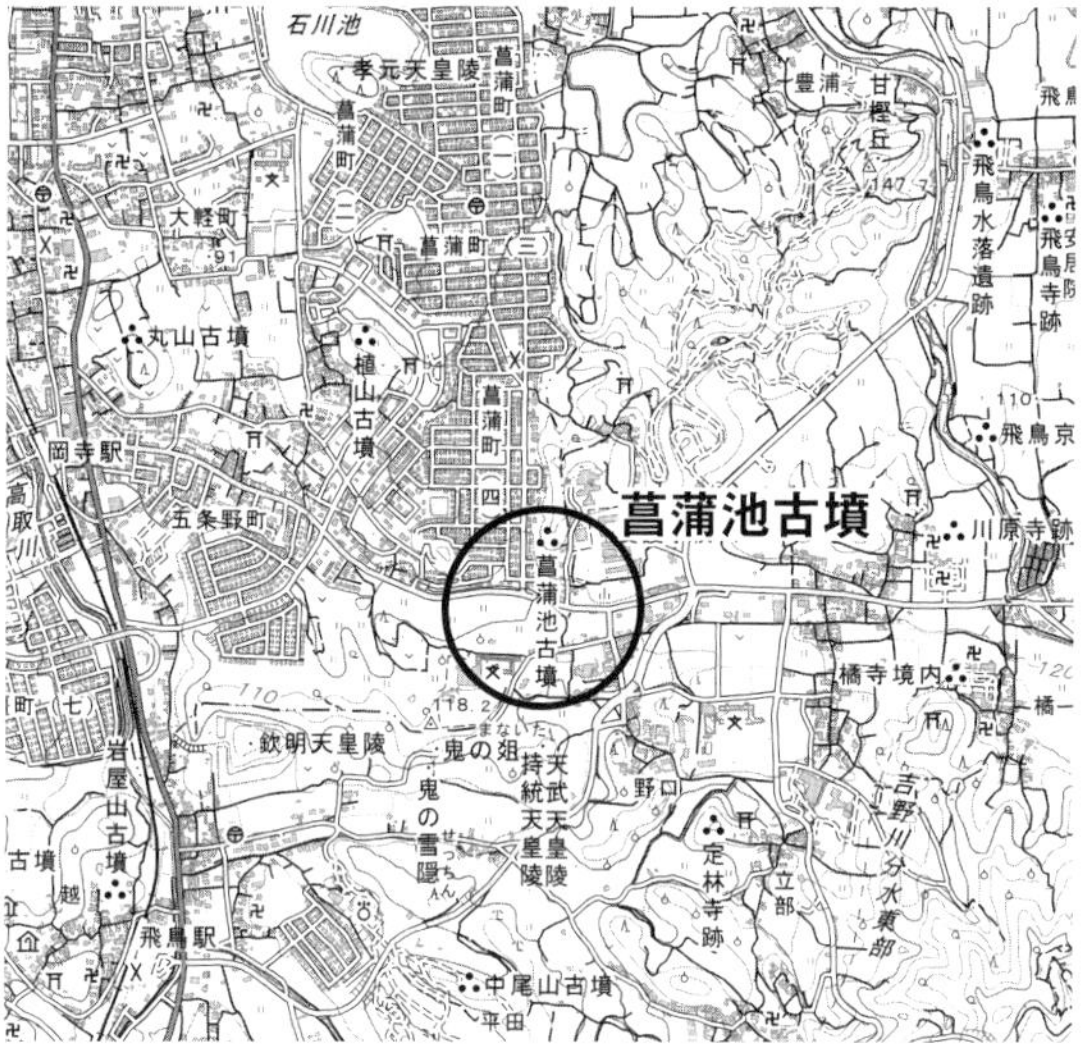

図55　菖蒲池古墳

玄室に据えられた二個の家形石棺は、ほぼ長軸を合わせて配されている。いずれも竜山石《たつやまいし》の凝灰岩《ぎょうかいがん》を用いて製作された刳抜式《くりぬきしき》のものである。

いま二つの石棺を、方位によって南棺、北棺と呼ぶと、南棺は身の四隅と長辺の中央に柱を刻み、さらに上端に梁《はり》と桁《けた》、下端に土居桁《どいけた》を浮彫りに表現している。しかも、幅の狭い短冊状ともいうべき長方形の浅い彫込みを梁に二個、桁に四個、土居桁の長辺に四個、短辺に二個を加えている。また、蓋は頂部の平坦面に縦長に幅広く浅い溝状に刳込みを入れている。屋根は少し内弯する傾斜面をなしている。蓋の下半部は二段の段をめぐらしており、上段は上方に外傾する面をなし、下段を内傾させて鋭い稜を造出している（図57）。さらに、身、蓋ともに内面全体に漆を塗り、表面に朱彩が加えられている。この漆層は三層にわかれ、厚さ二〜三《セン》をなしているという。

一方の北棺も、ほぼ同じような形態をなし、ほぼ同大に造られたものである。しかし、まったく同一

図56　菖蒲池古墳の家形石棺
（橿原市教育委員会提供）

図57　菖蒲池古墳の家形石棺実測図
（飛鳥資料館『飛鳥時代の古墳』1979年）

の表現というわけでなく、蓋の上部の平坦面には刳込みを施さず、身の梁や桁、土居桁にも長方形の刳込みの装飾はない。また蓋の最下段を垂直に仕上げているなど違いがある。この北棺も内面は全体に黒漆と朱が塗られているという。これらの二つの石棺は、古くに開口されているので、その内部からは副葬品はまったく見つかっていない。

このように、菖蒲池古墳は、横穴式石室に二つの精巧に仕上げられた家形石棺がおさめられており、じつに注目される古墳である。しかし、これまで石室と二つの家形石棺の実測は行われていたが、墳丘に対する調査はされていないので、不明な点が少なくない古墳であった。

墳丘の発掘

二〇〇七年（平成十九）、菖蒲池古墳は、「飛鳥・藤原の宮都とその関連資産群」を構成する一つとして、世界遺産暫定候補に登録された。しかし、古墳の規模などは不明なので、二〇一〇年・一一年（平成二十二・二十三）に古墳の範囲を確認する発掘調査がおこなわれ、墳丘に対する新たな知見が加えられている。

この調査では、東西南北に一ヵ所ずつ、調査区を設けて発掘し、その後、西南隅や東側の墳丘の二段目の墳丘調査などが加えられ、さらに墳丘の北側、東側でも墳丘裾部の確認などがおこなわれている。このような発掘調査によって、菖蒲池古墳の墳丘は、二段に築成された方墳であることが判明した。また下段、上段ともに〇・三〜〇・七メートルの石をならべた石列が検出され、下段は三〇メートル、上段は約一八メートルをなすものであることも明らかになった。

また、墳丘の西側では、藤原京の時期の七世紀末に、南北方向の石組みした溝が設けられていた。この石組み溝は、幅〇・三メートル、深さ〇・三メートル、長さ二メートルほどのもので、古墳の基底石と石材、大きさが共通するので、石材を再利用して造られている。さらに墳丘の東側では裾部と外側で石敷が検出されている。

築造年代

さて、菖蒲池古墳は、横穴式石室に二つの精巧な家形石棺がおさめられていることが早くから注目されたが、近年は、藤原宮、藤原京の発掘が進展したことから、天武《てんむ》持《じ》統合葬陵《とうがっそうりょう》、中尾《なかお》山《やま》古墳、高松塚《たかまつづか》古墳、文武《もんむ》天皇陵などとともに、岸俊男氏が注目する藤原京の中軸線上に築造されている古墳としても注目されてきている。しかし、菖蒲池古墳の石室と家形石棺の形態からすると、この古墳は天武朝までは下がらないことは明らかで、藤原京の中軸線とは特にかかわらないものとみてよい。

むしろ、この古墳が築造されたのは、石室の形態からみて七世紀中ごろと推測される。しかも、ほぼ同形、同大で、この時期の飛鳥や大和盆地に造られた横穴式石室におさめられ家形石棺では、他に例がないほど精巧な作りのものである。そして、これら二つの家形石棺の被葬者は、同時におさめられたとみなされる点が特に重視される。

被葬者はだれか

この菖蒲池古墳の被葬者に対しては、二〇一一年（平成二十三）に、橿原市教育委員会の竹田政俊氏による重要な見解が公表されている。竹田氏は、「五条野古墳群の形成とその被葬者についての憶説」

（『考古学論攷』第二四冊）で、この菖蒲池古墳は蘇我氏の本拠地に、七世紀中ごろに、秀麗に造られた家形石棺に二人が埋葬されていることから、その被葬者を蘇我倉山田石川麻呂《くらやまだのいしかわまろ》とその長男の蘇我興志《こごし》に想定する見解を述べている。孝徳五年（六四九）に謀反《むほん》の罪に問われた石川麻呂は、難波から飛鳥の山《やま》田寺《だでら》へ戻り、金堂《こんどう》前で長子の興志とともに自害した。竹田氏は、『日本書紀《にほんしょき》』に、これが冤罪《えんざい》であることが判明し、中大兄皇子《なかのおおえのみこ》が深く後悔したことを記していることも、そのように推測する根拠としてあげている。

以上のように被葬者二人に対する想定を、竹田氏は憶説と記しているが、この菖蒲池古墳が築造された地は、飛鳥の蘇我氏の本拠のうち低いながら丘陵地をなし、蘇我氏一族の墓域と考えられる。そこで、蘇我本宗家を引き継いだものと推測される石川麻呂と子息の興志の二人を埋葬した古墳も、ここに合葬された可能性が高い。しかも、二つの家形石棺は、同形、同大にきわめて精巧に作られており、同時に製作されたものとみて間違いない。

さらに、菖蒲池古墳の築造年代と、『日本書紀』に記す石川麻呂に対する冤罪の経緯を併せると、中大兄皇子によって、石川麻呂と興志が丁寧に合葬された可能性が最も高いのではなかろうか。

そして二つの家形石棺は、同形・同大に作られ、玄室の入口に近い位置に興志、奥に石川麻呂の石棺をおさめたものとみてよい。しかも、製作に際しては、埋葬者を定めて造ったものと思われる。そして、若い興志の石棺には、身、桁、梁、土居桁に相当する部分に、短冊状の浅い彫込みの装飾を加え、当初から区別したものと推測されるのである。

5 東明神古墳《つかみょうじんこふん》

——横口式石槨の八角墳——

東明神古墳の立地と墳丘

飛鳥の西南、近鉄線の壺阪山《つぼさかやま》駅の西北に佐田の集落がある。この佐田集落に入ると岡宮《おかのみや》天皇陵（草《くさ》壁《かべ》皇子の墓）があり、そこを過ぎた奥に春日神社へ通ずる石段がのびている。石段を登った境内に拝殿があり、東に接するように東明神《つかみょうじん》古墳の小古墳がある（図58・59）。

図58　東明神古墳

東明神古墳は、墳丘が損なわれた小古墳だが、地元では天武《てんむ》の皇子である草壁皇子の墓という伝承をもった古墳である。この古墳は、河上邦彦氏によって注目され、一九七九年（昭和五十四）、河上氏によって墳丘が測量され、さらに一九八四年（昭和五十九）四〜六月に発掘されている。

墳丘は、盗掘や主体部の横口式石槨《よこぐちしきせっかく》の石材を取り出して破壊されたともいわれるように、著しく破壊されていた。この墳丘を発掘したところ、山の稜線を大きく削って平坦地を造り、墳丘の下に掘込み地《じ》業《ぎょう》と呼ぶ下部を一段掘り下げ、土を薄く積みながら搗《つ》き固める版築《はんちく》の築成技法によって築かれていたことが明らかになった。そして、墳丘の下部に施した版築の形状と墳丘の外側の石列と石敷から、この古墳は、対角線の長さが三〇メートルの八角形墳をなしていたと推定されている。

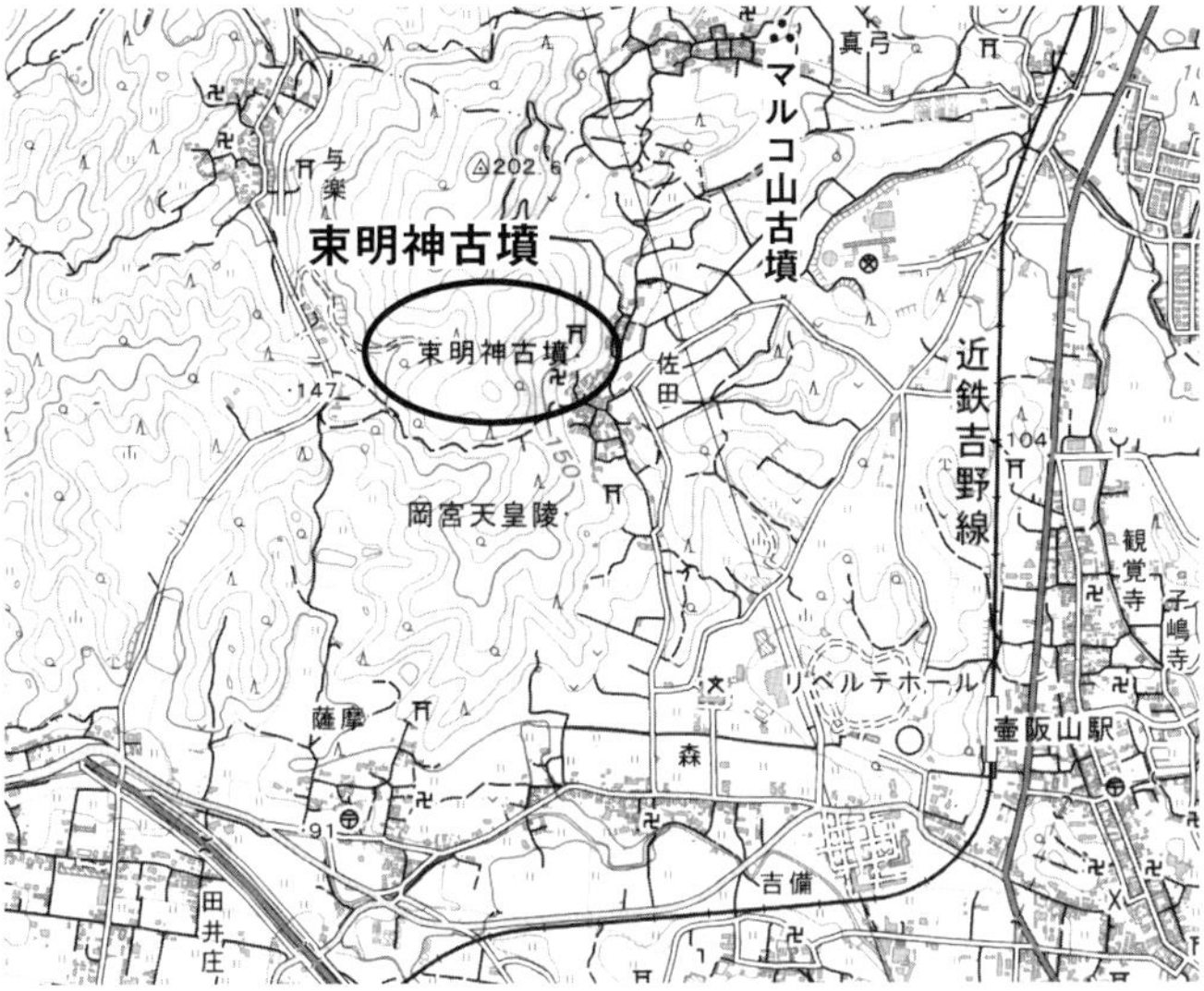

図59　東明神古墳地図

石槨の特徴と副葬品

古墳の埋葬主体部は、切石の一部がすでに取り出されていたように、凝灰岩《ぎょうかいがん》切石によって構築された横口式石槨であることが明らかになった。この石槨は、長方形の平面をなし、立面の下部は垂直に造られ、上部は家形の形状をなしていた。

石槨を構成する各壁は、五五センチ四方で、厚さ三〇センチ、いずれもL字状の切り込みを入れた凝灰岩切石を、垂直方向の壁は五段、上部の傾斜する部分は三段だけ遺存したが、五段積まれたものと考えられるものであった。いずれも横方向に目地《めじ》を通して積んでいた。この切石は、側壁では一石を積むが、上部の傾斜する部分では、石槨内に転落しないように控え積みして構築されていた（図60・61）。その平面形の規模は長さ三・一二メートル、幅二・〇六メートルをなし、立面の垂直部は一・二九メートル、上半部の傾斜は六〇度をなし、下部と同一の高さをなしていた。床面は切石が二段に積まれ、南北七石、東西六石の四二石を配していた。この上に少し目地をずらせて同数の切石を並べて床面としていた。そして、床面には漆喰が

図60　束明神古墳の横口式石槨
（奈良県立橿原考古学研究所提供）

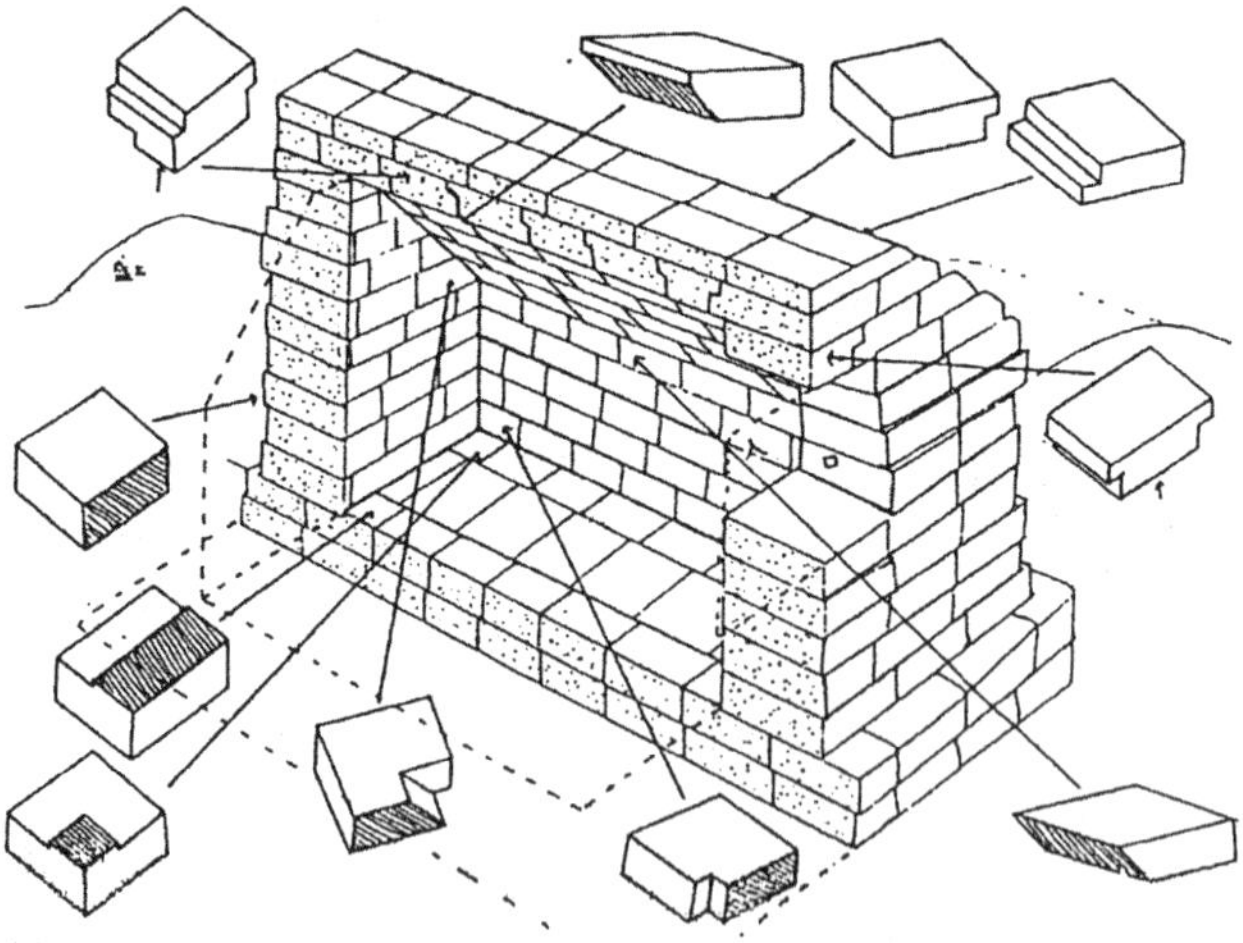

図61　束明神古墳の横口式石槨と石材
（河上邦彦『大和の終末期古墳』奈良県立橿原考古学研究所附属博物館、2004年）

塗られていた。そして南壁に入口が設けられている。

東明神古墳の発掘で出土した副葬品は、墳丘および石槨の上部も壊されていたことから、大半がもちだされていた。検出されたのは、被葬者の歯牙《しが》六本、大・中・小の鉄釘、漆膜、棺飾金具、須恵器《すえき》一〇〇、土師器《はじき》二〇〇、瓦器《がき》（中世の土器）五〇、灯明《とうみよう》皿《ざら》六〇などであった。これらのなかでは、歯牙から被葬者が青年期後半から壮年期に没したとみなされること、漆塗りの木棺《もつかん》、さらに須恵器からみて、七世紀末に造られた古墳とみなされることが重視される。

発掘調査が終了後、橿原考古学研究所附属博物館の東側の構内に、天井部も切石で積まれた東明神古墳の横口式石槨が復元され、現在も公開されている。

草壁皇子の墓伝承と文献史料

さて、東明神古墳の発掘に至る経過と発掘調査、また検出された切石による横口式石槨に対する構造の解明、さらに横口式石槨の復元に関連する報告を収録した河上邦彦氏による『東明神古墳の研究』が一九九九年に刊行されている。この報告では、幕末のころの東明神古墳に対して破壊行為をおこなったとする佐田の集落の人たちの伝承を踏まえ、この古墳の被葬者像に対し、『日本書紀《にほんしよき》』と『万葉集《まんようしゆう》』に記された挽歌を詳細に検討し、天武天皇の皇子である草壁皇子の墓として造られた古墳であったとする見解が述べられている。

草壁皇子は、天武天皇と鸕野皇女《うののひめみこ》との間に生まれた皇子である。『日本書紀』天武八年（六七九）五月五日条に、天武と鸕野皇后、草壁皇子、大津《おおつ》皇子、河嶋《かわしま》皇子、忍壁《おさかべ》皇子、芝基《しき》皇子の五人の皇子らが

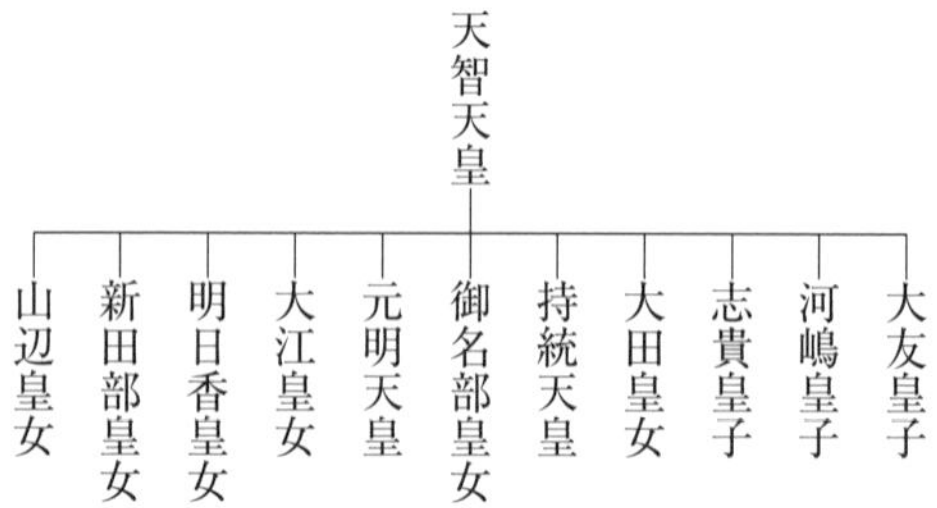

図62　天智天皇の皇子・皇女系図

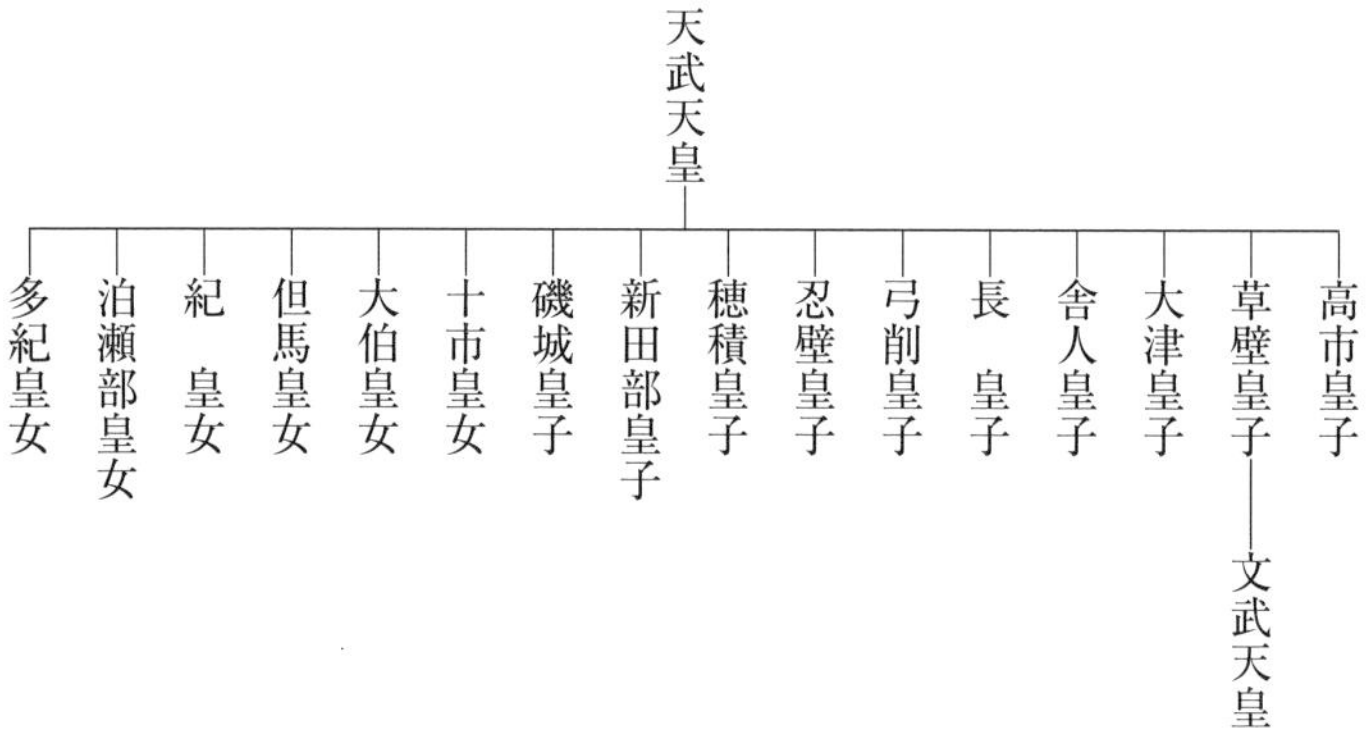

図63　天武天皇の皇子・皇女系図

吉野宮に行幸し、皇位継承の争いをおこさないという盟約を結んだことが記されている（図63）。また、持統元年（六八七）十月二十二日条に、天武が没したので、草壁皇子が天武の大内陵の築造を担ったことを記している。しかし、持統三年（六八九）四月十三日条に、二十八歳で没したことが記載されている。そして、草壁皇子の墓は、『延喜《えんぎ》諸陵式《しょりょうしき》』には、「真弓丘陵岡宮御宇天皇。在大和国高市郡」と記され、真弓丘陵《まゆみのおかのみささぎ》に葬られたとある。

高まる草壁皇子の墓の可能性

そこで、束明神古墳が草壁皇子の墓の可能性が高いことを想定して発掘調査がおこなわれた。

この調査を行った河上邦彦氏によれば、草壁皇子が亡くなったとき、『万葉集』巻二には、草壁皇子への挽歌が収録されている。それには、

「皇子尊の宮の舎人等の慟《かな》しび傷みて作る歌二三首」と題詞し、

　朝日照る　佐田の岡辺に　群れ居つつ　我が泣く涙　やむ時もなし　（二—一七七）

　（朝日が照る　佐田の岡辺に　群がっていて　われわれの涙は　やむ時もない）。

　とぐら立て　飼ひし雁の子　巣立ちなば　真弓の岡に　飛び帰り来む　（二—一八〇）

　（鳥屋を建て　飼った雁の雛よ　巣立ったら　真弓の岡に　飛び帰ってこい）。

と詠んだ歌があり、草壁皇子の墓が檀《まゆみ》の岡（真弓の岡）、佐田の岡に造られたことを記している。この真弓と佐田の地名は、真弓がより広い地域をふくみ、佐田はそれにふくまれる一部の地域とされるとしている。そして、これらの挽歌によって、草壁皇子の古墳は、佐田の地域に築造されたことを推測して

いる。

また河上氏は、『続日本紀《しょくにほんぎ》』天平神護元年（七六五）十月十五日条に、称徳《しょうとく》天皇が紀伊国へ行幸するため、前日に飛鳥の小治田宮《おはりだのみや》に宿泊し、十五日には草壁皇子の檀山陵《まゆみやまりょう》の前を通過する際に、天皇は付きしたがっていた官人たちに詔を下し、騎馬する者は下馬させ、儀仗兵《ぎじょうへい》に旗や幟《のぼり》を巻かせたことを重視している。そこで、この記事を検証し、飛鳥から宇智郡へ向かう紀路から佐田の丘陵上にある束明神古墳は望むことができたのに対し、これまで宮内庁が定めている岡宮天皇陵（草壁皇子の墓）は、束明神古墳の南三〇〇メートルの南へのびる尾根上にあり、紀路からほとんどみえないとする。

このように、河上氏は、発掘調査した束明神古墳は天智《てんじ》陵、天武・持統陵、さらに文武陵の可能性が高い中尾山古墳と同様に、八角形の墳形をなし、凝灰岩切石による横口式石槨の規模からみて、また古く佐田集落に伝えられてきた伝承も踏まえ、草壁皇子の墓の可能性がきわめて高いものとした。

日本の古代に築造された古墳では、中国古代の墳墓と異なり、古墳に墓誌や文字資料をふくむことがほとんどない。このことは、古代の古墳、墳墓では、被葬者名を確定することがきわめて難しいことからみても、きわめて重要な知見をえたことになる。

この古墳は草壁皇子の墓とすると、八角形に築造されながら、なぜ天武・持統陵、中尾山《なかおやま》古墳、高松《たかまつ》塚《づか》古墳のように、藤原京の中軸線上に築造されなかったのかという、新たな課題が提起されているように思われる。

6 マルコ山古墳《まるこやまこふん》

――壁面に漆喰を塗る横口式石槨――

マルコ山古墳の立地と墳形

マルコ山古墳は、飛鳥の西南、明日香村真弓《まゆみの》丘陵《おかのみささぎ》に築造されている古墳である。近鉄飛鳥駅から、真弓丘陵の東に沿ってのびる道を南へ進むと高取川《たかとり》に架かる観音寺橋が見える。この橋を渡り、近鉄線を越えて西へ少し進むと地ノ窪《じのくぼ》の集落がある。マルコ山古墳は、この集落の東の東西にのびる尾根の南斜面の中腹に造られている（図64）。

この古墳は、発掘の結果、傾斜面を掘り下げて平坦にした後、その上に版築《はんちく》して二段に築かれていた。墳丘の北側裾には二重の石敷をめぐらし、外側の石敷の下に暗渠《あんきょ》排水溝が施されていた。墳丘は、発掘調査がおこなわれた初期には、円墳《えんふん》とみなされたが、一九九〇年（平成二）、さらに二〇〇四年（平成十六）の調査によって、六角形をなすことが判明した。

横口式石槨の特徴

被葬者を埋葬する主体部をなす墓室は、墳丘の中央部に、南に開口する凝灰岩《ぎょうかいがん》の切石を組み合わせ

図64　マルコ山古墳

た横口式石槨《よこぐちしきせっかく》が設けられていた。この石槨は、床と天井部は各四石、両側壁は三石、奥壁二石、扉石一石で構築されている。これは換言すると、床石の上に両側壁と奥壁の石材をたて、その上に印籠蓋《いんろうぶた》状に天井石を被せていた。この天井石の下面は、平坦ではなく、七センチほど屋根状に刳り込んで造られている。

石槨の規模は、内面で測ると、長さ二・七一メートル、幅は中央部一・二八メートル、高さ一・四三メートルある。この石槨内部は、天井、四壁、床面ともに全面に白く漆喰《しっくい》が塗られており、天井石の漆喰が剥落したところで朱線がみられるので、構築する際に基準線としたものと考えられる（図65・66）。このように、石槨内の壁面全体を白く仕上げながら、なぜか高松塚《たかまつづか》古墳、キトラ古墳のように、絵は描かれていなかった。

扉石から南にむけて、墓道が設けられていた。これは石材を搬入する際に設けられたもので、墓道床面に木材の道板を抜き取った痕跡が四条残っていた。埋葬後、墓道は版築して元の状態に埋め戻されていた。

金銅製大刀などの副葬品

石槨内は盗掘されており、漆塗木棺《うるしぬりもっかん》の破片、銅釘、金銅製飾金具、金銅製大刀金具などが見つかっている。これらのうち、漆塗木棺は盗掘時に壊され、小さな破片になっていたが、杉板を組み合わせて身と蓋としたものであった。短辺の木口面は胴張りをなし、蓋の側面は蒲鉾形《かまぼこがた》をなしている。厚さ一・六センチの板の表面に麻布を五枚、漆で張り合わせ、黒漆を塗り、表面は朱彩して仕上げられていた。

また金銅製の六花形の飾り金具は、三点の破片が見つかっており、これらが漆塗木棺の表面に打ちつ

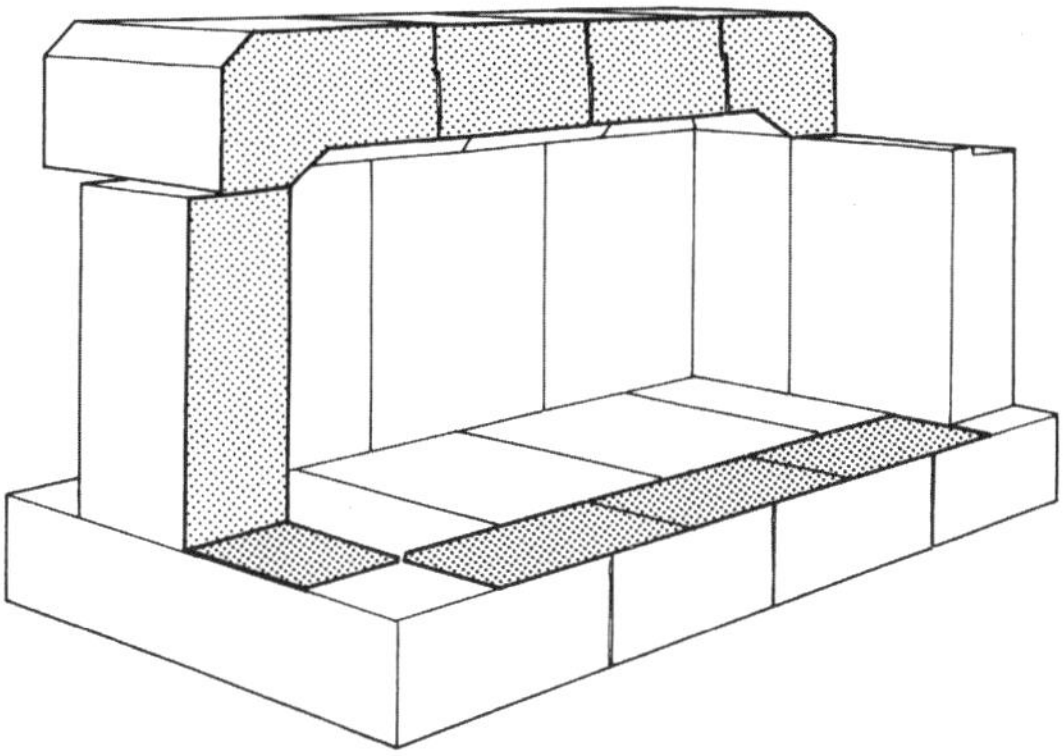

図65　マルコ山古墳の横口式石槨
（飛鳥資料館『飛鳥時代の古墳』1979年）

図66　マルコ山古墳の石槨内部
（飛鳥資料館『飛鳥時代の古墳』1979年）

けられていたとみなされる。さらに副葬品には金銅製の大刀金具が見つかっている。これには、把《つか》に用いた頭がハート型をなす鋲《びょう》が四点ある。また、山形の金物に忍冬唐草文《にんどうからくさもん》を透して表現した金具や銅製の目釘《めくぎ》が四本ある。さらに把頭《つかがしら》の先端につける露金具《つゆかなぐ》が一点、金銅製の尾錠《びじょう》が二点見つかっている。また、被葬者の人骨が一部残っていたことも報じられている。

このように、飛鳥の西南、真弓丘陵に築造されたマルコ山古墳では、版築《はんちく》技法で六角形に築き、切石による石槨式石室《せきしつ》をなし、漆塗りして飾金具をつけた木棺に遺体はおさめられ、副葬品の一部に金銅製大刀が副葬されていたことも知られている。

限定される被葬者

日本の古代に築造された古墳は、中国の隋唐《ずいとう》の墳墓とは異なり、被葬者の名や履歴などを記した墓誌がほとんど副葬されていない。それだけに、被葬者を明らかにすることは難しい。しかし、発掘された古墳と横口式石槨などの特徴からみて、七世紀末という限られた時期に、都があった飛鳥の地域に築造された被葬者だけに、「記紀」や『万葉集《まんようしゅう》』などの古代の史料から、その候補となる被葬者を推測できるかどうかが大きな課題になるだろう。

マルコ山古墳は、石槨式石室と木棺、副葬品などからみると、この古墳は七世紀末に天皇の皇子、皇女、もしくは高位の官人が埋葬されたものと考えられる。このうち、官人は氏族の本拠に埋葬されたと思われる。

二人の候補者

そこで、七世紀末に飛鳥の真弓丘陵に埋葬された皇子、あるいは皇女を想定し、「記紀」や『万葉集』に収録された挽歌をみると、この真弓丘陵一帯に埋葬された被葬者として、草壁《くさかべ》皇子と河嶋《かわしま》皇子が候補になる。

二人の候補者のうち、草壁皇子が埋葬された古墳は前述したように、束明《つかみようじん》神古墳の発掘成果と『万葉集』巻二の挽歌に佐田に埋葬されたことが記され、さらに、『続日本紀《しよくにほんぎ》』天平神護元年（七六五）一〇月一五日条に、称徳《しようとく》による紀伊国への行幸で、佐田に築造された草壁皇子の墓前を通過する際に、官人らに下馬させていることから、河上邦彦氏によって、束明神古墳に埋葬された可能性が最も高いものと考えられている。

一方の河嶋皇子は、天智《てんじ》天皇の皇子の一人で、母は忍海造《おしぬみのみやつこ》小竜《おたつ》の女の色夫古娘《しこふこのいらつめ》である。『日本書紀』天武八年（六七九）五月五日条に、天武《てんむ》、鸕野皇女《うののひめみこ》、草壁皇子、大津《おおつ》皇子、高市《たけち》皇子、河嶋皇子、忍壁《おさかべ》皇子は、芝基《しき》皇子らが吉野宮で一堂に会し、皇位を争わないことを盟約した。また天武十年（六八一）三月条には、忍壁皇子らとともに、『帝紀《ていき》』と上古の諸事を撰することにかかわったことが記されている。

そして、持統五年（六九一）九月九日条に、河嶋皇子が没したことが記されている。『万葉集』には、その際に詠われた挽歌に、「河嶋皇子を越智野に葬る時に、泊瀬部皇女に献る歌なり」と、柿本人麻呂《かきのもとのひとまろ》が河嶋皇子の妃の泊瀬部《はつせべ》皇女に奉った歌として、

しきたへの　袖かへし君　玉垂の　越智野過ぎ行く　またも逢はめやも　（巻二―一九五）

(袖をかわした夫君は　越智野を通ってゆく　またと逢えるだろうか)。

と詠っており、河嶋皇子が越智野に埋葬されたことが記されている。これまでも、河嶋皇子への挽歌に読まれた地名によって、マルコ山古墳の被葬者は、河嶋皇子が想定されてきている。

河嶋皇子は、天武八年に吉野宮での盟約にかかわり、さらに『帝紀』と上古の諸事の編纂に従事していることからすると、天武、鸕野皇女(持統《じとう》)による高い評価を得ていたことがわかる。さらに、『懐《かい》風藻《ふうそう》』に詩一篇が掲載されており、併せて河嶋皇子は大津皇子と親交があり、大津皇子に謀反《むほん》の計画のことで相談を受けた際に、そのことを密告したことが記されている。そして三十五歳で没したと記されている。

天武が没した直後、河嶋皇子による密告によって、草壁皇子にとって、皇位継承の対抗馬とみなされていた大津皇子は処刑された。この河嶋皇子の行為は、持統の憂慮を一時的ながら除去したことからすると、それなりに評価されたであろう。『懐風藻』に記す三十五歳の没年年齢も、マルコ山古墳から見つかった人骨から推測される年齢と合っている。マルコ山古墳の墳形が六角形をなすのは、天智の皇子ながら、持統による評価がこの墳形に反映しているものと想定される。

また、先にのべたように、佐田に築造された束明神古墳が草壁皇子の墳墓の可能性がきわめて高いことからすると、河嶋皇子が埋葬されたマルコ山古墳が、その北に築造された位置も、持統によって、草壁皇子とのつながりを踏まえて真弓丘陵に築造されものでなかろうか。

7　キトラ古墳《きとらこふん》

――壁面に四神を描く横口式石槨――

壁画の発見

キトラ古墳は飛鳥の南部、明日香村字安倍山にある。近鉄飛鳥駅の東南一・六キロ、高松塚《たかまつづか》古墳の南一・二キロの地にある。墳丘は、低い阿倍山の南斜面に造られている（図68）。

それまでまったく知られない古墳だったが、飛鳥時代の古墳と考えられたことから、一九八三年（昭和五十八）、すでに掘り込まれた盗掘坑にファイバースコープを挿入する方法で石槨《せっかく》内部の探査がおこなわれた。この探査方法で、石槨の壁面に漆喰《しっくい》が塗られ、玄武《げんぶ》の壁画が描かれていることが判明した。その状況はＮＨＫによって放映されている。

ついで、一九九八年（平成十）、高性能の超小型カメラによる探査が再びおこなわれ、石槨の壁面に、青竜《せいりゅう》、白虎《びゃっこ》さらに天文図が描かれているのが映し出された。さらに二〇〇一年（平成十三）、石槨内にデジタルカメラを挿入して内部の状況の探査を試みたところ、四《し》神《じん》と十二《じゅうに》支像《しぞう》が描かれていることも判明した（図69）。

発見から保存作業へ

　このように、発掘によらない探査方法による調査の結果、キトラ古墳は、七世紀末ごろの横口式《よこぐちしき》石槨で、石槨の四面の壁面に玄武、青竜、朱雀《すざく》（図70）、白虎（図71）による四神と天井に天文図、さらに十二支像が描かれていることがわかった。それとともに、石槨内の壁面の一部が剥離する危惧がある部分も見つかり、現状のままでは永続的な壁画の保存上、問題があることも明らかになったのである。

　そこで、壁画の保存対策が検討されることになり、中国では唐《とう》代の墳墓の永泰公主墓《えいたいこうしゅぼ》、章懐太子墓《しょうかいたいしぼ》

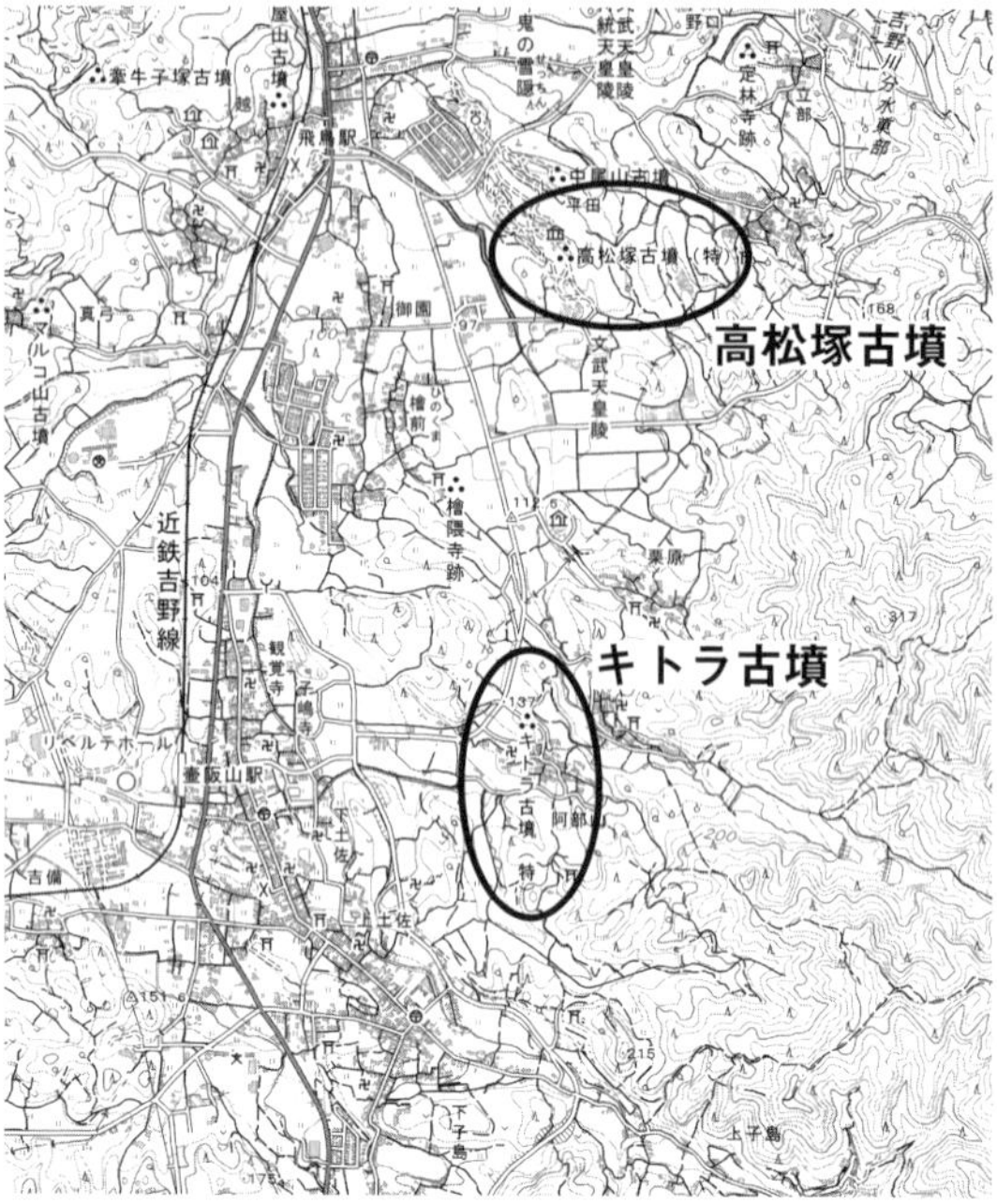

図 67　キトラ・高松塚古墳の立地

図 68　キトラ古墳

などの壁画は、墓室から剥ぎとって保存されているという前例を参考に、唐墓の壁画よりも漆喰が薄いので困難な作業ながら、壁画を剥ぎとることになった。そして、キトラ古墳は横口式石槨の墓道を発掘し、盗掘孔から石槨内部に入り、壁面に描かれた壁画を古墳から剥ぎ取り、保存する作業がおこなわれている。

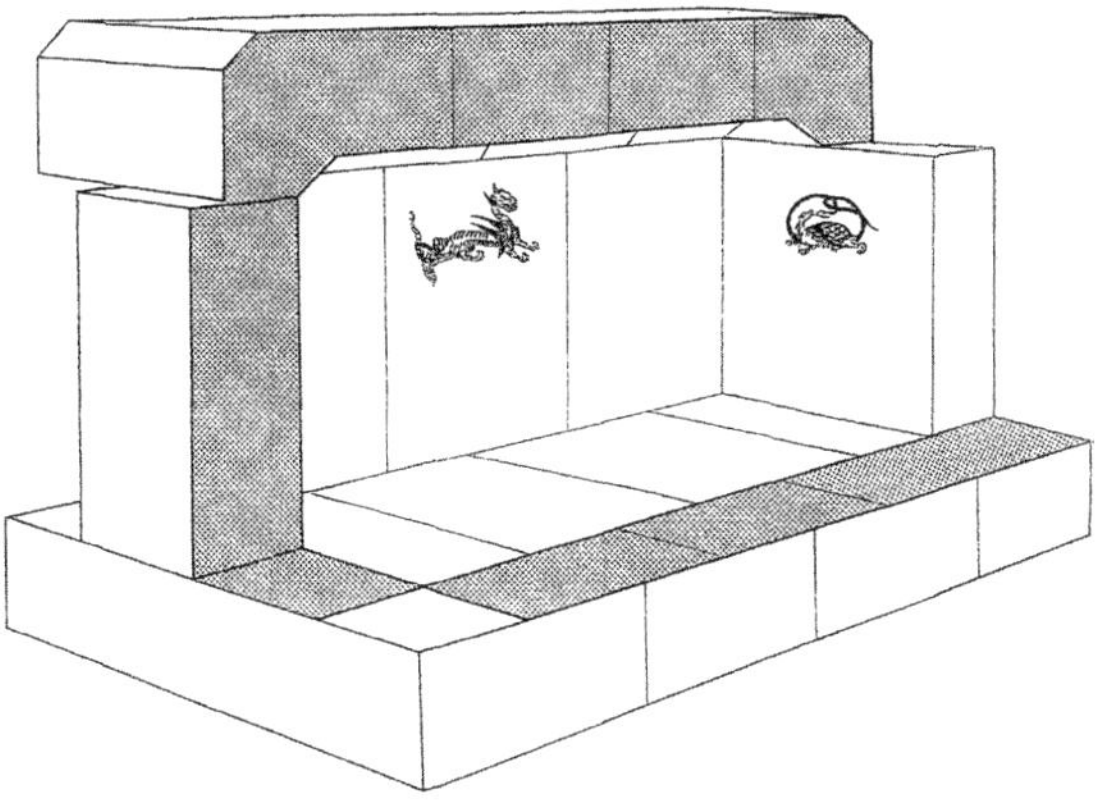

図69　キトラ古墳の横口式石槨
（大阪府立近つ飛鳥博物館『ふたつの飛鳥の終末期古墳』2010年）

キトラ古墳の構造・壁画と副葬品

さて、キトラ古墳は、丘陵の南斜面を削平した平坦面に、二～三センチの厚さに積んだ土を搗《つ》き固めて版築《はんちく》して築いた墳丘とテラス状の下段からなる二段に築成された円墳《えんふん》である。墳丘の下段は直径一三・八メートル、高さ〇・九メートル、上段が直径九・四メートル、高さ二・四メートルの規模をなしていた。墳丘の内部には、凝灰岩の切石を組合せた横口式石槨が構築されていた。その規模は、長さ二・六メートル、幅一メートル、高さ一・三メートルをなし、天井石には約一七センチの刳り込みが施されていた。

この石槨の四面の壁面は、全面に白く漆喰が塗られており、東面に青竜、北面に玄武、西面に白虎、南面に朱雀による四神が描かれていた。また四方の壁面の下には獣頭《じゅうとう》人身像《じんしんぞう》が描かれており、本来は各面に三体ずつによる十二

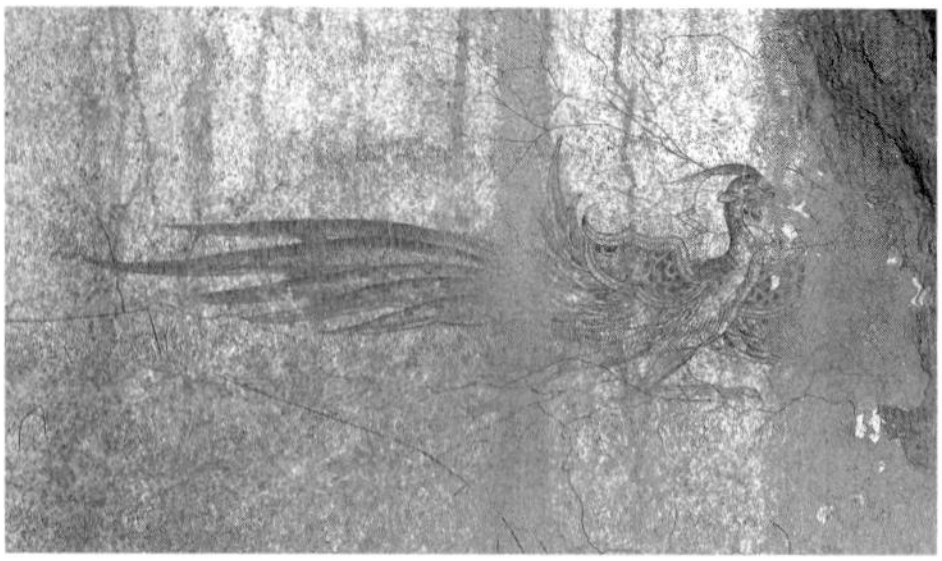

図70　キトラ古墳の朱雀の壁画
（国〈文部科学省所管〉・奈良文化財研究所提供）

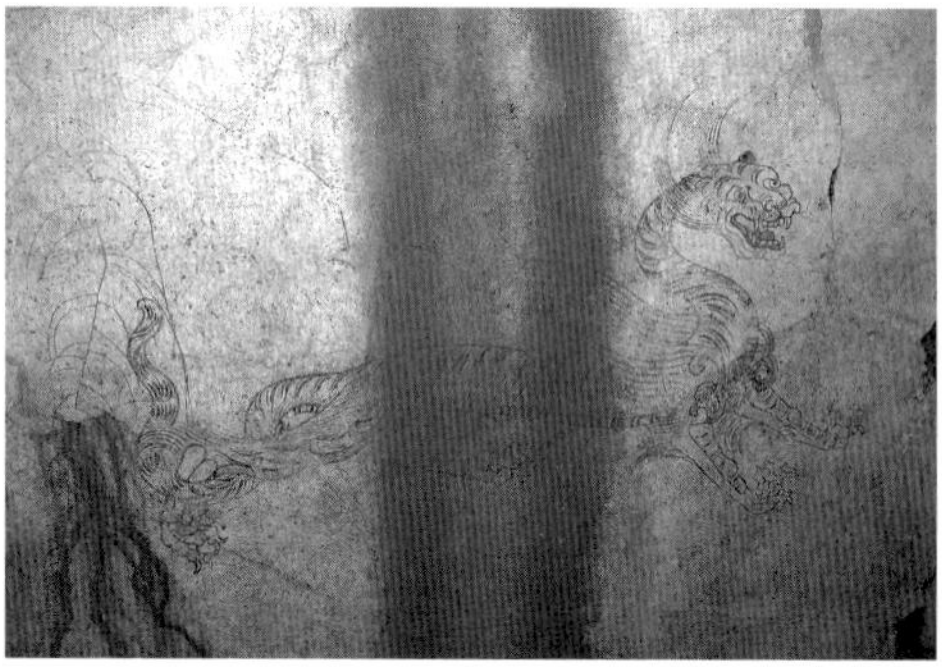

図71　キトラ古墳の白虎の壁画
（国〈文部科学省所管〉・奈良文化財研究所提供）

支が描かれていたものと推測させるものであった。また、天井には内規、外規、赤道、黄道を描き、金箔を朱線で結ぶ星宿《せいしゅく》（星座）を配置した天文図が描かれている。副葬品としては、金銅製鐶座《かんざ》金具、銅製六花形釘隠《くぎかくし》などの木棺《もっかん》の金具、琥珀玉《こはくぎょく》、鉄製刀装具、さらに人骨と歯牙《しが》が検出された。

二〇一三年（平成二十五）、古墳の調査も終了し、その後は飛鳥歴史公園の一部として、付近に展示施設が設けられ、古墳の墳丘も復元的に史跡整備されている。

キトラ古墳は、石槨内部に壁画が描かれていたことから、一九七二年（昭和四十七）に発掘された高松塚古墳の横口式石槨、また壁画とともに比較され、築造時期の前後関係、描かれた壁画の構成、壁画制作の技術面のことなどが、関連する各分野の研究者によって検討されている。

被葬者への関心

さて、飛鳥に築造された古墳は、古墳の性格を明らかにするとともに、少ないながら『古事記《こじき》』『日《に》本書紀《ほんしょき》』『万葉集《まんようしゅう》』などの古代史料が残されているので、古墳の被葬者の検討が課題になっている。これは、墓誌などの副葬品がないことから、確定することはできないが、その古墳の性格を明らかにすることの重要な課題の一つであろう。

キトラ古墳の石槨内部に描かれた壁画を探査する過程でも、この古墳の被葬者の解明に高い関心を寄せる報道がなされている。そして、七世紀末前後の築造時期、築造された地域、副葬品の一部などをもとに、天武天皇の皇子、もしくは高位の官人の墳墓とみなす考えがだされている。提起者は記さないが、被葬者の候補として、天武《てんむ》の皇子の高市《たけち》皇子、弓削《ゆげの》皇子、阿倍御主人《あべのみうし》、百済王《くだらのこにきし》昌成《しょうじょう》などの人物があがっている。

候補者の検討

これらの候補のうち、高市皇子は、天武の第一皇子で、母は胸形君徳善《むなかたのきみとくぜん》の女の尼子娘、持統四年（六九〇）太政大臣に任じられた。そして持統十年（六九六）に没し、『公卿補任《くぎょうぶにん》』には四十三歳だったとしている。『延喜諸陵式《えんぎしょりょうしき》』は広瀬郡に墳墓の所在地を記している。

つぎの弓削皇子は、天武の皇子で、母は天武の皇女の大江《おおえの》皇女である。文武三年（六九九）に没している。『懐風藻《かいふうそう》』に高市皇子が没したとき、つぎの天皇を選ぶ協議がおこなわれたとき、葛野《かどの》王《おう》が直系の継承を述べた際に、異議を唱えようとして、葛野王に叱責されたと記されている。彼の墳墓に関連する史料はない。

官人の阿倍御主人は右大臣で、大宝三年（七〇三）に六十九歳で没したことが『続日本紀《しょくにほんぎ》』『公卿補任』によってわかる。古墳が築造された地の「阿倍山」を重視して提起されている。

また、百済王昌成は、百済王の義慈王《ぎじおう》の後裔氏族で、善光《ぜんこう》の子、郎虞《ろうぐ》は昌成の子である。朱鳥元年（六八六）、天武が没した際、祖父の善光に代わり、百済王族を代表して殯宮《もがりのみや》で誄《しのび》ごとをした。

これらの候補者に対し、少し言及すると、まず飛鳥は蘇我《そが》氏の本拠であり、檜隈《ひのくま》は東漢《やまとのあや》氏の本拠であった。しかし、天武以降には、この檜隈に天武・持統《じとう》陵が築造されたように、何らかの変化によって、天武や天武系の皇子の古墳がいくつか築造されるようになったものとみなされる。一方、この時期には、なお有力氏族は基本的に自らの本拠に古墳・墳墓が築造されたものとみてよい。

これらの点からみると、阿倍御主人は阿倍氏の本拠の阿倍の地に埋葬されたと考えられるだろう。また根拠とする「阿倍山」の呼称も、はたして古代まで遡る地名かどうかも不明であり、現在の地名を根拠にするには限界がある。また百済王昌成がここを本拠としたことを示す史料はない。

また、藤原京の中軸線との関連を重視すると、天武系の皇子以外の被葬者を想定するのは無理だろう。そして、これまで候補となっている天武の皇子のうち、高市皇子は『延喜諸陵式』に広瀬郡に墳墓が記されており、この記載を否定する根拠はないだろう。

このようなことからすると、結果としては消去法となったが、文武三年（六九九）七月二十一日に没した弓削皇子が、これまであげられている候補では、最も可能性が高いものと考える。

8 高松塚古墳《たかまつづかこふん》

――壁面に宮廷人・四神を描く横口式石槨――

壁画の発見

高松塚《たかまつづか》古墳は、一九七二年（昭和四十七）三月二十六日、発掘中の石槨《せっかく》の壁面に壁画が描かれていることが公表され、テレビ、新聞などで大きく報道された飛鳥の古墳である。都が飛鳥にあったとき、この地に築造された横口式《よこぐちしき》石槨の壁面に、宮廷人、四神《しじん》、さらに星宿《せいしゅく》が描かれていたことが初めて明らかになった。そこで、高松塚古墳に描かれた壁画の源流をどこに求めるのか、壁画の技法・画法や画師にかかわること、被葬者は誰か、さらに見つかった壁画の保存方法が当面の検討課題になった。

この古墳の発掘調査は、明日香村が企画した『明日香村史』の編纂にともなう記念事業として実施されたものであった。この調査では墳丘の発掘の進展によって、すでに南壁を壊して盗掘されていたことが知られたので、石槨の調査のために盗掘孔から内部に入った。その際に、壁面に絵が描かれていることが判明し、発掘の途中で公表されることになったのである。

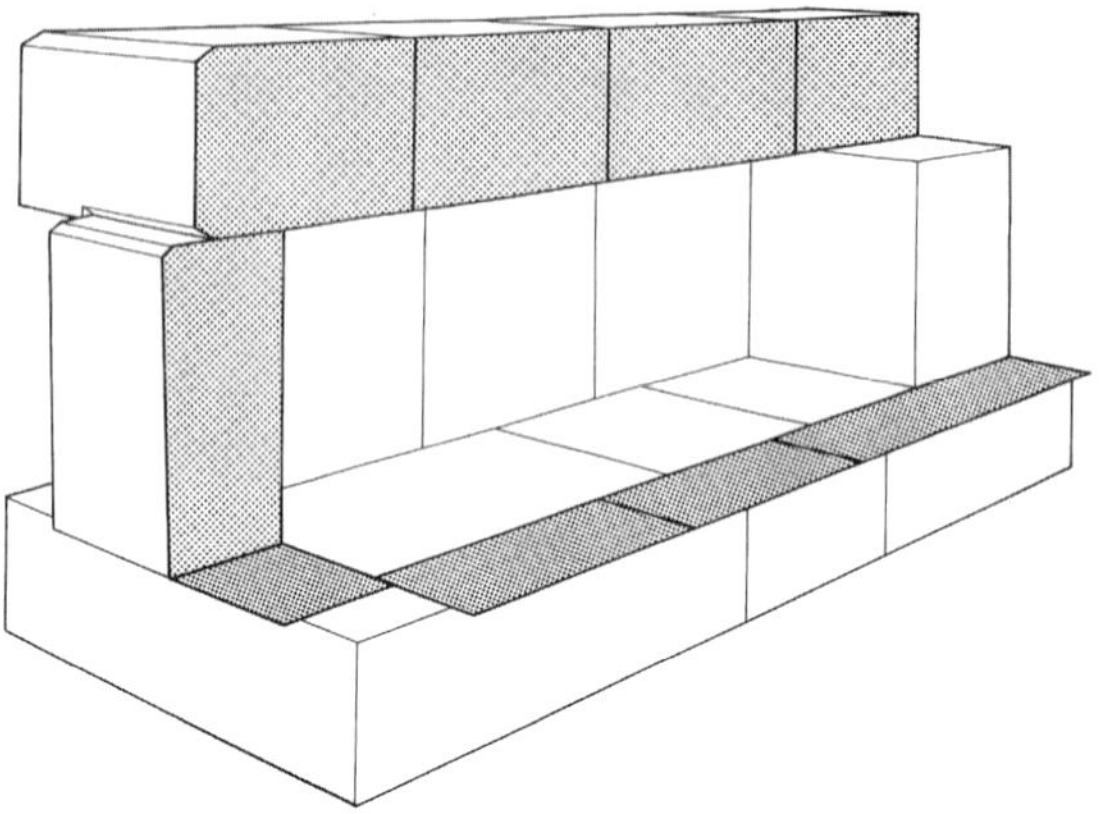

図72　高松塚古墳の横口式石槨
（飛鳥資料館『飛鳥時代の古墳』1979年）

高松塚古墳の立地・構造と壁画

さて、高松塚古墳は飛鳥の西南部、明日香村平田に築造された古墳である。墳丘は、高取山から北へ派生するいくつかの尾根の一つの尾根から西南にのびる傾斜面に造られている。築造の際には、上方の地山を掘削し、斜面の下方に盛土して平坦にし、横口式石槨の床石を据え、石槨を構築しながら、墳丘土を版築《はんちく》し堅固に築かれていた。

埋葬主体部は、墳丘のほぼ中央に横口式石槨を設けていた。この石槨は、床石三、奥壁一、両側壁六、扉石一、天井四の直方体をなす二上山の凝灰岩《ぎょうかいがん》切石によって構成されていた（図72）。石槨の内面の規模は、長さ二・六五メートル、幅一・〇三メートル、高さ一・一三メートルで、内面全体に漆喰《しっくい》が塗られ、東・西・北の壁に壁画、天井に星宿が描かれていた。

まず東壁の壁画は、中央に青竜《せいりゅう》、その上部に日像、南側に男子四人の群像（図73）、北側に女子四人の群像が描かれている。西壁は中央に白虎《びゃっこ》、その上部に月像、南側に男子四人の群像（図74）、北側に女子四人の群像（図75）を配している。北壁は中央に玄武《げんぶ》を描き、南壁は盗掘孔が開けられた際に破壊されたようで、壁画は残っていなかった。天井には丸く切った金箔で星を示し、朱線で結び星宿が描かれていた。

図 74　高松塚古墳西壁の男子
（国〈文部科学省所管〉）

図 73　高松塚古墳東壁の男子
（国〈文部科学省所管〉）

図 75　高松塚古墳西壁の女子
（国〈文部科学省所管〉）

副葬品

遺骸や副葬品をみると、石槨の西壁に寄せて漆塗木棺《うるしぬりもっかん》の身の漆膜の断片が遺存した。この木棺は杉板を銅釘で留め、木口面がやや胴張り状をなしている。棺身の長さ一九九・五センチ、幅五八センチ、板の厚さ一・六センチ。内外面とも杉板に麻布を二枚被せ、木屎漆《こくそうるし》で固め、外面は三回、内面は五回漆を塗り、その上に朱彩している。これに付属し、金銅製透飾金具一、金銅製円形飾金具六、金銅製六花形座金具二、銅製座金具五、銅釘一三が見つかっている。また、副葬品には、海獣葡萄鏡《かいじゅうぶどうきょう》一、銀製大刀金具、ガラス製丸玉六、琥珀《こはく》製丸玉二が検出されている。

学際的な研究の進展

このような調査成果が報じられると、高松塚古墳をめぐり、考古学、古代史学はもとより、美術史学などの研究者が加わり、多くのシンポジウムなどが開催され、広く学際的な研究がおこなわれた。これには、中国、韓国、北朝鮮の研究者も加わり、国際的な研究も進められている。

一方では、九州地域の装飾古墳の壁画とは異なり、唐《とう》の墳墓に描かれた壁画と類似することもあり、遣唐使として派遣された留学生の役割も検討されることにもなった。さらに、被葬者の性格が重視され、この被葬者像に大きな関心が寄せられている。また、その数年前に岸俊男氏によって復元された藤原宮・京の中軸線上に、天武《てんむ》・持統《じとう》陵と同様に築造されているという古墳が築造された位置も重視されることになった。

人物群像と年代

さて、高松塚古墳石槨の壁面には、東壁に青竜、日像、男子四人、女子四人、西壁に白虎、月像、男子四人、女子四人、さらに北壁の中央に玄武が描かれていた。

これらの男子と女子の人物群は、蓋《きぬがさ》、柳筥《やなぎばこ》、大刀、胡床《こしょう》（腰掛）、鉾、円翳《かざし》、蝿払《ほっす》（蚊や蝿をはらうもの）、如意《にょい》（孫の手）などをもって描かれている。これらの威儀具《いぎぐ》は、『貞観儀式《じょうがんぎしき》』に記す正月元日、大極殿《だいごくでん》前でおこなわれる朝賀《ちょうが》の儀の参列者がもつものと一致するとされている。

『続日本紀《しょくにほんぎ》』大宝元年（七〇一）正月元日条には、

天皇が大極殿に御して朝を受く。その儀、正門に烏形の幡《はた》を樹《た》つ。左に日像・青竜・朱雀、右に月像・玄武・白虎の幡、蕃夷の使者左右に陳列す。文物の儀、是に於いて備れり。

と記されている。この記事と高松塚古墳の壁画に描かれた図像との共通性が注目されている。高松塚古墳の築造された年代も、これ以降のものとみなされた。

人物の着衣と被葬者の絞りこみ

また、壁画に描かれた人物が着用する下着は、褶《ひらき》とみなされている。この褶は、天武十一年（六八二）三月に、親王以下の官人の着用が禁止されている。しかし、大宝令の施行にともなって復活しているので、壁画の年代の上限は大宝元年（七〇一）に求めることができる。

さらに、着衣のうち衣服の衿《えり》のあわせ方では、養老三年（七一九）二月に、襟を右にするようにという命令が下された。この令の規定からすると、壁画に描かれた人物は養老三年より以前の表現というこ

図76　永泰公主墓の女子

とになり、この年を下限とみなすことができる。つまり、高松塚古墳の被葬者は、大宝元年〜養老三年までの間に没した者とみなされることになる。

さらに、壁画の蓋（東壁の南）の表現は、四隅から総《ふさ》を垂らしている。『養老儀制令《ようろうぎせいりょう》』では、総を垂らすことができるのは、皇太子、親王、一位および大納言以上の者に限られている。以上のような諸点は、被葬者を考えるうえで重視すべきことになる。

高松塚古墳の壁画が見つかったとき、唐墓の壁画は、一九六〇年代の初めに発掘された乾陵《けんりょう》（高宗の墳墓）の陪冢《ばいちょう》である永泰公主墓《えいたいこうしゅぼ》の壁画に描かれた宮廷女が注目された（図76）。しかし、その後、一九七〇年代の初めに発掘された章懐《しょうがい》太子墓、懿徳《いとく》太子墓、李寿《りじゅ》墓など、唐の文人、武人、宮女、宮殿を描いた壁画が多く公表されている。高松塚古墳の壁画は、このような唐墓に描かれた壁画をモデルにしたものと推測されている。

壁画の保存対策と課題

ところで、高松塚古墳は発掘された翌年の一九七三年（昭和四十八）四月に特別史跡に、壁画は国宝に指定されたが、壁画の保存対策が緊急かつ最も重要な課題になったのである。調査の直後、文化庁による高松塚古墳応急対策調査会が設置され、学術調査後に完全に埋め戻し、石槨前に空調の保存用施設を設けることになった。また特別史跡の高松塚古墳は文化庁の記念物課、国宝となった壁画は美術工芸課という二つに区分して管理することになった。そして壁画の保存を恒常的に、それまで前例のない美術工芸課が担うことになった。

一九七六年（昭和五十一）一月、空調の保存設備が設けられた。しかし、二〇〇四年（平成十六）六月、白虎が劣化していることが報道された。白虎の頭や首の輪郭がぼやけて薄くなり、顔やたてがみの細かい線がみえなくなっていた。西壁の女子群像にもカビによる黒いしみがみられ、その対応を迫られることになった。そこで、二〇〇五年（平成十七）、恒久対策検討委員会が開催され、石槨を解体修理する方針がだされ、解体工事が二〇〇六〜〇七年におこなわれ、壁画は石槨から剥ぎ取られたのである。

この剥ぎ取った壁画は、見つかったときの壁画からすると著しく劣化しており、保存措置の対応の不備、さらに今後の保存措置と公開との対応に、多くの課題を抱えることとなった。

被葬者に対する関心

さて、高松塚古墳の壁画に対する評価が高まると、この古墳に埋葬された被葬者に対する関心もいっそう高くなった。この壁画は、男女の官人群、日月像、四神など、天皇の朝賀に関連するする図像が描かれている。石槨の天井には北極星をふくむ二八宿の星座が描かれ、これは宇宙を象徴するといわれている。

このような壁画にみる図像から、被葬者は天皇に準ずる高い身分の皇子、高位の官人、さらに百済、高句麗の滅亡前後に亡命してきた王族の可能性が想定されている。石槨に残っていた漆塗木棺、副葬品の海獣葡萄鏡、大刀の銀製装具なども、同様に身分の高い人物を想定させるものである。高松塚古墳の被葬者に対しては、多くの研究者が関心を寄せただけに、候補者も少なくない。これまで私の知りえた候補者には、高市《たけち》皇子、忍壁《おさかべ》皇子、弓削《ゆげ》皇子、長《なが》皇子、穂積《ほづみ》皇子、石上麻呂《いそのかみのまろ》、紀麻呂《きのまろ》、百済王善光《くだらのこにきしぜんこう》らがある。

これらのうち、高市皇子は天武の長子で、持統四年（六九〇）太政大臣となり、六九六年に没している。忍壁皇子は、天武の皇子で、天武十年（六八一）に『帝紀《ていき》』などを編纂、さらに大宝令《たいほうりょう》の編纂にも関与し、慶雲二年（七〇五）に没した。弓削皇子は天武の皇子で、『万葉集《まんようしゅう》』に歌八首を残し、文武三年（六九九）に没している。長皇子も天武の皇子で、母は天智の皇女の大江《おおえの》皇女、霊亀元年（七一五）に没している。穂積皇子も天武の皇子で、持統が没したとき作殯宮司《もがりのみやつくるつかさ》となり、霊亀元年（七一五）に没している。

つぎに、官人の石上麻呂は、物部《もののべ》氏の氏上《うじのかみ》で、大宝四年（七〇四）に右大臣、和銅元年（七〇八）に左大臣となり、霊亀三年（七一七）に没している。紀麻呂は、大宝元年（七〇一）に石上麻呂、藤原不比等《ふじわらのふひと》とともに大納言となり、慶雲二年（七〇五）に没している。

また、百済王善光は、百済国王の義慈王《ぎじおう》の子で、舒明《じょめい》のとき豊璋《ほうしょう》とともに来日した。豊璋は百済滅亡時に帰国し、白村江《はくそんこう》の役で大敗し、高句麗《こうくり》へ逃れた。そこで善光は祖国を失い、持統五年（六九一）良虞《りょうぐ》らとともに王族として優遇された。没年は不明である。

被葬者の条件

以上の候補者から特定の人物を被葬者として選ぶには、すでに記したようないくつかの条件がある。まず、菖蒲池《しょうぶいけ》古墳の被葬者に蘇我倉山田石川麻呂《そがのくらやまだのいしかわまろ》を想定したように、飛鳥は蘇我氏の本拠である。隣接する南の檜隈《ひのくま》は東漢《やまとのあや》氏の本拠である。しかし、七世紀末の檜隈に天武陵が築造されている。その要因は明らかでないが、天武とその皇子らの墓を築造するような、それ以前と異なる何らかの大きな変化があったものと推測される。

一方では、安倍文殊院西《あべのもんじゆいんにし》古墳の被葬者に対し、阿倍倉橋麻呂《あべのくらはしまろ》を推測したように、飛鳥で活動した七世紀の有力氏族は、それぞれ氏族の本拠に古墳を築造するのが建て前になっていたとみてよい。

以上のような基本的な条件と、壁画の図像、副葬品、発掘で出土した土器からみて、この古墳が築造された年代は、大宝元年（七〇一）から養老三年（七一九）までとみられる。また、藤原京の中軸線上に築造されているので平城京へ遷都した和銅三年（七一〇）より前に築造されている。さらに、中国の王仲殊《おうちゆうしゆ》氏によると、副葬品の海獣葡萄鏡は、七世紀末に中国で鋳造されるようになり、大宝元年（七〇一）に派遣された遣唐使によってもたらされたとしており、粟田真人《あわたのまひと》らが帰朝した慶雲元年（七〇四）以降に、副葬されたものと推測されるだろう。

このような諸条件からみると、前述した候補者のうち、高位の官人と半島から移住した百済王族は対象から除外され、天武の皇子のみが被葬者の対象者になる。しかも、七世紀末までに没した高市皇子、弓削皇子、平城京遷都後に没した長皇子、穂積皇子も除外される。その結果として、慶雲二年（七〇五）

に没した忍壁皇子のみが残ることになる。忍壁皇子とすると、遺存した人骨や歯牙から壮年以上の年齢の男性とする条件とも矛盾しないことになる。

忍壁皇子が高松塚古墳に埋葬されたとすると、飛鳥に築造された古墳では、マルコ山古墳で石槨内の全面に漆喰を塗るようになり、このような壁面の出現が、遣唐使《けんとうし》によって情報がもたらされていた唐墓にみるような壁画の描写を試みたキトラ古墳の壁画を生みだし、さらに高松塚古墳のような豊かな図像の表現へと発展したものと理解されることになるのである。

9 中尾山古墳《なかおやまこふん》

―火葬墓の八角墳―

中尾山古墳の立地と墳丘・石槨

中尾山《なかおやま》古墳は、明日香村の檜隈《ひのくま》に築造された古墳である。近鉄線の飛鳥駅から東にある天武《てんむ》・持統《じとう》陵に向かって進み、平田へ通じる道のすぐ南側、天武・持統陵の南五〇〇メートルにある。周辺の地形は、高取山から西北へ数条の低い尾根がのびており、その一つの低い丘陵の上に造られた古墳である（図77）。南三〇〇メートルに高松塚《たかまつづか》古墳がある。

図77　中尾山古墳

中尾山古墳は、一九一四年（大正三）、上田三平氏によって石槨《せっかく》や墳丘をとりまく石列が調査され、同末年には石槨の図が描かれ、一九二七年（昭和二）四月八日に内務省によって国史跡に指定された。同年の上田三平氏による『奈良縣に於ける指定史蹟』第一冊に収録された「中尾山古墳」の報文では、横口式《よこぐちしき》石槨の形状と、底石の上面に炭灰の粉末が付着し、側石に朱が見られるとし、火葬され、石槨内に金属製などの骨函が置かれたものと想定されている。

墳丘は三段に築造されており、八角形をなしている。墳丘の対辺間の距離は、約三〇メートル、高さ四・五メートルの墳丘である。段築された墳丘の基礎部には、径五〇センチ大の玉石を二段以上積み、斜面と平坦面に拳大より少し大きな玉石を厚く敷いている。下段は四七度、中段は五〇度の傾斜をなし、墳丘の外側にも二重の石敷がめぐらされていた。

横口式石槨の特徴

古墳の内部構造は、花崗岩《かこうがん》の切石を組み合わせて造った横口式石槨を、墳丘の中央部に設けている。墳丘の頂部に登ると、今でも石槨の天井石《てんじょういし》の一部が露出しており、見ることができる。

この石槨の構造は、底石の上に、三個の花崗岩の側石を立て、東・西・北の三壁を構成し、南壁のみは凝灰岩《ぎょうかいがん》を後からはめこみ、さらに石槨の外方の四隅にできる空間に、柱状の石材を立てている。そして、それらの石材の上に、四方と上面を平らに削った天井石を被せたもので、一〇個の石材によって南向きに造られている。

少し、石材の形状を記すと、側石は直方体に加工した花崗岩の切石で、東西の両側壁石は、扉石と奥壁石と組み合わすため、L字状に切り込み、その平面形は凸字状をなしている。扉石の切石は、石室内面に合わせて浅い彫り込みがある。東西の両側石は、高さ八八・五センチ、扉の切石は幅一・一二メートル、厚さ五九センチ、高さ九一センチある。また、底石の一辺は約二・三メートル、高さ一・七メートルある（図78）。

このような石材によって造られた石槨の内法《うちのり》は、長さ、幅とも九〇センチと小規模なもので、底石の上面を平坦に加工し、その中央部を方六〇センチ、深さ一センチほど彫り窪めている。この彫り窪めは、蔵骨器《ぞうこつき》を据える台を置くためのものとみなされている。そして、この彫り窪みと、四方に配された側石との間には、一五チセンほどの空間がある。

天井石、底石、側石の石室内側をなす面は、いずれも丁寧に磨かれており、天井石、側石、扉石の一部に赤色の顔料が付着しており、分析結果では、水銀朱とベンガラの混合物か、純度の低い水銀朱と推測されている。

また、石材と石材の接合面には、漆喰《しっくい》が遺存しており、石材の接合と南壁の石材による閉塞時に使用されたものと推測されている。石材によって構成された石槨内部の空間がごく狭いことと、底面から炭灰の付着がみられるので、火葬骨を収納した蔵骨器をおさめた墓と想定されている。

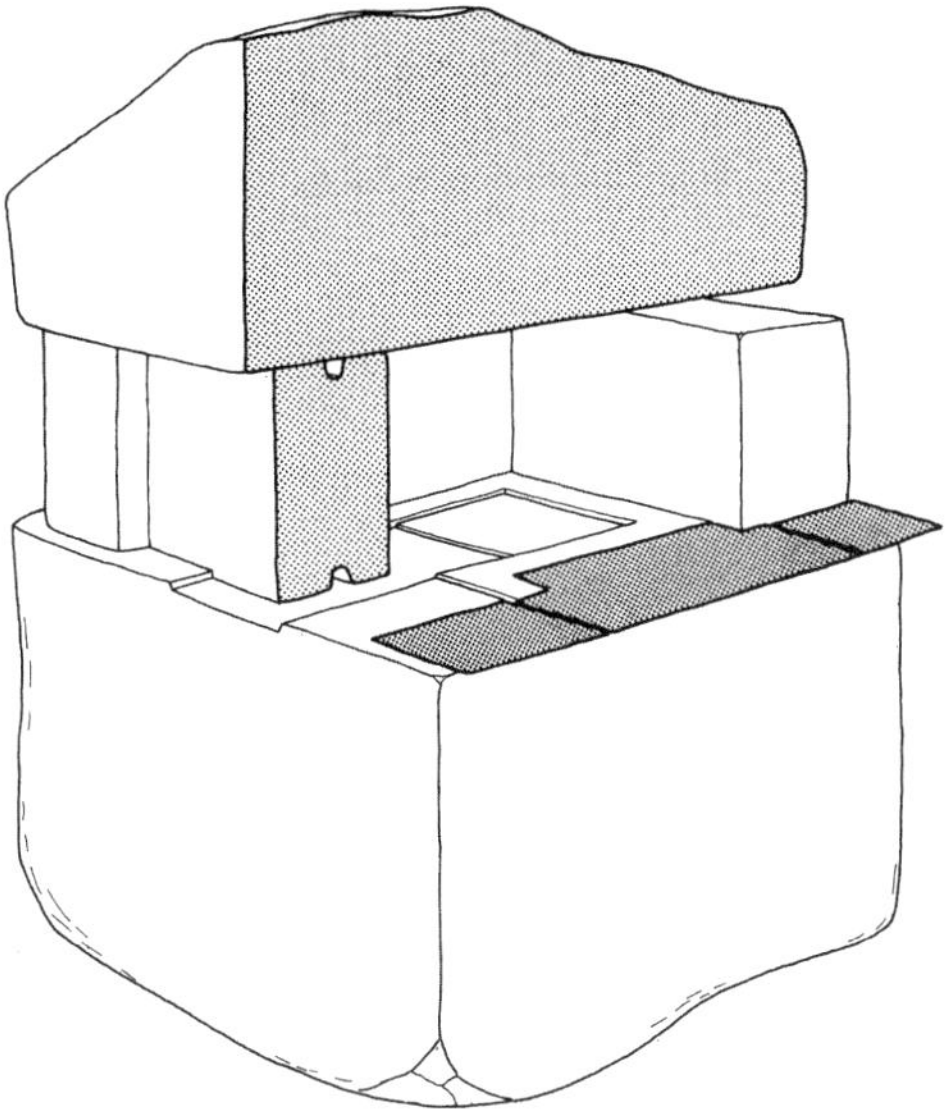

図78　中尾山古墳の石槨
（飛鳥資料館『飛鳥時代の古墳』1979年）

八角形の墳丘と火葬

さて、中尾山古墳の発掘は、一九七〇年（昭和四十五）に、墳丘部分の再測量調査が行われ、八角形墳の可能性が高くなり、さらに一九七四年（昭和四十九）、環境整備事業として発掘され、墳丘は対辺長約三〇メートル、三段築成の八角形墳であることも確認されている。

このような八角形をなす七世紀の古墳には、段ノ塚《だんのづか》古墳（舒明《じょめい》陵）、御廟野《ごびょうの》古墳（天智《てんじ》陵）、野口王《のぐちおうの》墓《はか》古墳（天武・持統陵）、牽牛子塚《けんごしづか》古墳（斉明《さいめい》陵か）、束明神《つかみょうじん》古墳などが知られている。

また、八角形の建物基壇《きだん》には、上宮王家を弔う法隆寺《ほうりゅうじ》の夢殿《ゆめどの》、藤原不比等《ふじわらのふひと》を弔う興福寺《こうふくじ》の北円堂《ほくえんどう》、藤原武智麻呂《むちまろ》を弔う栄山寺《えいさんじ》の八角円堂《はっかくえんどう》などがあり、奈良時代には高位の皇族・官人らを弔う廟に採用されている。畿内のこれらの古墳の例からみると、中尾山古墳も、天皇や皇子・皇女、あるいは高位の官人の墓と考えられる。さらに、一九六七年（昭和四十二）、岸俊男氏によって藤原京の中軸線が明らかにされ、その南への延長上に天武・持統陵、さらに南に中尾山古墳、高松塚古墳が築造されていることが注目されるようになった。

このように、中尾山古墳は、埋葬主体部に横口式石槨が採用され、火葬した後に、遺骨を収納した蔵骨器が置かれ、しかも天武・持統陵のすぐ南に造られた古墳ということになる。

中尾山古墳は、墳形が八角形をなし、埋葬主体部は横口式石槨を採用している。この石槨は小規模で、底石に蔵骨器を据えるように彫り窪めていたことからみて、被葬者は火葬されたことが推測されている。この火葬は、『続日本紀《しょくにほんぎ》』文武四年（七〇〇）三月己未（十日）条に、僧道昭《どうしょう》が初めて採用したことが記されている。その通りかどうかは明らかでないが、持統天皇が大宝二年（七〇二）に火葬されており、飛鳥で火葬がおこなわれたのは、その直前のことであろう。

被葬者は天武系の天皇・皇族か

中尾山古墳は、藤原京の中軸上に築造されているので、平城京へ遷都する以前に造られたもの想定されることになる。また墳形、埋葬施設の構造、古墳の位置からみると、この被葬者は、天武系の天皇、皇子・皇女が埋葬された可能性が高いものとみてよい。

中尾山古墳の被葬者は、享保二十一年（一七三六）に出された『大和《やまと》志《し》』では、平田村にある古墳で、中尾石墓と呼ばれ、文武《もんむ》陵とみなされている。文武天皇は、『続日本紀』慶雲四年（七〇七）六月辛巳（十五日）条に没したことが記され、その後に飛鳥の岡で火葬され、二十日に檜隈の「安《あ》古《こ》」の山陵に埋葬されている。しかし、文化五年（一八〇八）の蒲生《がもう》君平《くんぺい》による『山陵志《さんりょうし》』では、文武陵は「高松山」と記され、高松塚古墳に想定されている。

さらに、平城京の図を作成した北浦定政によると、嘉永元年（一八四八）に記載した『打墨縄《うちすみなわ》』では、野口王墓古墳（天武・持統陵）を文武陵とみなしている。そこで、安政二年（一八五五）、奈良奉行所は、幕府に野口王墓を文武陵として報告し、それが明治まで引き継がれることになったのである。

文久年間（一八六二〜六三）には、幕府による陵墓の大修理が行われている。これを担った山陵修理奉行の戸田《とだ》忠至《ただゆき》の相談役であった谷森善臣《たにもりよしおみ》が書いた『山陵考』（一八六七）では、栗原村の字に、「あんどく」があり、「あんこう」とかかれているものもあるので、それを「安古」の転訛とみなし、栗原塚《くりはらつか》穴《あな》（ジョウセン塚古墳）を文武陵としている。

ところが、一八八〇年（明治十三）、高山寺《こうざんじ》で見つかった「阿不幾乃《あおきの》山陵記《さんりょうき》」が公表され、野口王墓が天武・持統陵と判明したので、文武陵は、翌年に栗原塚穴に変更して現在に至っている。

このように、中尾山古墳は、かつては文武陵に想定されたが、その後は、高松塚古墳、野口王墓（天武・持統陵）、さらに栗原塚穴がその候補になり、現在は栗原塚穴を文武陵としている。

しかし、中尾山古墳は、天智陵、天武・持統陵と同様に八角形をなし、火葬を行った後に横口式石槨に蔵骨器が安置されている。また、藤原京の中軸線上に造られている。しかも中尾山古墳は、天武・持統陵のすぐ南の丘陵に築造されているという位置をより重視する必要がある。いわば、中尾山古墳の地は、天武直系の天皇陵を築造する予定地とされていたものと推測される。

これだけ条件が揃うことからすると、中尾山古墳は文武陵とみなして間違いないものである。

第三部

飛鳥の宮殿

1 小墾田宮《おはりだのみや》

――推古天皇が造営した王宮――

推古天皇と外交使節

六世紀末、推古《すいこ》天皇は磐余《いわれ》の地域から、飛鳥に都を遷し、豊浦宮《とゆらのみや》で即位した。この時から飛鳥が歴史の舞台になったのである。しかし、それから十一年後の推古十三年（六〇五）十月、小墾田宮《おはりだのみや》に遷った。この小墾田宮は、豊浦宮付近に造営されたものと想定されながら、いまだ所在地も中枢部の構造も明らかになっていない（図79）。

推古十六年（六〇八）、四月、遣隋使《けんずいし》として派遣されていた小野妹子《おののいもこ》が隋《ずい》の使者の裴世清《はいせいせい》とともに帰朝した。小墾田宮を造営した後、推古は隋に遣隋使を派遣したことからすると、この小墾田宮は、隋との外交関係から、より壮大な宮室を構築することが必要だったことによると思われる。

裴世清らは、難波津《なにわつ》から船に乗り、初瀬《はせ》川を遡上し、海石榴市《つばきいち》付近で迎えられた。そして、八月に小墾田宮に至った。宮門を入ると、裴世清は、朝庭に隋の進物をおき、再拝した後に使いの旨の書を読んだ。読み終わると阿倍鳥《あべのとり》がその書を受けとり、さらに大伴咋《おおとものくい》がそれを受けて、天皇の殿舎の前の机上においた。このとき、皇子・諸王・諸臣らは、冠に金の飾りをつけて参列していた。

また、推古十八年（六一〇）十月には、朝鮮半島の新羅《しらぎ》と任那《みまな》の使節らが小墾田宮を訪れている。かれらは導かれて小墾田宮の南門から入り、朝庭に立った。そのとき、大伴咋・蘇我蝦夷《そがのえみし》ら四人の大夫《まえつきみ》らは席から立って中庭に伏せた。それから使節らは拝礼し、使いの旨を奏上した。終ると四人の大夫らは立ち上がり、進んで庁の前へ進み、大臣の蘇我馬子《うまこ》に来朝の趣旨を伝え、大臣がそれを聴いたことが記されている。

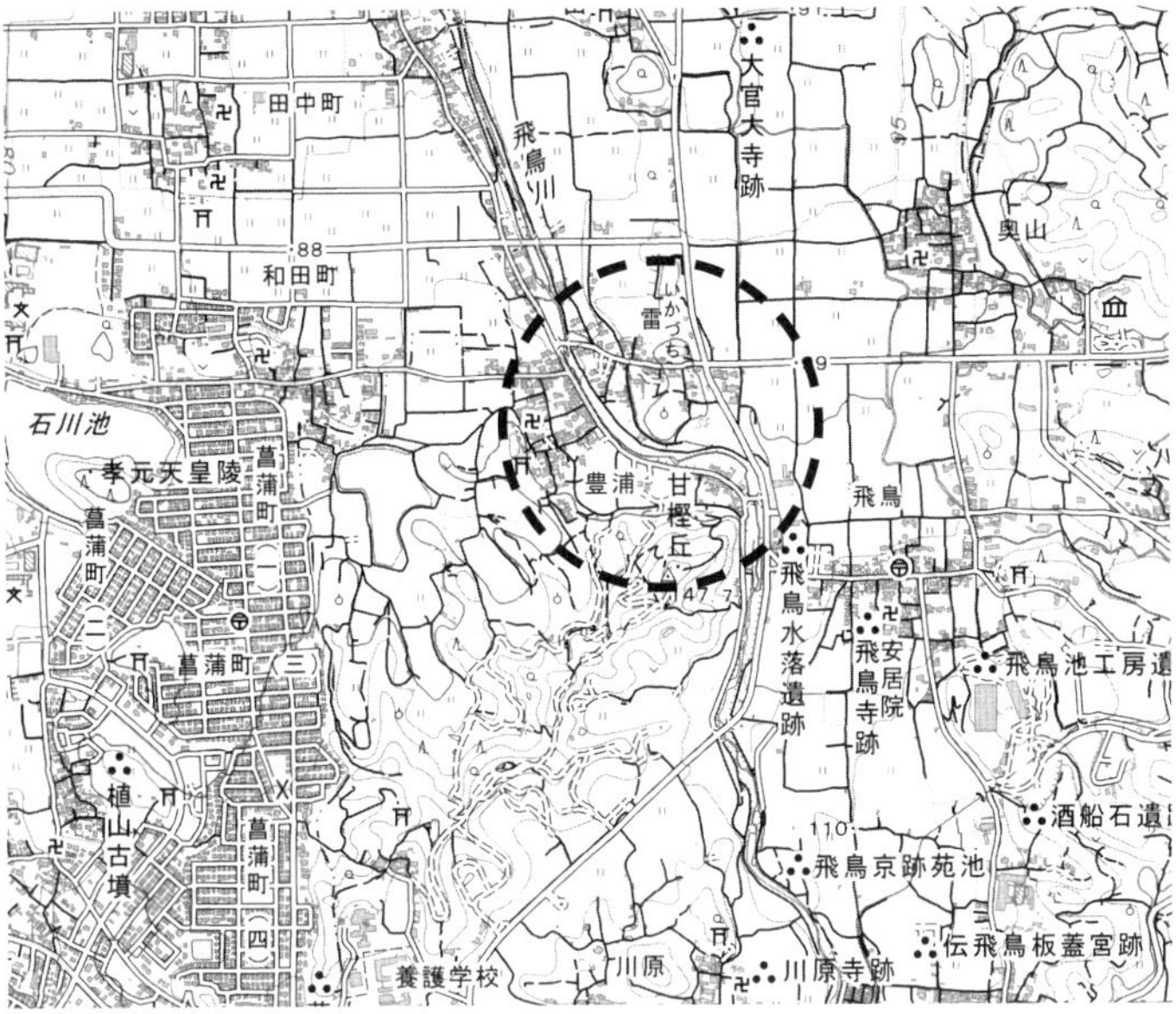

図 79　小墾田宮推定地

小墾田宮の構造と復元

この記事と隋の裴世清が訪れたときの状況から、岸俊男氏は、小墾田宮の中枢部の構造は、宮門を入ったところに朝庭があり、その左右に庁（朝堂《ちょうどう》）が建てられていたとした。そして、そこには大臣・大夫・皇子・諸臣が着座する朝堂院《ちょうどういん》、その北に閤門《こうもん》にあたる大門があり、さらに奥に推古天皇が御す大殿のある内裏《だいり》が設けられていたものと復元している（図80）。

この小墾田宮の中枢部の構造は、さらに『日《に》本書紀《ほんしょき》』舒明《じょめい》即位前紀の記事によると、山背《やましろの》大兄王《おおえのおう》が病気の推古天皇を見舞ったとき、宮門から入ると栗隈采女《くりくまのうねめ》が中庭に迎えて大殿《おおとの》に案内した。そのとき大殿には、天皇のまわりに数十人の女性が侍していた様子が述べられている。この大門の内側は、男性の官人は許可なしには入りえない大王に近侍する女性の宮人のみが仕える空間であったことがわかる。

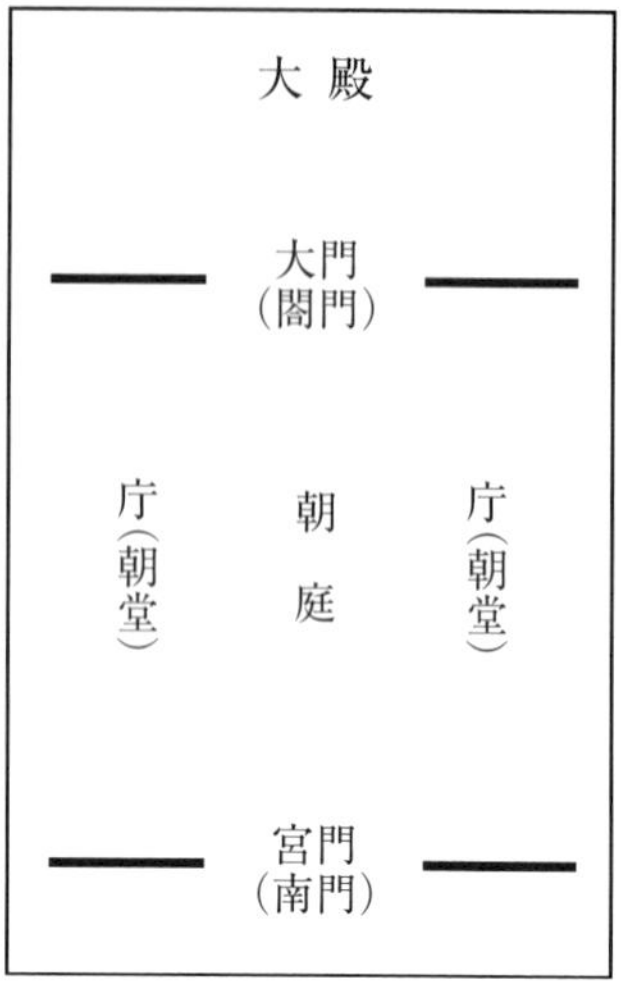

図80　小墾田宮の構造の推定
（岸俊男説）

また、推古十二年（六〇四）九月、小墾田宮では朝廷での礼法が改められた。宮門を出入りする際には、両手を大地につけ、両足を跪《ひざまず》いて敷居を越えてから、立って歩くようになった。この跪伏《きふく》・匍匐《ほふく》する礼法は、『魏志倭人伝《ぎしわじんでん》』にも、大人《だいじん》が下戸《げこ》に出会うと、下戸は跪伏や匍匐することを記している。また、人物埴輪にも、跪く首長を表現したものが各地の古墳で見つかっている。先に述べた小墾田宮で、新羅・任那の使節が訪れたとき、大伴連咋ら四人の大夫が朝庭の地に伏せたのも、それまでの長い伝統的な礼法にもとづくものであったことがわかる。

所在地をさぐる

小墾田宮は飛鳥時代だけでなく、奈良時代の天平宝字四年（七六〇）八月にも、宮殿の建物や倉庫が維持されていたようで、淳仁《じゅんにん》天皇が行幸《ぎょうこう》した記事が『続日本紀《しょくにほんぎ》』に記されている。

この小墾田宮の所在地は、古く喜田貞吉氏は、豊浦宮の近くにある雷丘《いかづちのおか》の東にあったとみなした。

明治時代には、豊浦の北にある古宮土壇《ふるみやどだん》の付近から金銅製の四環壺《しかんこ》が出土したことから、その付近が有力な候補地になった。そこで、一九七〇年（昭和四十五）、その古宮土壇の周辺が奈良国立文化財研究所（当時）によって発掘され、かなり大きな苑池《えんち》の遺構が検出された（図81）。七世紀初頭の土器も多く出土したので、小墾田宮の可能性が高まった。しかし、宮殿の殿舎とみなされる建物は見つからなかった。

ところが、一九八七年（昭和六十二）、豊浦から飛鳥川を東に越え、雷丘の東南部にあたる雷丘東方《とうほう》遺跡の井戸から、「小治田宮」と墨書した十数点の土師器《はじき》の坏《つき》（食器）が出土した（図82）。これらの墨

図81　小墾田宮推定地の石組溝と池
（北から、奈良文化財研究所提供）

図82 「小治田宮」と記す土器
（明日香村教育委員会提供）

書土器は、奈良時代後半の時期のものなので、淳仁天皇が行幸した奈良時代の小墾田宮は、その周辺にあったものと考えられている。しかし、飛鳥時代の小墾田宮と同一のところかどうかは、なお検討の余地があるだろう。とはいえ、これまでは注目されてきた古宮土壇の付近とは異なり、喜田氏が想定したように、飛鳥川の東にある雷丘周辺に造営された可能性が高くなったように思われる。

飛鳥の石敷遺構と儀礼

ところで、飛鳥では、伝承板葺宮跡と呼ばれた宮殿遺跡から、大型建物の周辺や広場、大型の井戸の周囲などから人頭大の石を敷きつめた石敷遺構が見つかっている。これは、漏刻《ろうこく》と呼ぶ水時計が検出された水落《みずおち》遺跡の東側一帯の石神《いしがみ》遺跡の宮殿遺跡でも、大型の掘立柱《ほったてばしら》建物の周囲で石敷が検出されている。

このように、飛鳥の宮殿遺跡の中心部では、広く石敷されていることからすると、飛鳥時代の小墾田宮でも、広く人頭大の石を敷いた石敷遺構が見つかるものと推測される。この人頭大の石敷は、藤原宮や平城宮では見つかっていない。まさに飛鳥の宮殿遺跡に固有の遺構とみなされるものである。しかし、その歴史的な意義は、まだ明らかになっていない。

これは、小墾田宮での重要な儀式では、大夫《まえつきみ》らが床面に跪伏する礼がおこなわれていたことと深くかかわるものではないかと思われる。飛鳥の宮殿では、その前日に大雨が降った場合には朝庭が滞水し、跪伏をともなう重要な儀式を予定通りおこなうことは困難になるであろう。そのため、前日に激しい降雨があっても、朝庭での儀式に支障をきたさないように、人頭大の石を敷いて舗装し、滞水を避けたのではないかと思われる（小笠原二〇一五）。このような石敷は、藤原宮以降の朝庭では見つかっていない。それは、天武十一年（六八二）九月、浄御原《きよみはらのみや》宮でそれまでの跪伏の礼をやめさせ、立礼を採用したことと深く関連するものではないかと考える。

2 斑鳩宮《いかるがのみや》

――法隆寺東院にあった厩戸皇子の王宮――

斑鳩宮と法隆寺東院

生駒《いこま》郡斑鳩町にある法隆《ほうりゅう》寺《じ》には、西院《さいいん》とその東に夢殿《ゆめどの》のある東院《とういん》がある。この法隆寺東院の地は、厩戸皇子《うまやどのみこ》の斑鳩宮《いかるがのみや》が営まれたところと伝えられている。『日本書紀《にほんしょき》』推古九年（六〇一）二月条に、厩戸皇子が斑鳩宮を建て、同十三年（六〇五）十月に磐余《いわれ》の地から遷ったと記されている。

この斑鳩宮は厩戸皇子が亡くなると、その子の山背大兄王《やましろのおおえのおう》の居所となった。しかし、皇極二年（六四三）十月、山背大兄王は蘇我入鹿《そがのいるか》がさしむけた兵に襲われて亡くなり、斑鳩宮も焼失した。その後は荒廃にまかせるようになったようで、天平十一年（七三九）、僧の行信《ぎょうしん》が荒れた斑鳩宮の状況を嘆き、夢殿を再興したのが現在の法隆寺東院であると伝えられている。

法隆寺東院の下にあった掘立柱建物跡

この法隆寺東院は、戦前の一九三四年（昭和九）から解体修理がおこなわれた。この工事で東院を構成する舎利殿《しゃりでん》、絵殿《えでん》、伝法堂《でんぽうどう》が解体された。この解体工事にかかわった浅野清氏は、建物の床面から古代にあった建物の柱の根元の一部が残っているのを見つけた。そして、その柱根《ちゆうこん》を掘ると柱穴内の埋土は柔らかく、柱穴の壁面とそうでない固いベースの地山《じやま》との境で埋土がスムーズに剥がれることを確認した。また、他にも柱根が残っているものがあることも知り、それらを掘ることによって、他に柱根が残っていない掘立柱《ほつたてばしら》建物の柱穴を見つけだす方法を開発したのである。

このような方法を重ねることによって、浅野氏は奈良時代に建てられた法隆寺東院の建物の配置を復元することができたのである。

さらに重要なことに、奈良時代以前の掘立柱建物の柱穴をも検出し、そこに複数の建物が建てられていたことを明らかにしたのである。

これらの掘立柱建物群のうち、奈良時代以前のものは、夢殿の北にある舎利殿、絵殿、伝法堂の下から見つかった。それらは中央西寄りに桁行《けたゆき》三間以上、梁行《はりゆき》三間で、東に少し小さな柱穴による東西一間、南北一間の付属施設をもつ南北棟建物Aがあり、その北に桁行六間以上、梁行三間の東西棟Bが見つかった。さらに東側には、北に桁行八間、梁行三間の南北棟C、その南にも桁行一間以上、梁行二の建物Dが柱筋を揃えて構築されていたことが明らかになったのである。

その結果、法隆寺東院の建物の地下には、ほぼ中央に大型の南北棟建物があり、その北にも大型の東西棟建物、さらに東にも大型の二棟の南北棟建物が北と南に側柱を揃えて計画的に建てられていたと想定された。そして、これらは浅野氏によって、厩戸皇子が建てた斑鳩宮を構成する建物の一部とみなされたのである（図83・84）。

以上のような複数の掘立柱建物は、いずれも東院建物の解体修理中に、地表面を広く掘り広げること

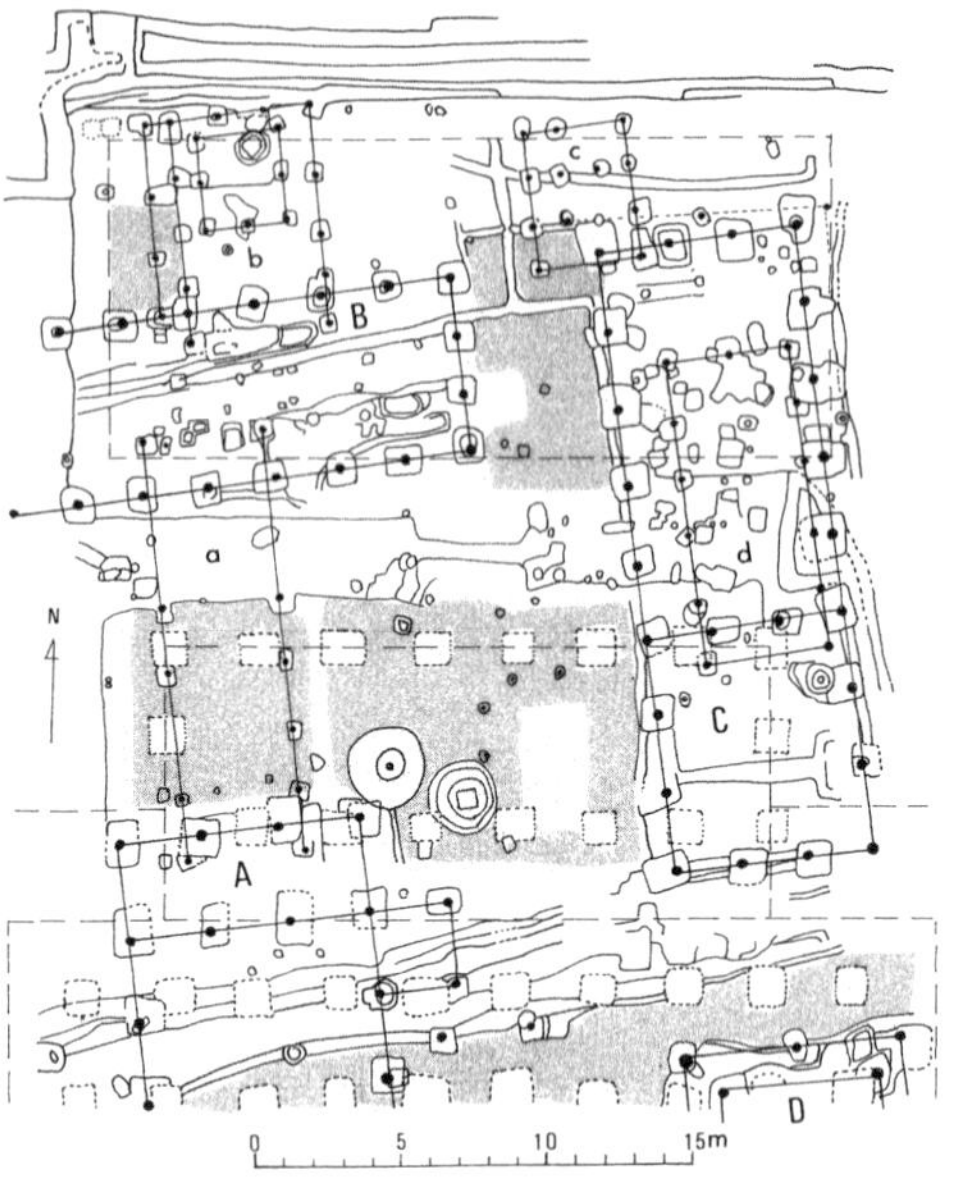

図 83　斑鳩宮の建物跡
（浅野清『法隆寺東院発掘調査報告書』国立博物館、1948 年）

が困難な状況ながら柱穴を探して検出されたものである。そして、これらの浅野氏がおこなった掘立柱建物の柱穴の検出は、日本の考古学史上で、古代に建てられた掘立柱建物の遺構を発掘するさきがけになったのである。

古代宮殿・官衙建物の建築技法の解明

戦後の一九五三年（昭和二十八）、平城宮跡の北側を通る里道《りどう》の拡幅工事にともなって発掘がおこなわれることになり、浅野氏の指導によって、ここに回廊状の掘立柱穴列が並ぶことが確認された。また古代の宮殿建物には、掘立柱様式が多く用いられていることが判明した。さらに、一九五九年（昭和三十四）におこなわれた平城宮跡の西北地区の発掘では、平城宮に建てられた官衙《かんが》（役所）の建物は、その大半が掘立柱様式によって構築されていることも明らかになった。このように掘立柱建物の発掘によって、古代の宮殿建物は、それまで古代寺院のように礎石《そせき》を使用して建てられていたものとみなしてきたが、掘立柱建物を主体に建てられていたことが明らかになったのである。

さらに、戦後の一九六〇年代前半には、平城宮跡の内裏《だいり》地区が発掘され、掘立柱様式による内裏正殿とその東西に南北棟の脇殿が対称に配されていることも判明した。

また、大阪市では、上町台地の北端部に難波宮跡があったことが判明し、七世紀に造営された前期難波宮には、内裏前殿と後殿が配され、それらの東西に南北棟の付属建物が対称に配されていることが明らかになった。これらは、いずれも掘立柱様式で建てられていた。

その後、近江国庁跡・伯耆《ほうき》国庁跡・伊勢国庁跡など国庁跡では、中心建物は東西棟、それに付属して南北棟建物が対称に配されている。さらに陸奥国行方郡衙《なめかたぐんが》、美濃国武義《むぎ》郡衙・備後国三次《みよし》郡衙など、地方の郡衙（郡家）でも、郡庁の正殿は東西棟、付属建物は南北棟を対称に配されていることが明らかになっている。

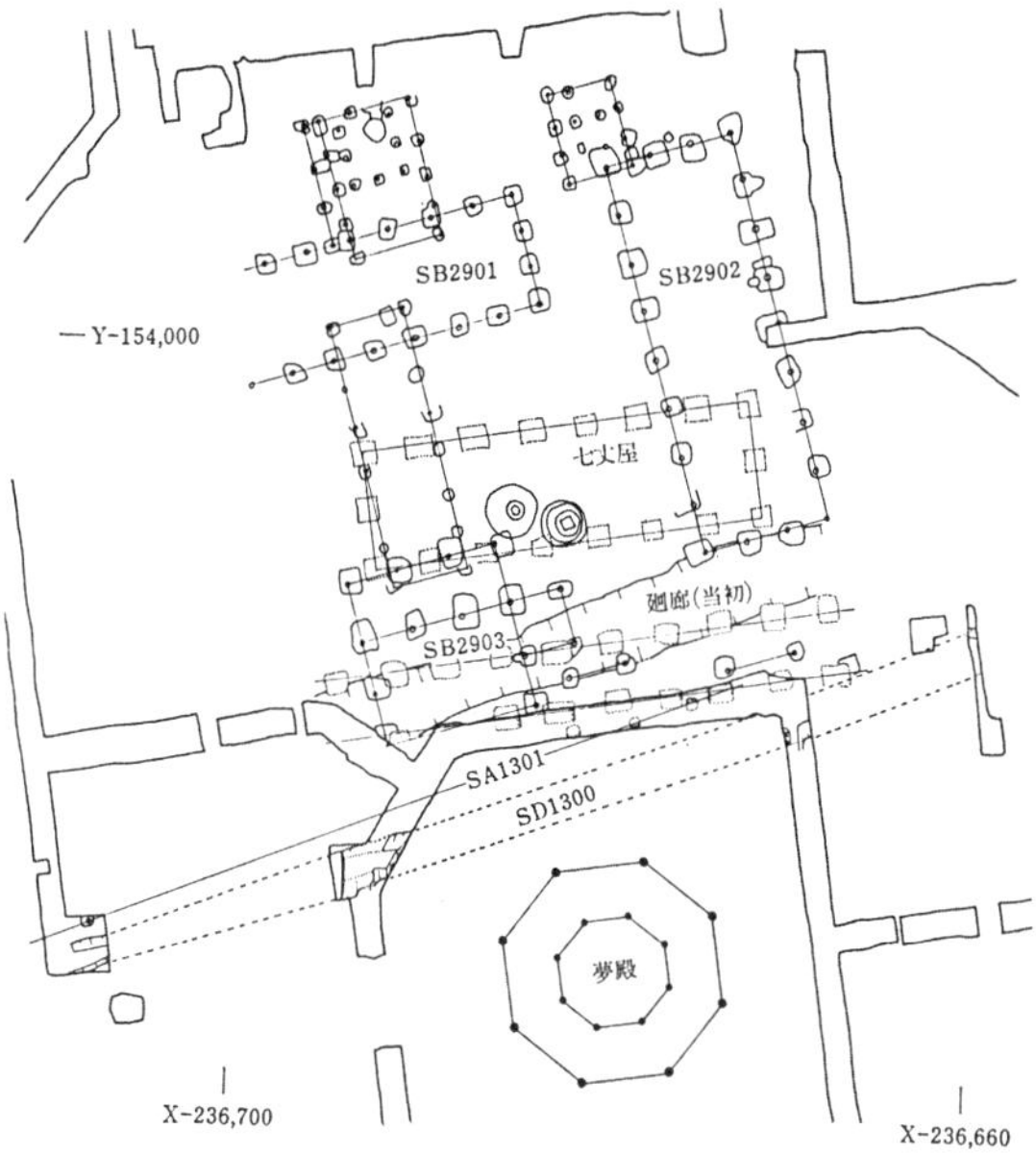

図 84　斑鳩宮の建物群と夢殿
（法隆寺『法隆寺防災施設工事・発掘調査報告』1985 年）

法隆寺東院の掘立柱建物群の性格

さて、法隆寺東院で検出された掘立柱建物群は、発掘した浅野氏によって、斑鳩宮の建物とみなされたが、斑鳩宮のどのような性格の建物群かは明らかにならなかった。

その最も大きな要因は、検出された四棟の大型建物は、整然と計画的に配されながら、中心建物Aが南北棟をなしていることにあったのである。

一九七六年（昭和五十一）、飛鳥では稲淵川を少しさかのぼった西岸にある稲淵川《いなぶちかわ》西《にし》遺跡で、大型の東西棟建物の前殿と後殿、それらの東側にそれぞれ南北棟の大型の脇殿を配した宮殿遺構が見つかった（158頁参照）。これらの建物を配した原理は、斑鳩宮とみなされている建物群と共通する点が少なくないものであった。しかし、大きな違いは中心建物に東西棟建物が配されていたことである。

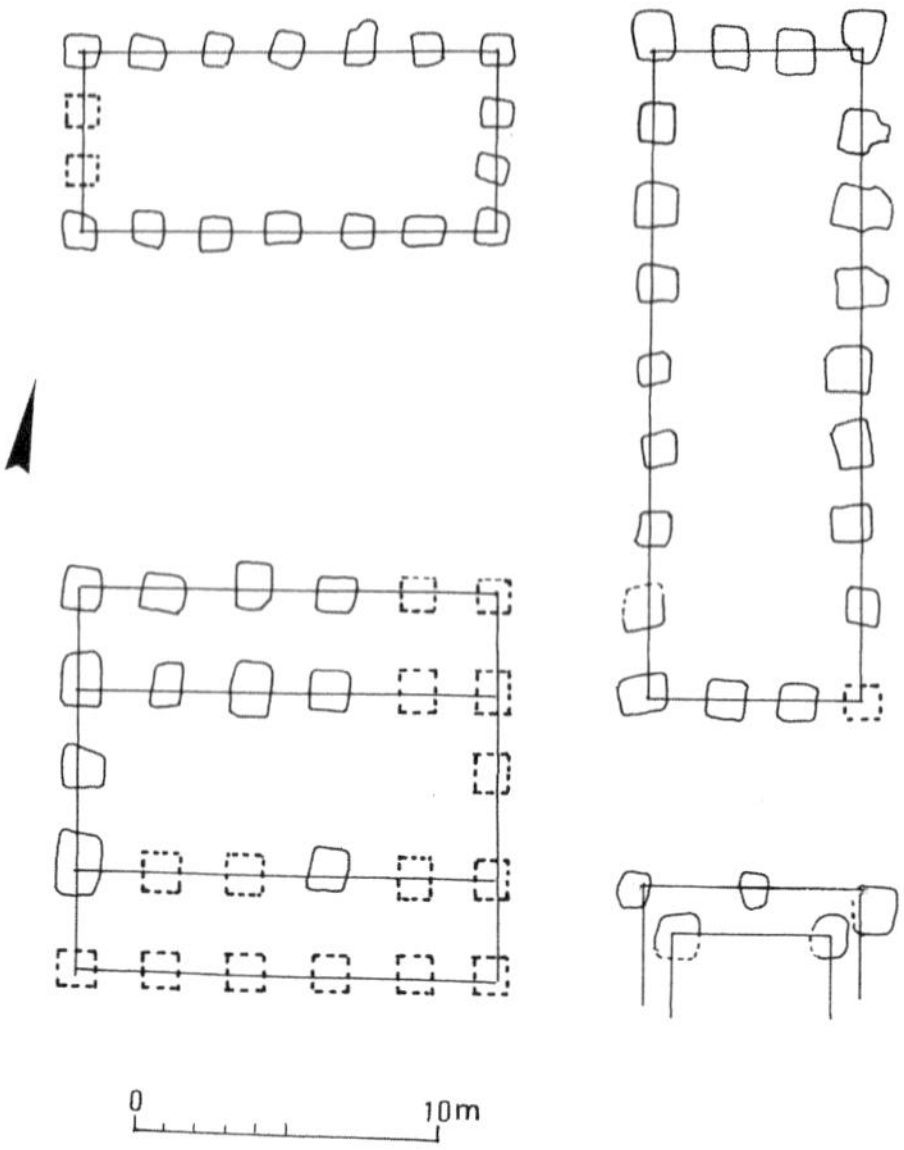

図85　斑鳩宮の建物と推定される建物配置
（小笠原好彦『日本の古代宮都と文物』吉川弘文館、2015年）

このことは、斑鳩宮の中心建物とみなされる南北棟は、東院の解体修理現場という制約されたなかで調査されたためか、浅野氏は大きさが不揃いな柱穴を組み合わせて南北棟に復元している。しかし、その後に見つかっている宮殿遺跡からみると、中心建物は東西棟が建てられており、なお検討の余地を残していると思われる（図85）。浅野氏が残した斑鳩宮の柱穴を記録した遺構図から、中心建物が東西棟に建てられていたとみなすと、なお、一部の地点で柱穴が存在しなかったかどうかを再確認する必要がある。

古代の宮殿の殿舎配置は、規格性を有したと推測されるので、中心建物は大半が東西棟をなしていた可能性が高い。そこで、浅野氏が検出した建物群の中心建物を再検討すると、図85のように南と北に庇《ひさし》をもつ東西棟として構築されていた可能性が高い（小笠原二〇一五）。もし東西棟建物が配されていたとすると、浅野氏が検出した掘立柱建物群は、斑鳩宮の中心部の建物と理解されることになり、その可能性は少なくないものとみなされるのである。

天平十一年（七三九）、行信が夢殿を中心に東院を造営した際には、かつての斑鳩宮は荒廃していたが、その中心部を知りえたものと思われる。そこで、行信による東院の伽藍は、斑鳩宮の中心部に重ねるように造営された可能性が高いことにもなるであろう。

建築家の浅野氏が法隆寺東院の解体修理の際に、建物の柱根を見つけ出し、さらに掘立柱建物の柱穴を検出する方法を解明したことは、戦後の日本考古学による古代の建築物の発掘に、画期的な成果を導くものであった。それだけに、それを再確認する大きな課題も浅野氏によって与えられていることになるのである。

3　飛鳥宮跡《あすかきゅうせき》

——飛鳥時代の政治の中心舞台——

飛鳥の王宮をさぐる

飛鳥は七世紀の諸王宮が営まれた政治の中心地であった。五九三年、推古《すいこ》天皇は即位すると、磐余《いわれ》から飛鳥《あすか》川の流域の豊浦宮《とゆらのみや》に王宮を遷した。その後、飛鳥に推古の小《お》墾田宮《はりだのみや》、舒明《じょめい》の飛鳥《あすか》岡本宮《おかもとのみや》、皇極《こうぎょく》の飛鳥《あすか》板蓋宮《いたぶきのみや》、斉明《さいめい》の後飛鳥《のちのあすか》岡本宮《おかもとのみや》、天武《てんむ》の飛鳥《あすか》浄御《きよみ》原宮《はらのみや》などの諸王宮が営まれている。

これらの飛鳥の諸王宮が所在した土地は、戦前（一九四五年以前）には地名や『日《に》本書紀《ほんしょき》』の記事を主なよりどころに、諸説がだされてきた。しかし、戦前はほとんど確認するよりどころがないまま戦後をむかえた。王宮の所在を探る契機は、飛鳥に吉野川分水の水路を設けるため、一九五九年（昭和三十四）に飛鳥板蓋宮伝承地を奈良国立文化財研究所と奈良県教育委員会によって発掘がおこなわれたのにはじまった。

同じ場所に重なる飛鳥の王宮

その後、奈良国立文化財研究所が平城宮跡の発掘を大規模におこなう状況となり、奈良県教育委員会が継続して進めることになった。その初期には、第一次調査で見つかった北一本柱列の周辺を発掘し、大型の井戸跡（図86）、掘立柱《ほったてばしら》建物、さらに東一本柱列、長廊状建物などが検出されている。その後の一九七七年（昭和五十二）、飛鳥板蓋宮伝承地では、東南部でエビノコ郭が発掘され、大型の東西棟建物が検出された。さらに、一九七九年（昭和五十四）、内郭の南から大型の中心となる東西棟建物が検出され、翌年に南門が見つかっている。そして、二〇〇三〜〇五年（平成十五〜十七）には内郭北地区の中軸線上で大型建物二棟が検出され、内郭の建物配置がほぼ判明した（図87）。

このような発掘調査によって、飛鳥板蓋宮伝承地から遺跡の名称は飛鳥宮跡と変えられ、Ⅰ期・Ⅱ期・Ⅲ期の遺構が重複することが判明した。

図86　飛鳥宮の内郭東北端部の井戸跡

各時期の王宮の想定

Ⅰ期は北で東に大きく振れる塀や建物、Ⅱ期は真南北の方位をなす大規模な回廊・塀などによる区画が設けられていた。そしてⅢ期はA、B期に区分され、A期は内郭と外郭があり、内郭の南区画に正殿、

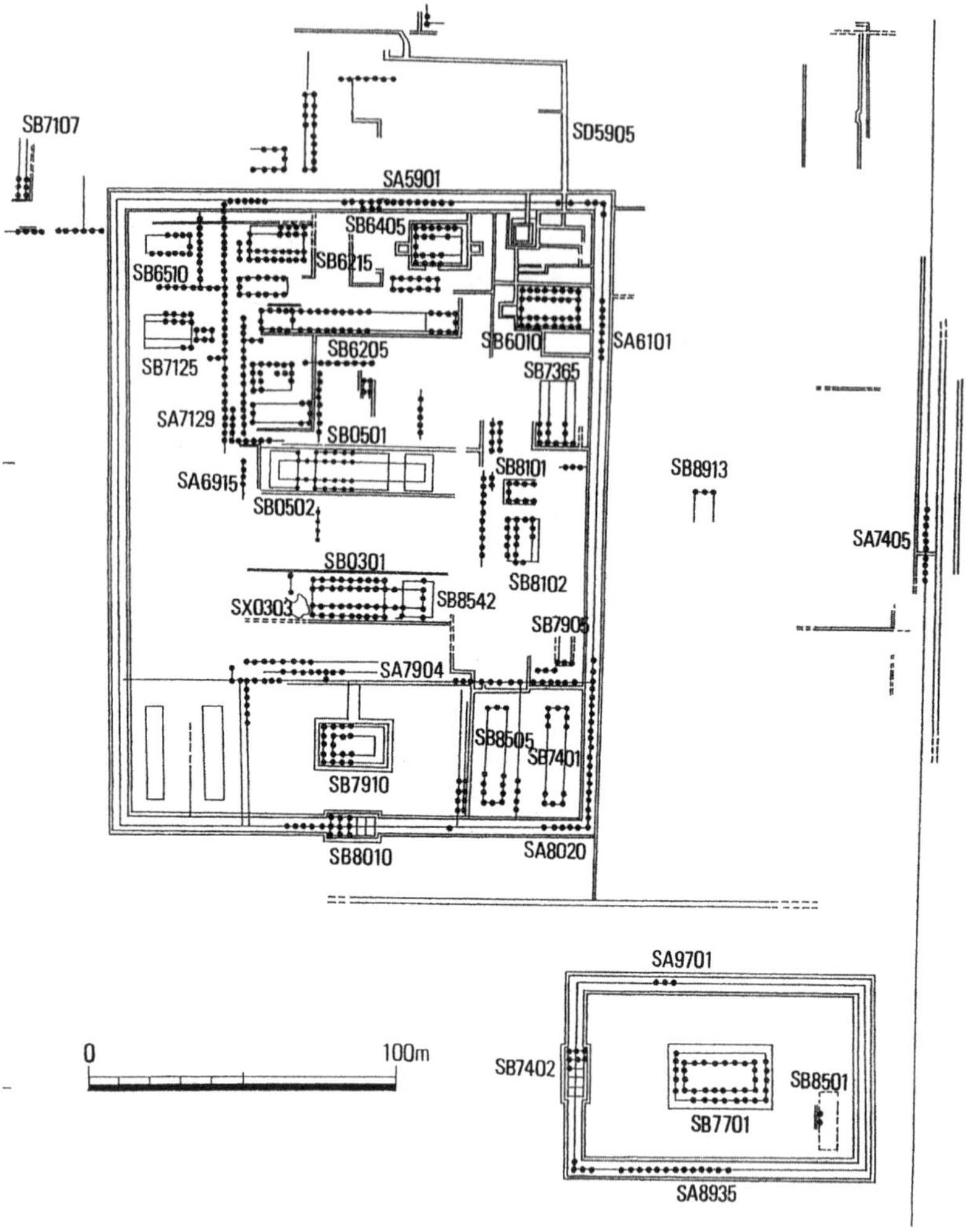

図 87　飛鳥宮のⅢ—A 期の遺構
（奈良県立橿原考古学研究所『飛鳥京跡』Ⅲ、2008 年）

北区画の中軸線上に大型建物を南と北に二棟を配した時期、B期には、それらの南にエビノコ郭が設けられたことになる。

以上のような時期変遷のうち、出土する土器の時期を踏まえ、Ⅰ期は焼失していることから舒明の飛鳥岡本宮、Ⅱ期も焼失しており、皇極の飛鳥板蓋宮、Ⅲ―A期は、斉明の後飛鳥岡本宮、Ⅲ―B期は天武の飛鳥浄御原宮に想定されている。

このように飛鳥宮跡の発掘では、舒明、皇極、斉明、天武の諸王宮がいずれも重複して検出されており、これらの王宮が同一の地に営まれたと考えられている。

図88　飛鳥宮の北内郭での南の正殿跡
（南西から、奈良県立橿原考古学研究所提供）

それまで、古代の王宮は歴代遷宮制が採用されており、先代の大王とは異なる地に王宮を営み、地名を付した王宮名で呼ばれていた。飛鳥宮跡では岡本宮以降同一の地に宮が営まれたため、舒明の岡本宮に対し、皇極の王宮は地名と異なる「板葺宮」、斉明は「後飛鳥岡本宮」と「後飛鳥」をつけ、天武も地名とは異なる「浄御原宮」と呼称したのである。

飛鳥浄御原宮の構成

さて、Ⅲ―B期には、エビノコ郭の正殿、内郭南地区の前殿、内郭北地区の南正殿（図88）、北正殿の四棟の大型建物が検出されている。『日本書紀』天武紀には、内裏《だいり》、朝堂《ちょうどう》、大極殿《だいごくでん》、大安殿《だいあんでん》、外安殿、内安殿、御窟殿《みむろのとの》、御窟院、向小殿などの用語が記されている。これらのうち、内裏は内郭、大極殿はエビノコ郭の正殿、大安殿・外安殿は内郭南地区の前殿、朝堂はその東に配した南北棟建物、内安殿は内郭北地区の南正殿、北正殿のいずれか、また南・北正殿の東西に配された小規模な建物が向小殿と呼ばれたものと考えられている。

しかし、御窟殿、御窟院のように、想定しにくいものもある。また、Ⅲ—A・B期の内郭、外郭の構造をみると、内郭には、孝徳《こうとく》の難波《なにわ》長柄《ながら》豊碕宮《とよさきのみや》にみるような多数の朝堂を配した大規模な朝堂院がない。また天武の浄御原宮には、難波長柄豊碕宮にはない大極殿と理解されるエビノコ郭の正殿が設けられている。ここには、孝徳の王宮からみると、後退と進展の両面をみることになる。

天武による後飛鳥岡本宮の再利用

さて、壬申《じんしん》の乱《らん》に勝利して飛鳥に還都した天武が斉明の後飛鳥岡本宮の王宮をそのまま使用したのはなぜだろうか。

これは、『日本書紀』には、天武五年（六七六）に新城《にいき》の造営、天武十二年（六八四）に宮室の地を定めたとする記事などからすると、天武は大規模な条坊《じょうぼう》をもつ中国的な都城《とじょう》の造営を計画したことから、その間の居所として新たな王宮を造ることを避け、後飛鳥岡本宮で政務を担ったものと考えられる。しかし、この後飛鳥岡本宮は、斉明が没した後、天智《てんじ》も大津宮《おおつのみや》へ遷都するまで居所とした。そして天武もまた、居所としたことは、さらに何らかの要因があったのではないかと思われる。

『万葉集《まんようしゅう》』巻二には、「天皇の崩ります時に、大后の作らす歌一首」と題して、持統《じとう》が詠った挽歌に、

やすみしし　我が大君の　夕されば　見したまふらし　明け来れば　問ひたまふらし　神丘の　山の黄葉《もみじ》を　今日もかも　問ひたまはまし　明日もかも　見したまはまし（以下省略）

が収録されている。この挽歌には天武が浄御原宮から飛鳥の神奈備山《かんなびやま》の黄葉を朝夕に眺めていたことを詠っている。この神丘は、巻三の「神岳《かむおか》に登りて、山部宿禰赤人の作る歌一首併せて短歌」などにも詠われている。そして、神丘は、これまで飛鳥寺の北西にある雷丘《いかづちのおか》に想定されている。

しかし、一九七一年（昭和四十六）、岸俊男氏は神丘を詠んだ歌を詳細に検討し、万葉研究者とは異なり、飛鳥の南にあるミハ山を神奈備山に想定する考えを提示した。

この想定は、飛鳥宮跡に浄御原宮が所在したことが判明したことからすると、雷丘とはみなし難く、南の「ミハ山」がふさわしいことになる。このことは、浄御原宮は飛鳥の神奈備山と対面するところに営まれた王宮であったことになる。天武が自ら計画した藤原宮・京が完成するまで、後飛鳥岡本宮を居所とした要因の一つは、この王宮が神奈備山と対面していた景観が、天武の意にかなったものであったと推測されることになる。

飛鳥宮の地に舒明、皇極、斉明、天武の王宮が継続して営まれたことは、それまで長く遵守されてきた歴代遷宮制を継承しなかったことになる。これは、唐の都城制による影響が少なくないと思われる。六八三年十二月、天武は「都城は一処に限らない。二、三造らん。まず、難波に都を造らん」として、飛鳥京に加えて難波宮・京の造営をおこなったのも、唐の複都制を採用したものとして、重視されることである。

柱に残る桟穴

ところで、飛鳥宮跡の発掘では、北一本柱列、東一本柱列、長廊状建物や掘立柱建物などの柱穴に、少なからず柱根が残っていた。しかも、これらの柱根の基部には桟穴《えつりあな》をとどめるものがある。この桟穴は桴《いかだ》を組むために抉られたもので、飛鳥周辺の丘陵や山麓とは遠く隔てた地域から伐木し、河川を漕運したものである。藤原宮でも、『万葉集』巻一の「藤原の役民の作る歌」に、近江の田上山からヒノキ（檜）の丸太材で桴を組み、瀬田川を漕運したことが歌われている。

このような掘立柱建物や塀に使用された柱に、桟穴をほどこすものは、その後の都城である藤原宮、平城宮・京、長岡京の建物などに顕著にみられる。また奈良時代には静岡県御子ケ谷《みこがや》遺跡・伊場《いば》遺跡・宮城県郡山《こおりやま》遺跡など地方官衙《かんが》でも見つかっている。

ところが、奈良県御所《ごせ》市南郷《なんごう》遺跡群にふくまれる南郷安田《やすだ》遺跡では、五世紀の首長居館として大型建物が検出され、二〇数本のヒノキの柱根が遺存したが、それらには桟穴はみられなかった。これは、飛鳥に造営された王宮の背後に古代国家が存在したことをよく示している。古代の王宮や地方官衙の諸施設は、それまでのような地域の首長の支配権を超えたものとして営まれ、強権を行使して造営されたものであったことをよく示している。

4 両槻宮《ふたつきのみや》

——斉明天皇が造営した王宮——

斉明天皇と大規模な造営事業

七世紀後半の飛鳥では、石神《いしがみ》遺跡の建物群、水落《みずおち》遺跡の漏刻《ろうこく》（水時計）遺構、飛鳥京苑池《えんち》などの遺跡が発掘されており、大規模な造営があったことがわかる。このような大造営を特に積極的におこなったのは斉明《さいめい》天皇である。

斉明は、難波《なにわ》長柄《ながら》豊碕《とよさきのみや》宮で孝徳《こうとく》天皇が亡くなると、六五五年正月、飛鳥《あすか》板蓋《いたぶきのみや》宮で即位し、再び政権をになった。即位した年の十月、斉明は小墾田《おはりだ》に宮殿を造営し、しかも瓦葺きすることを計画した。それまでの王宮はいずれも桧皮葺《ひわだぶき》、あるいは板蓋だったのに対し、中国の宮殿のような瓦葺きすることを計画したことになる。しかし、なぜか宮殿を造営する木材が朽ちたものが多かったので、中止したと『日本書紀《にほんしょき》』は記している。

両槻宮造営と狂心の渠

ついで、斉明は板蓋宮が火災で焼失したので、近くの川原宮《かわらのみや》に遷り、二年には岡本に宮を造営し遷っている。これが後飛鳥岡本宮《のちのあすかおかもとのみや》である。しかも、この年には、田身嶺《たむのみね》に垣をめぐらし、その上にあった二本の槻木のところに観《たかどの》を建て、両槻宮《ふたつきのみや》の宮殿を営んだ。これは天宮《あまつみや》とも呼ばれた。そして斉明は、この両槻宮の造営のために、香具山《かぐやま》の西から石上山《いそのかみやま》に至るまで大規模な渠《みぞ》（溝）を掘削し、三万人に二〇〇隻の舟を引いて石上山から石材を運ばせた。そこで、この運河をなした渠は、民衆から狂心《たぶれごころ》の渠と揶揄《やゆ》されたという。

また、両槻宮の東の山裾には石垣を築いた。これには七万余人を費やした。しかし、この造営はスムーズには進展しなかったようで、宮殿の木材は山上に積まれたまま、朽ちてしまったとする。

このように、斉明は、即位後に小墾田宮の造営に着手したが失敗し、後飛鳥岡本宮を造営しただけでなく、その東方の山に両槻宮の造営を計画し、大規模な運河を設け、石上山から石材を運んで宮の東の山裾に石垣を積んでいる。また、斉明は吉野に吉野宮を造営している。この吉野宮は、後に天武《てんむ》・持統《じとう》両天皇によって利用されることになった。

須弥山と漏刻

さらに、斉明三年（六五七）には、飛鳥寺の西に須弥山《しゅみせん》をつくり、同六年（六六〇）には、皇太子の中大兄皇子《なかのおおえのみこ》が漏刻を構築し、官人や民衆に時を伝えた。これによって、朝廷に勤務する官人たちの勤務時間を、より厳守する体制が整えられることになったのである。一九八一年（昭和五十六）の水落遺跡の発掘により、この漏刻は石神遺跡に隣接する地に設けられていたことが判明し、その構造も明らかになった。

また、『日本書紀』斉明六年（六六〇）五月条には、石上池のところに須弥山を造り、ここで粛慎《みしはせ》四七人に対し、宴会を行ったことを述べている。この石上池は、石神遺跡で見つかった方形池と考えられている。

また、この須弥山石も石神遺跡から一九〇二年（明治三十五）に出土している。しかも、翌年の一九〇三年には、その近くから石人像も見つかっており、これらは噴水の装置が施されており、いずれも石神遺跡にあった苑池に置かれていたものとみなされる。

このように斉明紀には、斉明による大規模な造営に関連する記事があいついで記載されている。

斉明天皇と小墾田宮造営

では、『日本書紀』に記された斉明紀の造営記事のうち、斉明が小墾田宮を造営し、瓦葺きにしようとしたのはなぜだろうか。また、田身嶺に両槻宮を造営し、その山裾に大規模に石垣を築いたのも、どのような意図によるものだろうか。これらの二つのことを、近年の発掘調査の成果を踏まえて、少し考えてみよう。

斉明は、即位した元年に、小墾田に新たな宮殿を造営し、しかも瓦葺きすることを計画した。しかし、この造営計画は失敗に終わった。その要因は、これまで多くの殿舎に瓦葺きする屋瓦の供給体制が出来なかったとする考えがだされている。しかし、これは舒明《じょめい》のときに百済大寺《くだらおおでら》を建立し、造瓦組織を編成したことからすると、造瓦体制がその要因とはみなしにくいだろう。

斉明による小墾田宮の造営は、孝徳が難波に造営した難波長柄豊碕宮のような優れた宮室を模して小

図 89　両槻宮の石垣（明日香村教育委員会提供）

墾田宮を造営しようとしたものと思われる。この長柄豊碕宮は、内裏《だいり》の南に大規模な政務をになう朝堂院《ちょうどういん》を配した飛鳥の宮室にはない中国的な宮室であった。そこで、斉明も多くの朝堂をもつ大規模な朝堂院を配し、しかもこれらの朝堂に中国の都城《とじょう》のように瓦葺きし、より壮大なものを造営しようとしたものではないかと思われる。

しかし、それまでの飛鳥の宮室では、政務の一部を有力氏族が居宅で担っていたので、宮室が難波から再び飛鳥に戻ると、多くの有力氏族は、朝堂で政務をおこなうことに、反対する者が少なくなかったものと思われる。そこで、宮室の造営に非協力的な有力氏族が多く、小墾田宮の造営は円滑に進まず、中止せざるをえなかったものと推測されるのである。

両槻宮の構造と性格

さて、斉明は後飛鳥岡本宮ができると、すぐに飛鳥宮の東にある田身嶺に両槻宮を造営した。しかも、香具山の西と石上山を結ぶ渠（溝）を掘削し、石上山から多くの石材を漕運し、この宮の東裾に石垣を築いたと記されている。田身嶺は多武峰《とうのみね》とする説もあるが、遠すぎるだろう。近年は明日香村教育委員会により酒船石《さかふねいし》が所在する丘陵の北側裾部で石垣遺構（図89）を検出したことから、この丘陵一帯に設けられていたものとみなされるようになった。

この両槻宮は、これまで天宮とも呼ばれ、観も設けられていたと記されているので、道教思想を重視する考えがだされている。しかし、門脇禎二氏が『明日香風』五八号（一九九六年）に、これらは道教思想とはかかわらないこと、むしろ甘樫丘《あまかしのおか》に蘇我《そが》本宗家が邸宅を設けたように、斉明が丘陵上に離宮を造営したものとみなしたほうがよいとしている。もし、門脇氏が想定するように、離宮を構築した場合、丘陵の裾に石垣を積んだことが十分に説明しにくいであろう。この両槻宮の性格は、石垣と観が設けられた要因も併せて説明することが必要であろう。

図90　公山城の朝鮮式山城

朝鮮半島の情勢と防御施設の整備

この時期、朝鮮半島では高句麗《こうくり》、百済《くだら》、新羅《しらぎ》が相互に侵攻し、それぞれの使節が頻繁に日本に派遣されている。このような朝鮮半島との外交関係からすると、斉明も宮室の防御体制を整える必要性を強く感じたことが考えられる。百済の扶余《ふよ》では、扶蘇山城《ふそさんじょう》の裾部に泗沘宮《しひきゅう》を設け、戦時には背後にある扶蘇山城に設けた諸施設に逃げこむことを想定する朝鮮式山城が構築されている（図90）。

このような朝鮮半島の王宮の特徴からみて、斉明も平時に政務をおこなう後飛鳥岡本宮に対し、その隣接する東の丘陵上に、朝鮮式山城的な王宮を新たに造営したものと推測される。これは、亀形石造物《かめがたせきぞうぶつ》が発見された付近の裾部で、切石を積んだ城壁遺構が見つかっていることからみて、強固な城壁を構築したものと推測される。

また、十分な防御のためには、王宮の付近に望楼を構築することも不可欠なことから、ここに観（望楼）にあたるものを構築したものとみなされるのである。

しかし、このような構想は、斉明七年（六六一）、百済の復興のために筑紫を訪れた斉明が、朝倉宮《あさくらのみや》で没したことから完成しなかったのである。

5 稲淵川西遺跡《いなぶちかわにしいせき》

――整然と殿舎を配した皇子宮――

稲淵川西遺跡の立地

飛鳥の南には稲淵《いなぶち》川が南から北へ流れている。この稲淵川と東から流れる冬野《ふゆの》川との合流地点から四〇〇㍍《メートル》ほど上流に、稲淵川西遺跡《いなぶちかわにし》がある。祝戸《いわいど》にある坂田寺跡《さかたでらあと》から西二〇〇㍍《メートル》付近にあたる地である。稲淵川西遺跡は、一九七七年（昭和五十二）の早春に見つかった宮殿遺跡で、飛鳥国営公園祝戸地区に設ける駐車場の建設にともなう事前の発掘調査で、宮殿に関連する掘立柱《ほったてばしら》建物群の遺構が検出された遺跡である。

見つかった大型の建物群

大型の建物群は、稲淵川の川岸から、西へわずかに隔たった平坦地に建てられていた。見つかった宮殿に関連する建物群は、調査地の南半に桁行《けたゆき》六間以上、梁行《はりゆき》四間で四面に庇《ひさし》をもつとみなされる東西棟建物Aがある。その北に桁行八間以上、梁行四間で、南と北に庇をもつ東西棟建物Bが配されていた。また、その東には、北と南に二棟の南北棟建物が建てられている。南側の建物は、桁行二間以上、梁行四間の南北棟建物C、その北は桁行一一間以上、梁行四間とみなされる建物Dで、いずれも西に庇をもち、柱筋を揃えて建てられていた（図91）。

これらの四棟の建物では、建物Aが前殿、建物Bが後殿の性格をもつ中心建物で、東妻柱列を揃えて建てていた。南北棟のCとDは脇殿で、西側柱列を揃えて建っている。これらは、じつに整然と計画的に配置されていたことがわかる（図92）。

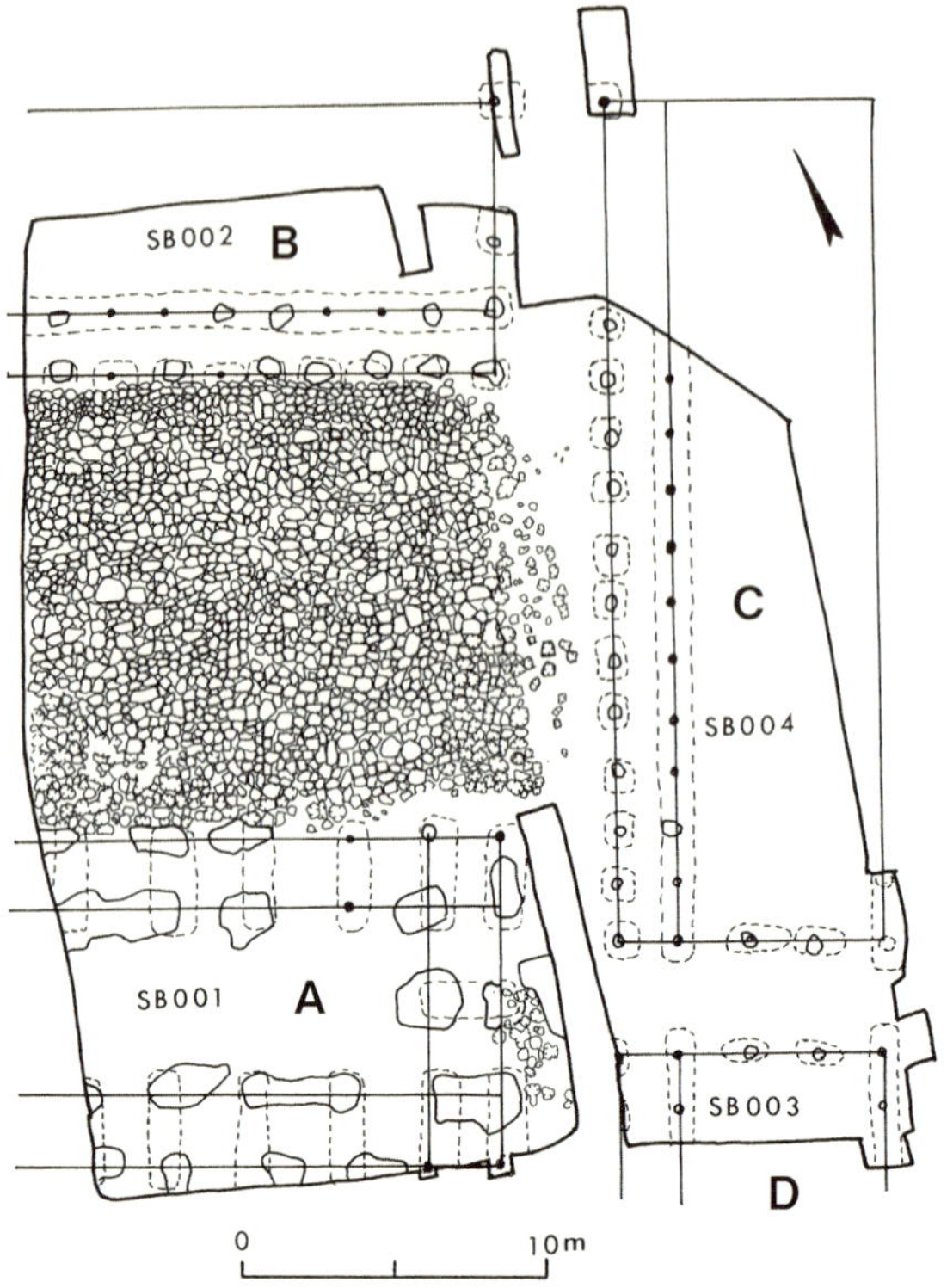

図91　稲淵川西遺跡の遺構
（奈良国立文化財研究所『飛鳥・藤原宮発掘調査概報』7、1977年）

これらの建物は、いずれも掘立柱様式で構築されており、しかも、前殿の建物Aでは、側柱と入側柱の柱穴を一組にして掘り、その長い柱穴に二本の柱を立てる工法を採用していた。また、後殿の建物Bでは、入側柱列の柱穴は布掘りと呼ぶ溝状に掘った坑に、柱を立てていた。

さらに、脇殿の南北棟C・Dの場合も、西側の入側柱列の柱穴は、いずれも溝状に坑を掘り、そのなかに柱を配する工法で構築していた。しかも、これらの建物は、飛鳥の中心部で検出されている建物とは異なり、北で東へ二五度ほど振れて建てられていた。これは、稲淵川の西岸に広がる空間の地形に制約されたものとみなされている。

中心建物である前殿Aと後殿Bとの間は、広い空間をなしており、人頭大の川原石が一面に敷かれていた。調査の対象地外のため発掘されていないが、前殿の前面にも、石敷きした広い前庭が設けられていたものとみてよい（図93）。

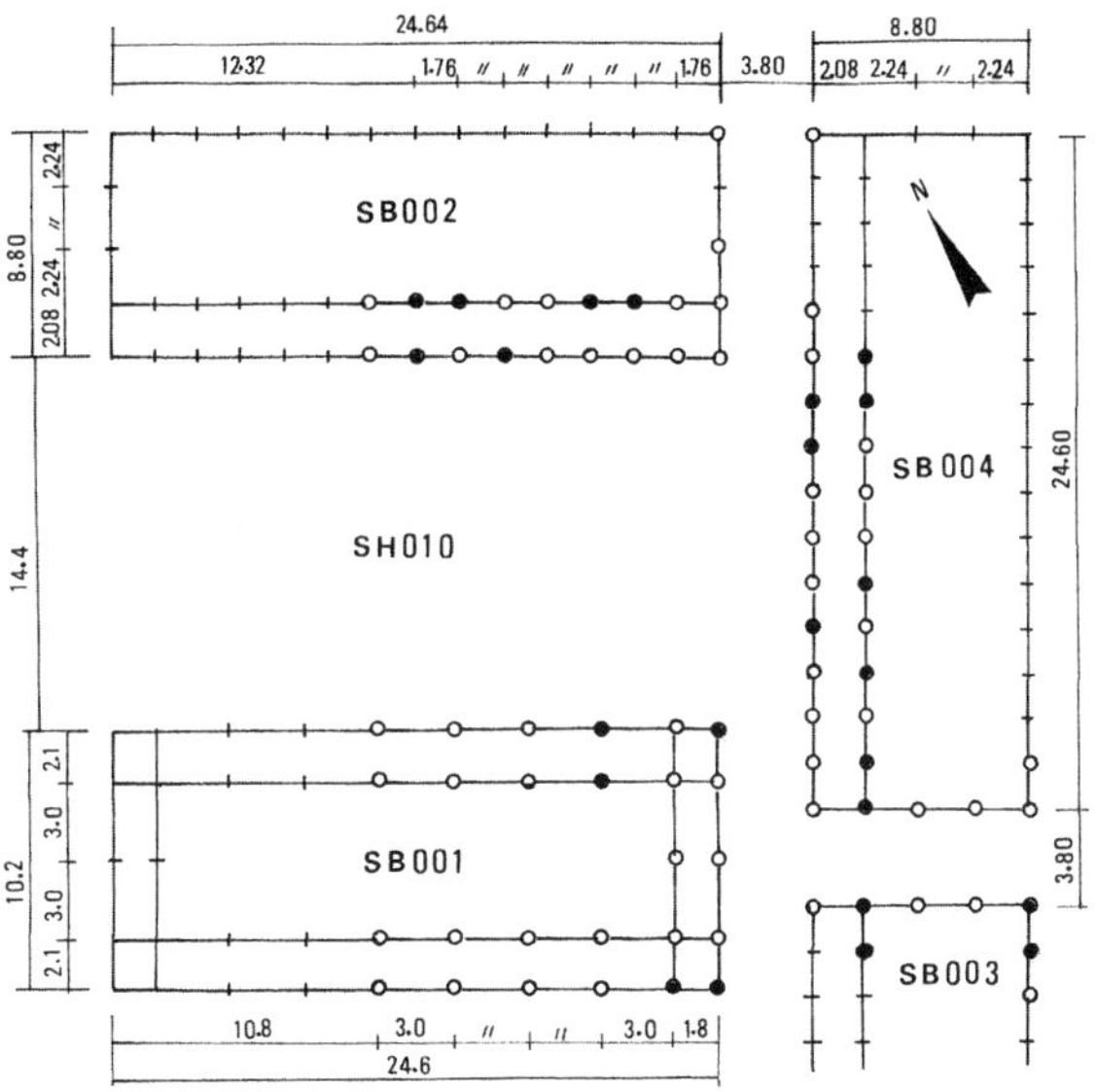

図92　稲淵川西遺跡の建物配置復元
（奈良国立文化財研究所『飛鳥・藤原宮発掘調査概報』7、1977年）

建物の構造と年代

この発掘調査では、四棟の掘立柱建物が検出されただけで終わっているが、これらの建物群は、東西棟の前殿・後殿を中心に、付属する脇殿の南北棟が東西に対称に構築されていたものと考えてよいだろう。

これらの建物には、瓦類はまったく葺かれていない。また前殿と後殿の間の広場は、丁寧に石敷されていたことからみて、これらの建物は飛鳥宮跡で見つかっている建物と同様に、宮殿に関連するものとみて間違いないものである。これらの建物群は、柱の掘方《ほりかた》などから出土している土器類からみて七世紀後半に建てられ、七世紀末まで存続したものと想定されている。そこで、出土した土器の年代と、稲淵川にごく近接することを重視し、この調査の成果を報じた『飛鳥・藤原宮発掘調査概報7』（一九七七年）では、『日本書紀《にほんしょき》』に白雉四年（六五三）に中大兄《なかのおおえの》皇子《みこ》らが難波から飛鳥に戻った際に入った河辺行宮《かわべのかりのみや》をその候補にあげて報告されている。

しかし、稲淵では飛鳥の中心地から離れすぎるきらいがある。また、飛鳥では他にもこれと類似する宮殿遺構が見つかっているので、改めてこの宮殿建物群の性格を、皇子宮との関連から考えてみることにする。

飛鳥の皇子宮

飛鳥の稲淵川西遺跡で見つかった建物群は、東西棟の前殿と後殿、また東の脇殿の建物が整然と構築されていた。これらは飛鳥宮跡で見つかっている浄御《きよみ》原宮《はらのみや》とみなされている内郭の大型建物群ほど大規模ではないが、大型の建物を配したものである。これらの建物群は、七世紀中ごろに造られ、七世紀末ごろに廃絶した宮殿遺構とみなされている。

図93　稲淵川西遺跡の建物と石敷（奈良文化財研究所提供）

その後、この飛鳥稲淵遺跡と強い類似性をもつ宮殿遺構とみなされるものが、一九九一～九三年（平成三～五）に、飛鳥の雷《いかづちのおか》丘の西北にあたる雷丘北方《ほっぽう》遺跡でも見つかっている。このことは、飛鳥地域には、これと同様ともいうべき宮殿遺構が他にもいくつか存在したことが想定できそうである。壬申《じんしん》の乱《らん》に勝利した天武《てんむ》天皇は、近江の大津宮《おおつのみや》から飛鳥に還都し、飛鳥浄御原宮を営んだ。それとともに、飛鳥には、高市《たけち》皇子・草壁《くさかべ》皇子・大津《おおつ》皇子・忍壁《おさかべ》皇子をはじめとする天武の皇子らが居所とする皇子の宮が造営されたものとみてよい。

これまで伝飛鳥板蓋《いたぶきのみや》宮の地域の発掘調査によって、飛鳥宮の宮殿遺構の中枢部の構造がほぼ明らかになってきている。しかし、飛鳥には天武・持統《じとう》らの政権下の七世紀の第4四半期に天武の皇子らによって構築された、あるいは利用された皇子の宮が所在したことが想定されながらも、現状ではほとんど明らかになっていない。

誰の宮か

稲淵川西遺跡は、飛鳥川の上流にあたる稲淵川の西岸の地に造営された宮殿遺跡である。このような立地からみて、飛鳥河辺行宮に想定する考えがだされたことがあるが、前述したように稲淵川西遺跡では奥まりすぎるだろう。ここは、ある時期に、天武の皇子らの皇子宮として構築されたことも想定しうる地のように思われる。

そこで、『万葉集《まんようしゅう》』に収録された歌によって皇子宮の所在地を求めると、高市皇子の宮は香具山《かぐやま》（香久山）宮と呼ばれ、埴安《はにやすのいけ》池に近いところにあった。草壁皇子は嶋《しまのみや》宮に居所としていたことがわかる。

さらに謀反《むほん》を企てたとして処刑された大津皇子の宮は、辞世の歌から磐余《いわれ》の訳語田《おさだ》に宮を構えていたとみられている。

また、天武の第三子である舎人《とねり》皇子の宮は、皇子への献歌に、

ふさ手折り　多武の山霧　しげみかも　細川の瀬に　波の騒《さわ》ける　（巻九―一七〇四）

（多武の山霧が　深いからか　細川の瀬に　波が騒いでいる）

の歌があり、細川の地名が詠まれていることから、その付近に構えていたものとみなされている。

さらに宮殿遺跡の稲淵川西遺跡がある稲淵の地名を詠んだ歌を求めると、岸俊男氏は弓削《ゆげ》皇子への献歌に、

御食《みけ》むかふ　南淵山の　巌《いわほ》には　降りしはだれか　消え残りたる　（巻九―一七〇九）

（南淵山の　巌には　降った薄雪が　消え残っている）

とあり、この地名からすると、弓削皇子の宮が南淵山の麓にあったことを想定しうるとしている（岸一九九一）。

このように、『万葉集』に詠まれた歌からすると、稲淵川西遺跡にあった宮殿遺構は、弓削皇子が居所とした皇子宮がその候補としてあげられるだろう。

弓削皇子は、天武と天智《てんじ》の女の大江《おおえ》皇女との間に生まれた皇子である。持統十年（六九六）、高市皇子が没したので、持統が皇位継承者を選定する会議を開くと紛糾した。そのとき、葛野王《かどのおう》が子孫相承を主張したのに続いて、弓削皇子が異議をとなえようとし、葛野王に叱られ、やめたことが『懐風藻《かいふうそう》』に記されている。亡くなったのは、文武三年（六九九）のことであった。

6 雷丘北方遺跡《いかづちのおかほっぽういせき》

——雷丘付近に造られた皇子宮——

雷丘の北で見つかった大型建物群

飛鳥を東西に貫通する阿倍・山田道と、藤原宮の東辺から大官大寺《だいかんだいじ》の西辺を南北に通過する道とが交点する付近に雷丘《いかづちのおか》と伝える小丘がある。この雷丘の西北四〇〇《メートル》隔てた飛鳥川の右岸の地に、雷丘北方《ほっぽう》遺跡がある。それまで知られていなかった遺跡であるが、一九九一〜九三年（平成三〜五）の発掘によって、大規模な掘立柱《ほったてばしら》建物を整然と配した注目すべき遺構が見つかった。

調査地の中央には、桁行《けたゆき》五間、梁行《はりゆき》四間で四面に庇《ひさし》をもつ東西棟の掘立柱建物Aが建てられている。その東側には、桁行一七間、梁行四間で東西に庇をもつ長大な南北棟建物Bがあり、その北にも桁行三間以上をなす南北棟建物Cが柱筋を揃えて配されている。また、その対称の位置にあたる西にも、桁行き六間以上、梁行四間で東と西に庇をもつ南北棟建物Eが見つかっている。さらに、南にも長大な桁行をなし、梁行三間で南に庇をもつ東西棟建物Dがあり、これらの建物によって囲まれた空間には人頭大の石が敷かれていた（図95）。

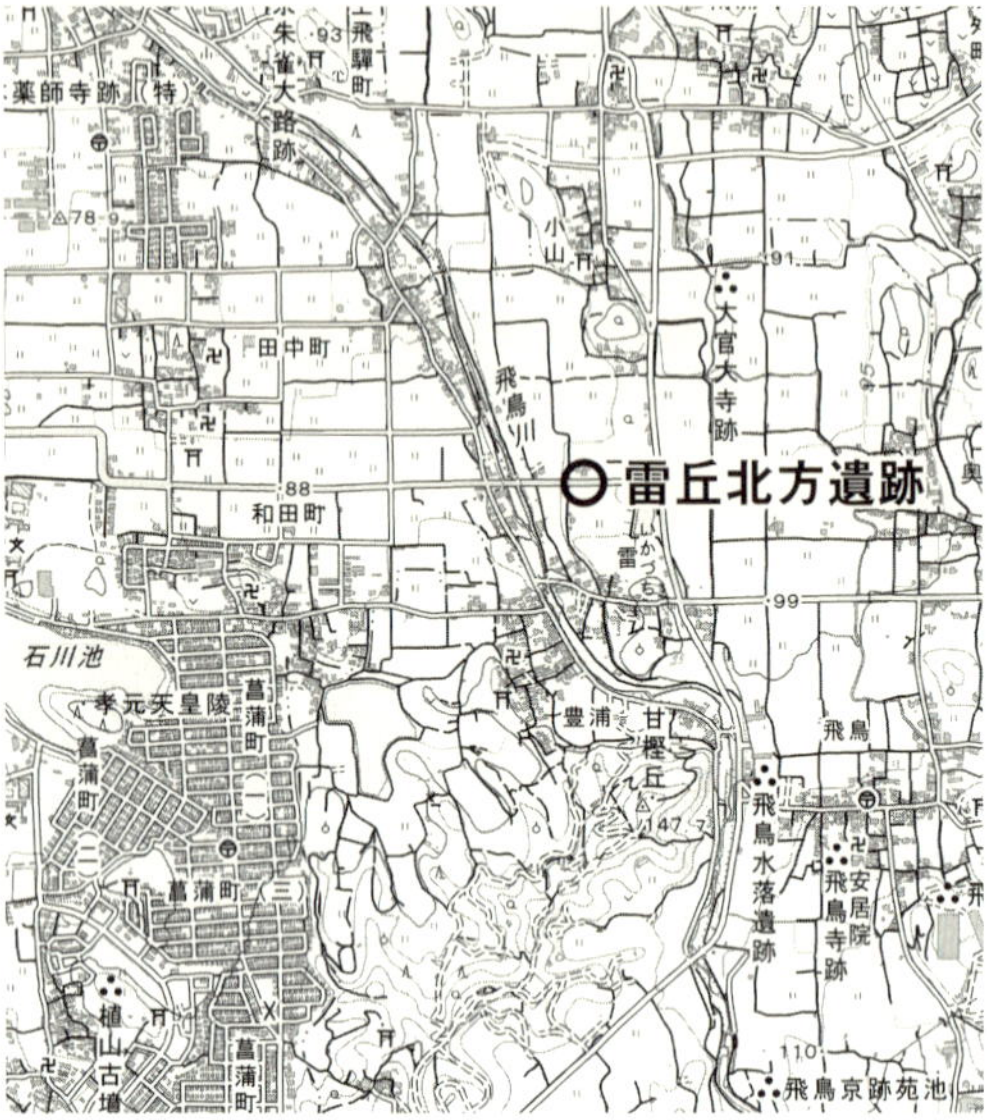

図94　雷丘北方遺跡の位置

石敷をともなう建物群

このように、雷丘北方遺跡では、中央に東西棟で四面に庇をもつ正殿、その東と西に長大な南北棟の脇殿が二棟ずつ対称に配し、前庭に石敷きされていた。しかも、これらの南にも南庇をもつ長大な東西棟建物が建てられ、全体としてロ字型をなしていた（図96）。

これらの建物配置では、南面建物に門は設けられていなかったようで、東面あるいは西面に門があったものと推測される。これらは、七世紀後半に敷地全体が整地され、藤原宮の造営に先立って条坊が設けられた時期に構築され、しかも中心となる正殿の中軸線は、藤原京の十一条三坊西南坪の中軸線とほぼ一致している。また、南の長大建物Dも坪を南北に二分する線とほぼ一致するように構築されている。

出土した遺物には、表に「神前評川辺里」、裏に「三宅人□人俵」と記した荷札木簡《にふだもっかん》や削り屑など数点、独楽《こま》、斎串《いぐし》、糸巻などの木製品、さらに大官大寺の軒瓦《のきがわら》が出土しているが、寺院でないことは明らかである。

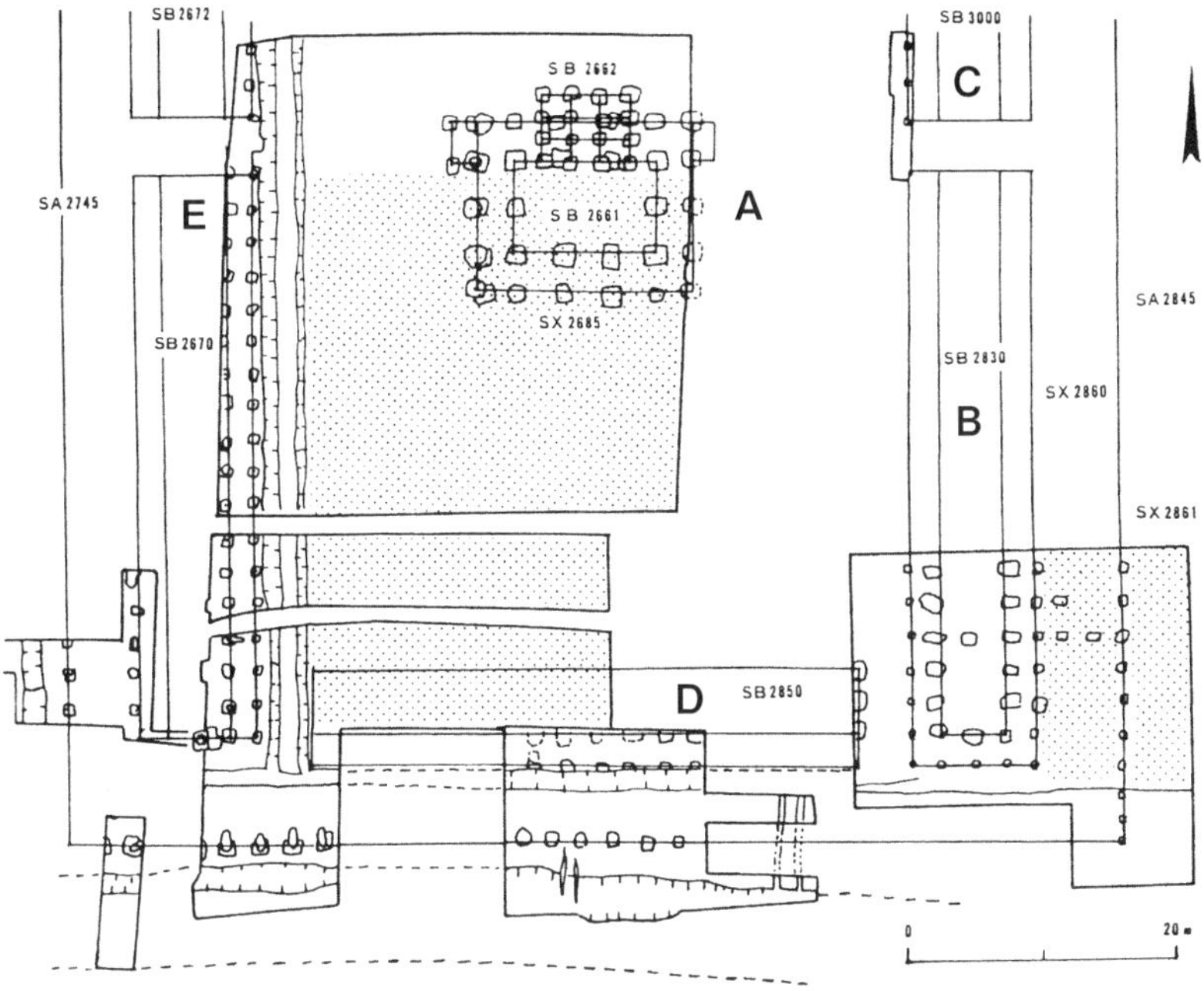

図 95　雷丘北方遺跡の建物配置
（奈良国立文化財研究所『飛鳥・藤原宮発掘調査概報』24、1994 年）

図 96　雷丘北方遺跡の石敷遺構

大型建物群の性格をさぐる

以上のような、正殿を中心とし、長大な掘立柱建物を三面あるいは四面に配されていることは、この時期の高位の官人の邸宅、もしくは古代官衙、宮殿遺構などとの関連が想定されることになる。

まず、高位の官人の邸宅を想定すると、このように配された大型建物群から構成された類例がないだけに、現状では可能性の少ない想定にとどまる。特に正殿前が広く石敷きされていることは、飛鳥宮跡、石神遺跡での調査例からみても、官人の邸宅とは想定しにくいだろう。そして、むしろ官衙、あるいは宮殿にかかわるものの可能性が高いものとみなされる。

つぎに官衙の可能性だが、近年に調査が進展している飛鳥の石神《いしがみ》遺跡では、斉明《さいめい》朝の時期に、東区と西区で長大な掘立柱建物で四辺を囲む配置をなすものが見つかっている。ここからは、古く須弥《しゅみ》山石《せんせき》や石人像も見つかっている。また、方形をなす池の遺構が検出され、蝦夷《えみし》の地域からもたらされた黒色土器も出土し、『日本書紀《にほんしょき》』に記された国家的な服属儀礼や饗宴と関連することが想定され、それにともなう官衙が設けられていたことが考えられている。しかし、雷丘北方遺跡の建物群と石神遺跡の建物群とでは、正殿前の空間規模に明らかな違いがあり、官衙を想定するのは少なからず難しいものと思われる。

建物群は皇子宮か

このように古代の官衙とみなすのが難しいとすると、中央部に大型の正殿、その東西に長大な南北棟の脇殿が配されており、これらの配置や規模は、飛鳥の稲淵川西《いなぶちかわにし》遺跡で見つかっている建物配置と強い類似性をうかがうことができる。

稲淵川西遺跡は、『万葉集《まんようしゅう》』に収録された献歌に詠まれた地名によって、先に弓削皇子《ゆげのみこ》が居所とした皇子宮を想定する考えを提示した。そこで、雷丘北方遺跡の建物群も、正殿の東西に、長大な南北棟建物二棟が対称に配されているので、天武《てんむ》天皇の皇子らが居所とした皇子宮を想定して検討してみよう。

『万葉集』によると、飛鳥や藤原京域には、天武の皇子の高市《たけち》皇子、草壁《くさかべ》皇子、大津《おおつ》皇子、舎人《とねり》皇子、忍壁《おさかべ》皇子ら多くの皇子宮があったことがわかる。そして、高市皇子は挽歌によって香具山宮《かぐやまのみや》、大津皇子は『日本書紀』『懐風藻《かいふうそう》』に磐余《いわれ》の訳語田《おさだ》の舎で処刑されたとされ、ここが訳語田宮《おさだのみや》とされている。また、草壁皇子は嶋宮を居所としていた。

忍壁皇子の宮

ところで、『万葉集』巻三の巻頭には、

天皇、雷丘に出でます時に、柿本朝臣人麻呂の作る歌一首
大君《おおきみ》は　神にしませば　天雲の　雷の上に　廬《いほ》りせるかも　（巻三―二三五）
右、或る本に云はく、忍壁皇子に献《たてまつ》れるなりといふ。その歌に曰はく、「大君は　神にしませば
雲隠《くもがく》る　雷山に　宮敷きいる」

という一首が記されている。

この歌では、天皇は持統《じとう》天皇をさすとされており、左注には柿本人麻呂《かきのもとのひとまろ》によるよく似た一首が載せられている。これによると、忍壁皇子の雷山宮は飛鳥の雷丘の近辺にあったことになる。『日本書紀』朱鳥元年（六八六）七月十日条に、雷で民部省の庸布《ようふ》や庸米を収納した舎屋が焼失した、あるいは、忍

壁皇子の宮の失火によって類焼し、民部省が焼けたとする記事がある。

このような『万葉集』と『日本書紀』の記事からみて、岸俊男氏は、忍壁皇子の宮が雷丘の付近にあったと想定し、大官大寺の東南に当たるところに「トノマエ」「トノツジ」「トノキタ」などの小字名があることに注目し、今後の調査で忍壁皇子の雷山宮が見つかるかもしれないと『古代宮都の探求』（塙書房、一九八四年）に述べている。

しかし、岸氏が想定した小字名の地とは別地点、雷丘の西北にあたる雷丘北方遺跡から大型の掘立柱建物群が検出されたことになる。これらの建物は、正殿を中心に、大型の脇殿を東西に対称に配し、しかも石敷きしており、稲淵川西遺跡の建物群と強い共通性がある。また、藤原京があった持統朝に存在したことからみると、忍壁皇子宮とみなしうる可能性がきわめて高いものと推測される。

このようにみてよいとすると、高市皇子や大津皇子らの皇子宮も、掘立柱建物による大型の正殿や脇殿を配し、中庭に石敷きして構築されていたことが想定されるだろう。

7 石神遺跡《いしがみいせき》

――石人像・須弥山石が見つかった宮殿遺跡――

見つかった二つの石造物

飛鳥寺の西北、飛鳥川の東に石神遺跡《いしがみ》がある。西南には古代の水時計である漏刻《ろうこく》が置かれた水落《みずおち》遺跡も隣接している。一九〇一・二年（明治三十四・三十五）、この石神遺跡の水田から二つの石像物が見つかった。それらは東京帝室博物館に運ばれ、倉庫のすみにおかれたままだったが、一九三六年（昭和十一）、「奈良時代出土展覧会」が開催された際に公開され、その後は博物館の表慶館前の芝生に陳列されていた。

石造物の一つは、男女が抱擁した石人像で、男の口にあてた坏《つき》と女の口から水があふれでるようになっている。今は坏の下の部分が少し欠けており、枝分かれした細い溝がみえる。もう一つは、山状の浮彫りのある石を三段に積み重ねたもので、内側は刳り抜かれ、下の石に溜まった水を四方へ噴出させるようになっている。これは、『日本書紀《にほんしょき》』斉明五年（六五九）三月十七日条に、甘樫《あまかしのおか》丘の東の川原に、須弥山《しゅみせん》を造り、陸奥《みちのく》と越《こし》の蝦夷《えみし》らを饗応したと記されていることから、その須弥山石に想定されている（図97）。いずれの石造物も噴水施設として造られたものと考えられている。

図97　須弥山石

帝室博物館の展覧会の直後、石田茂作氏が石神遺跡を短期間ながら発掘を試み、石敷広場や石組みした溝を検出し、饗応の場であったと推測した。一九七五年（昭和五十）、石神遺跡から見つかった石人像と須弥山石は、飛鳥資料館の開館にともなって飛鳥に戻され、いまは館内に展示されている。

発掘された建物配置

これらの石人像・須弥山が出土した石神遺跡は、飛鳥を理解するうえで重要なだけに、一九八一年（昭和五十六）から、奈良文化財研究所による発掘調査が継続しておこなわれている。

これまでの調査によると、七世紀前半から中ごろのA期、七世紀後半のB期、七世紀末のC期の三時期の遺構が見つかっている。A期は斉明朝、B期は天武朝、C期は藤原宮の時期とされ、しかもA期は五つに細分されている（図98）。

これらのうちA1・A2期は、南に東西棟三棟、北端付近に南北棟などが配されただけであるが、A3期には、大きく変化し、西側に長廊状の南北棟や東西棟に囲まれ、南門の内側に小規模な総柱建物、その奥に四面に庇をもつ正殿を配した一郭がある。また東側にも長大な建物によって囲まれ、その内部の南に方形石組池、その北に四面に庇をもつ南北棟の中心建物を配した一郭があり、その南に井戸、東南五〇メートルに石人像や須弥山石があったとされている。

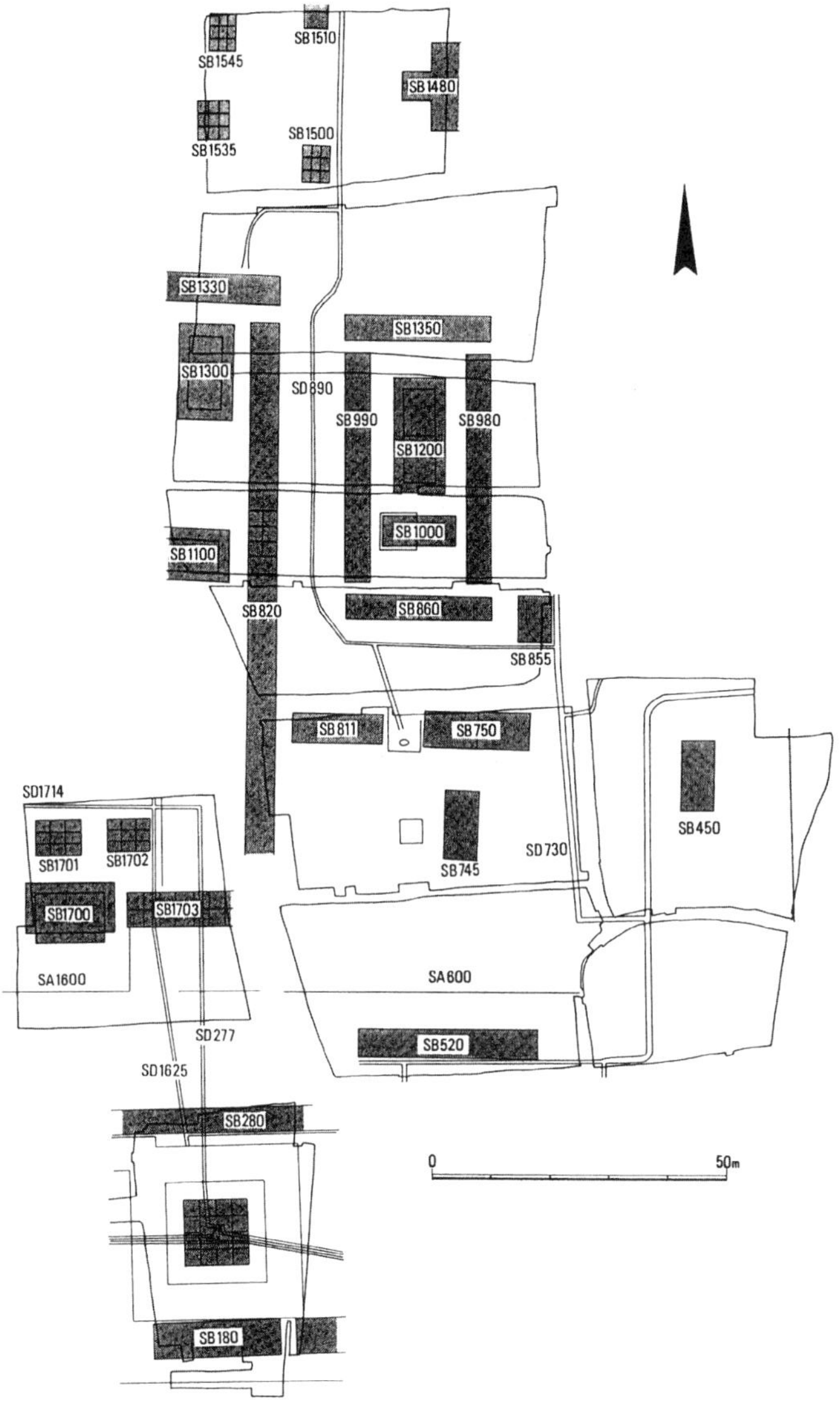

図98　石神遺跡A期の主要建物配置
（奈良国立文化財研究所『飛鳥・藤原宮発掘調査概報』21、1991年）

図99　石神遺跡の遺構（奈良文化財研究所提供）

服属儀礼の場

このようにA3期は、大規模に区画された一郭とその東に四分の一ほどの方形池をふくむ区画があり、その南には井戸、さらに須弥山石や石人像の噴水施設が設けられていたと推測されている。甘樫丘の東の川原に須弥山を造り、みちのくと越の蝦夷らを饗応したと『日本書紀』が記すのは、まさにここの可能性が高くなった。

飛鳥朝廷に招かれた東北や北陸の蝦夷らは、この石神遺跡の方形池で禊《みそぎ》をして朝廷への服属儀礼をおこない、ついで南の饗宴の場でもてなされたのである。この遺跡の南半部からは、古代に陸奥の地域で使用された内面を黒色化した土師器《はじき》の坏が数十点出土している。これらの黒色土師器は、飛鳥の他の遺跡では見つかっていないので、ここでの饗宴で、蝦夷らが飛鳥朝廷の官人らと酒を酌み交わした際に、自らが持参した土器も使われた状況を思い描くことができる。

また、ここで見つかった方形池と同じ形態の池は、多賀城《たがじょう》以前に設けられた陸奥の国衙《こくが》に推測されている仙台市郡山《こおりやま》遺跡でも政庁の広場で検出されている。

このことは、飛鳥朝廷の方形池でおこなわれた服属儀礼の場が陸奥の国庁にも設けられ、そこで蝦夷らによる服属儀礼がしばしばおこなわれたことを推測させている。

建物群の性格

石神遺跡の斉明《さいめい》朝に建てられた建物群には、西に長廊状建物によって長方形に囲まれた東西七〇メートル《メートル》、南北一一〇メートル《メートル》の一郭がある。その南半には中心となる大型の東西棟建物が配されている。このような一郭がどのような性格をもつのかは、まだ十分に明らかになっていない。

図 100　水落遺跡の漏刻遺構（奈良文化財研究所提供）

これに対しては、饗宴施設に隣接して迎賓館が設けられたとする考えがだされている。しかし、飛鳥宮の中心部と配置が類似するので、重見泰氏によって皇太子であった中大兄皇子の皇子宮に想定する考えも提起されている。

いまだ皇太子の皇子宮がどのような構造のものか具体的に確定した例がない。しかし、『日本書紀』の斉明六年（六六〇）五月条には、皇太子の中大兄皇子《なかのおおえのみこ》が初めて飛鳥に水時計（漏刻）を設け、民衆に時刻をしらせたことが記されている。漏刻（図100・101）が見つかった水落

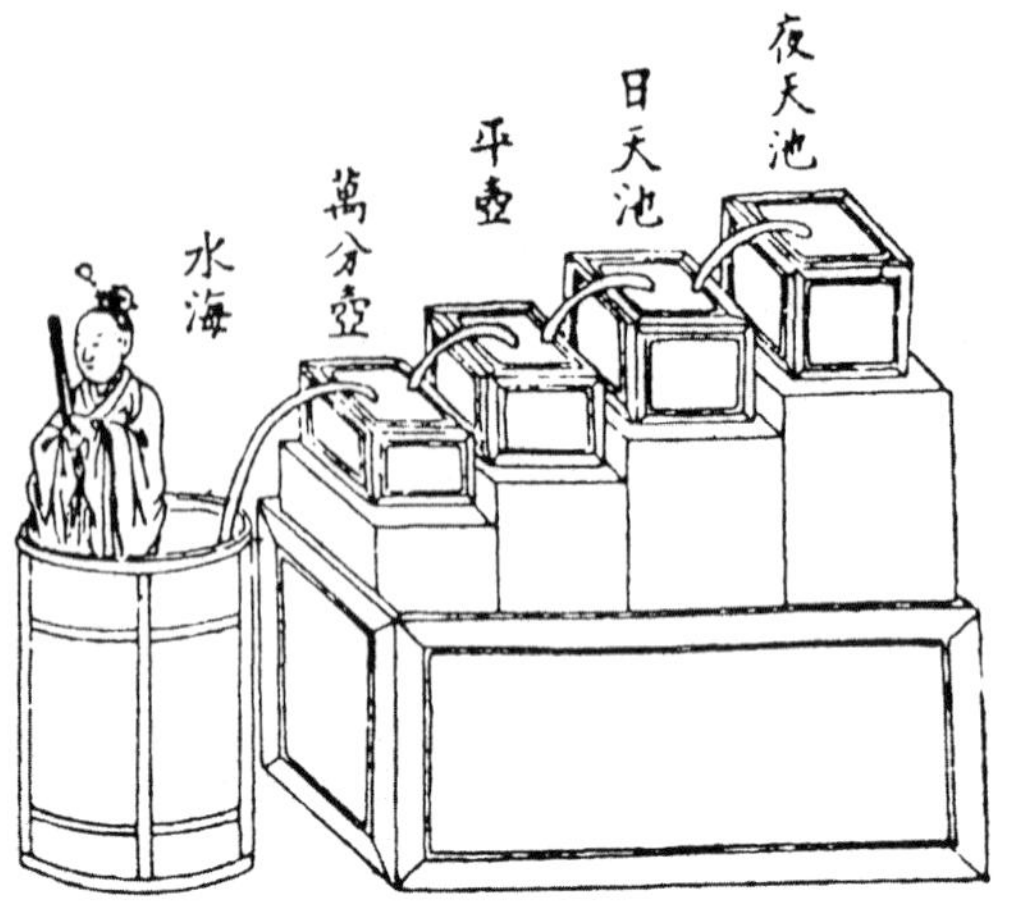

図101　漏刻の復元（飛鳥資料館『飛鳥の水時計』1983年）

遺跡の北にこの一郭が隣接していることは、斉明朝に重要な饗宴の場の西に隣接して皇子宮と漏刻が併設された可能性が少なくないものと思われる。それだけに、さらに周辺の調査による検討が望まれる。

さて、石神遺跡のB期の天武朝には、二〇棟近い中小の南北棟建物や倉庫とみなされる建物が一定の距離を隔てて、一見すると散在するようにみえる。建物の付近には、南北方向の板塀も数条が見つかっている。しかし、建物群を囲むものとはなっていない。中心となる東西棟の建物も検出されていないが、そのような建物は、なお西側に配されていた可能性が残るように思われる。そのように想定させるものに、第一五次調査で、石神遺跡の北で見つかったＳＤ一三四七・四〇六九・四〇七〇から一〇〇〇点におよぶ木簡《もっかん》が出土していることがあげられる。

木簡で判明した行政区表記の変更と官司

木簡には年紀を記したものが一〇点ほどある。これには乙丑年（天智一〇・六六五）から庚寅年（持統四・六八一）のものまで見つかっている。そして、荷札《にふだ》木簡などに記された「サト」と「コオリ」の表記をみると、サトには「五十戸」と「里」があり、おおむね天武十年（六八一）から十二年（六八三）を境にして、「五十戸」から「里」の表記に変わったことがわかる。またコオリは、「評」のみが記されている。

このような表記の変化からみると、『日本書紀』に記す大化《たいか》の改新《かいしん》の詔《みことのり》では、コオリとサトを「郡」「里」と記した表記は、藤原宮の木簡によって判明したように、正しいものでないことになる。しかも、それだけではなく、改新の直後には、コオリとサトは、「評」と「五十戸」と記されていたことになる。その後、天武朝の末年近くに、「五十戸」から「里」に変えられ、さらに大宝令によって「郡」と「里」の表記に変化したことがわかる。

また、荷札木簡に記された「乙丑年」は、天智四年（六六五）なので、庚午年籍《こうごねんじゃく》が作られた六七〇年より前の年紀になる。

さらに、天武朝の建物群の性格を考えるうえで重要な木簡に、「大学官」「勢岐官《せきのつかさ》」「道官」と記されたものがある。「大学官」は『日本書紀』に「学職《ふみのつかさ》」と記され、大学寮の前身官司に相当する。「勢岐官」はのちの関司、「道官」は通行を管理する官司とみなされる。さらに、具注暦《ぐちゅうれき》（吉凶・干支・星宿《せいしゅく》などを記した暦）を記した円盤形の大きな板が出土している。このような暦が出土したことは、ここに陰陽寮《おんみょうりょう》の前身の官司があったことも想定される。

このように、石神遺跡には、天武朝の新たな官司制の整備にともなって、ここに複数の官司がおかれていたものと推測されるのである。

8 吉野宮跡（宮滝遺跡）

――持統天皇が通い続けた離宮――

よしのきゅうせき（みやたきいせき）

古代の重要な舞台・吉野

奈良県の南端部、吉野川流域にある古代史上で重要なドラマが演じられた遺跡に、吉野宮が所在したと想定されている宮滝《みやたき》遺跡（吉野郡吉野町宮滝）がある。『日本書紀《にほんしょき》』では、応神《おうじん》、雄略《ゆうりゃく》天皇のときから吉野宮への行幸《ぎょうこう》記事があるように、早くから注目される地であったとみてよい。

この吉野宮は、天智十年（六七一）十月十九日、大海人《おおあまの》皇子《みこ》（後の天武《てんむ》天皇）が大津宮《おおつのみや》から鸕野皇女《うののひめみこ》とともに逃れたところである。しかも、天智《てんじ》天皇が倒れた翌年の六月、大海人皇子が近江朝廷と戦った壬申《じんしん》の乱《らん》を蜂起したところである。

この戦いで勝利し、大和に還都《かんと》した後の天武八年（六七九）五月五日、天武は草壁《くさかべ》皇子、大津《おおつ》皇子、高市《たけち》皇子、河嶋《かわしま》皇子、忍壁《おさかべ》皇子、芝基《しき》皇子とともに吉野宮に行幸した（図102）。そして、ここで、これらの兄弟たちが皇位継承にかかわる争いをしないことの盟約をむすばせた。この盟約後の天武十年（六八一）二月、天武と皇后の鸕野皇女のあいだに生まれた草壁皇子が皇太子となった。

朱鳥元年（六八六）九月九日、天武が病で没したので、その後、天武の墓の造営をおこなうなど、草

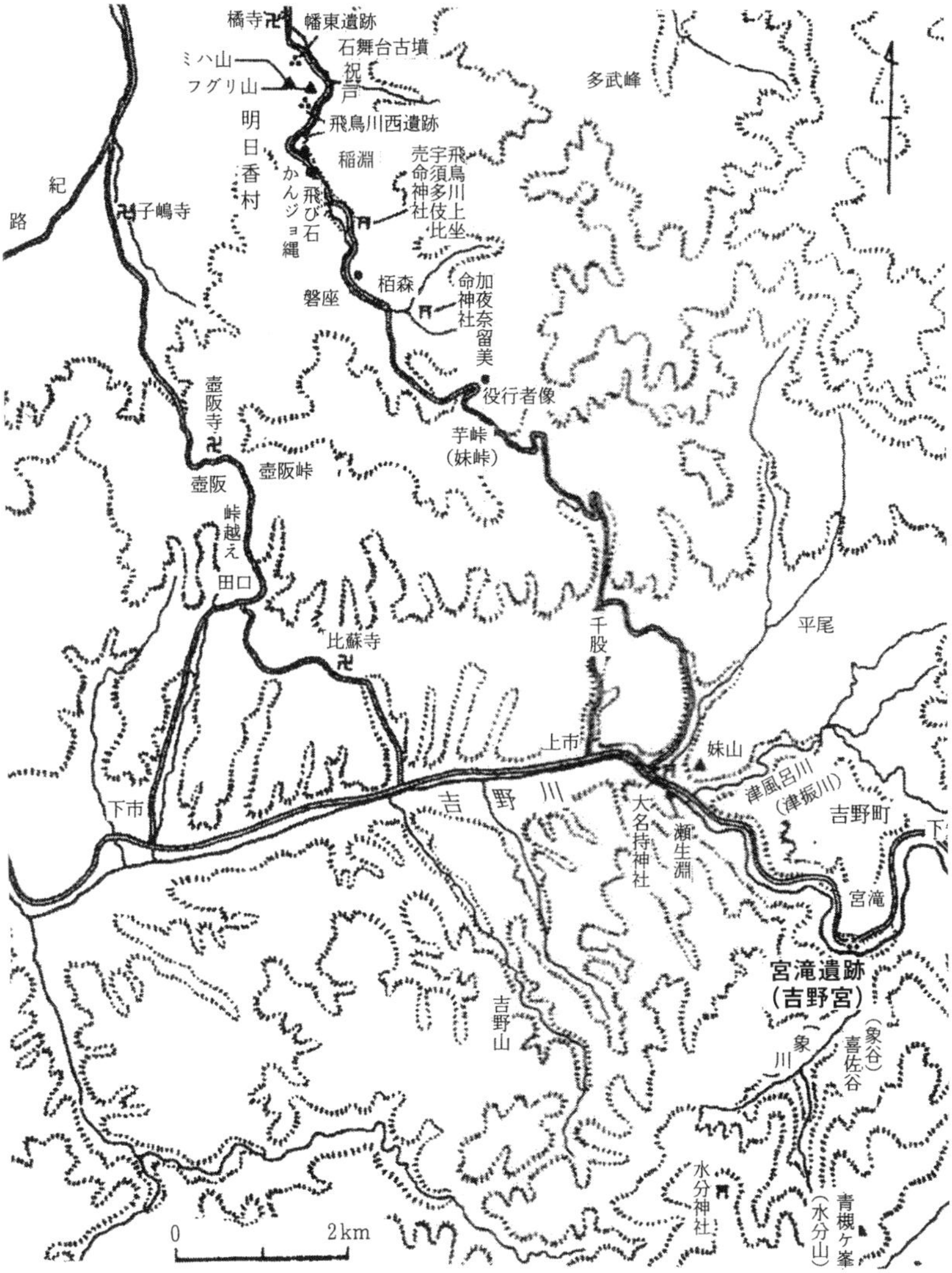

図 102　飛鳥から吉野宮への古道

壁皇子が即位の準備を進めていた。しかし、三年後の四月、草壁皇子も予期しない病がもとで没した。そこで、翌年に皇后の鸕野皇女が皇位を継承（持統天皇《じとう》）し、天武が造営を計画し、現地の視察までおこなっていた条坊をもつ中国的な都城《とじょう》である藤原京の造営を引き継ぐことになった。

なぜ行幸をくりかえしたのか

このような大きな課題をになった持統の治世に関連する『日本書紀』の記事をみると、これまで解明できていないことの一つに、吉野宮への行幸をしばしば繰り返したという謎がある。

持統は、即位した持統四年（六九〇）から、草壁皇子の子の軽皇子《かるのみこ》に皇位を譲った持統十一年（六九七）八月まで、吉野宮へ三一回も行幸した。太上天皇になってからも三回訪れた。

このように持統が吉野宮へ頻繁に行幸した要因は、謎というべきこととされながら、いまだ誰もが理解できるような考えはだされていないように思われる。そこで私案をここで述べることにしたい。

まず、これまでだされている考えをみると、一つには、『懐風藻《かいふうそう》』に掲載された中臣人足《なかとみのひとたり》の漢詩に「桃源」と記しており、吉野宮のまわりの景観が桃源郷だからとする。また、同書の大伴王《おおともおう》よる漢詩では、「神仙」と表現し、神仙界のようだとする。さらに、『万葉集《まんようしゅう》』に収録された柿本人麻呂の長歌では、そばを流れる吉野川の清流で官人らが舟遊びをする状況や周囲の優れた景観を歌っている。

また、民俗学者の吉野裕子氏は、吉野宮が大和の南にあるので、陰陽思想からみて優れた地であったとする。さらに歴史地理学者の千田稔氏は、吉野宮は道教思想からみて、神仙界とみなすのにふさわしい地であったので持統が行幸を重ねたとしている。

このように、持統が行幸を重ねた吉野宮が営まれた宮滝の地は、南側を吉野川の清流が流れ、周辺の山々による景観が、まさに桃源郷であり、神仙界的な地であったことに要因を求めている。

しかし、古代の山間部や河川の流域は、自然景観を著しく損なう大規模な開発がおこなわれていなかったので、大和の多くの山間部や河川流域も、吉野川の流域に限らず、より優れた景勝地が少なくなかったと思われる。だが、持統は、そのような他所の景勝地へ行幸するようなことはまったくなかったことに留意する必要がある。このことは、神仙界的な景勝地ということのみでは、なお持統が吉野宮へ通い続けた要因とはみなしにくいように思われる。

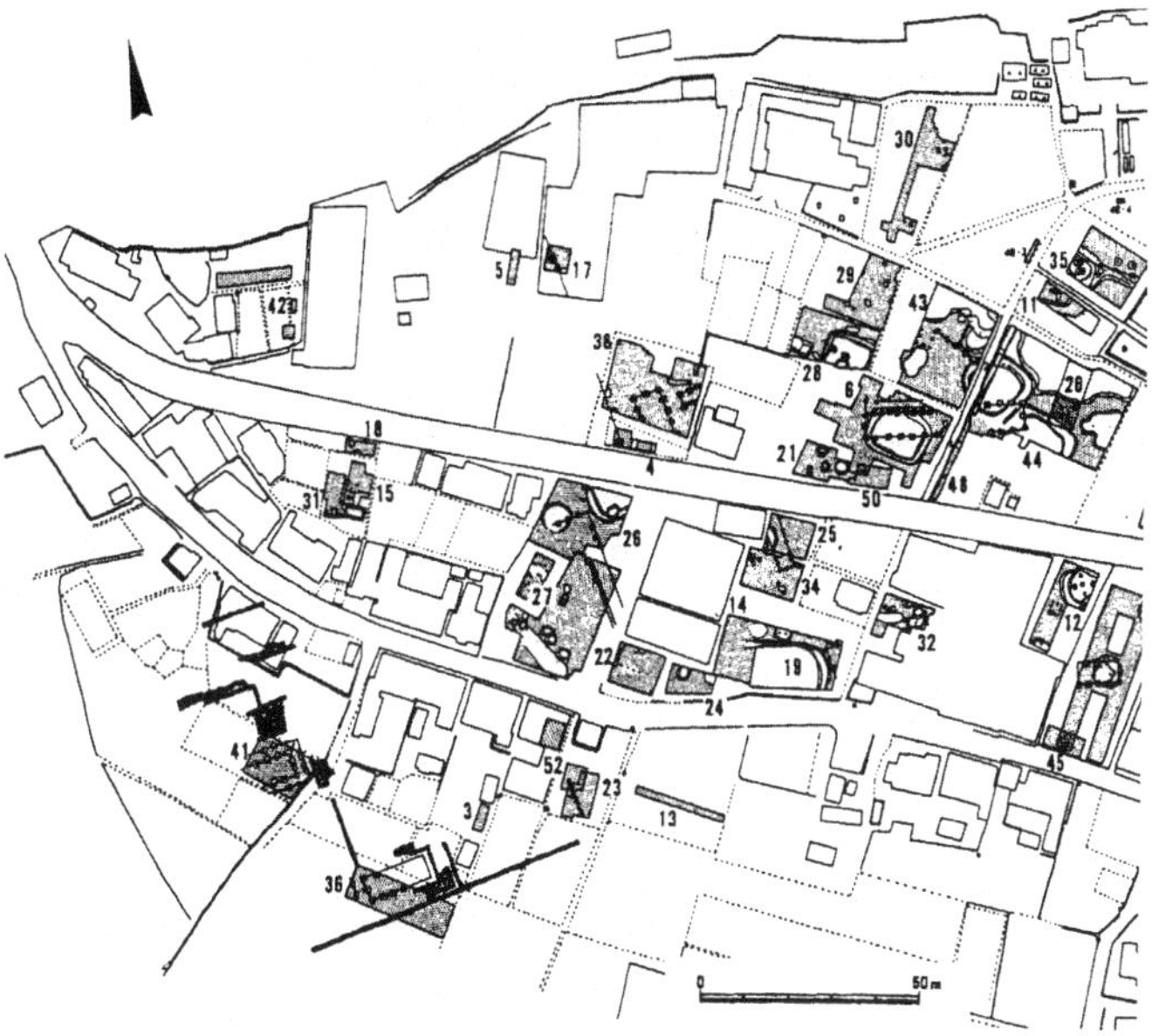

図 103　宮滝遺跡の発掘地点
（「宮滝遺跡」『奈良県史跡天然記念物調査報告』第 71、奈良県教育委員会、1996 年）

そこで、この吉野宮があったとされている宮滝遺跡では、すでに十数回にわたって発掘調査がおこなわれているので、これまで見つかっている建物などの遺構（図103）をもとに、その要因を検討してみることにする。

図104　吉野川の流れ

発掘された宮滝遺跡の遺構

宮滝遺跡の南側の崖下には、大きな岩間を西に流れる吉野川の清流が臨める（図104）。この水面から二〇《メートル》ほどの北側の台地に遺跡はひろがっている。この宮滝遺跡は一九三〇〜三八年（昭和五〜十三）に、末永雅雄氏によって発掘されている（図103）。

この発掘調査では、縄文時代後期の縄文土器、弥生時代中期の弥生土器が出土し、狩猟を主とした縄文人、初期の稲作農業をおこなった弥生人がここで生活を営んでいたことが判明した。

それ以上に重要な成果は、台地の南端付近の西側地点で、人頭大の石敷きした遺構や石組溝が見つかったことである。これには南側で南北方向の帯状をなす通路状のもの、その西側に広がる石敷、そこから北へ四〇《メートル》ほど離れた地点でも、東西に帯状をなす石敷が何ヵ所か見つかった。これらは、発掘されたときには建物跡は検出されなかったが、これらの石敷は持統がしばしば行幸した吉野宮に関連するものとみなして報告されている。

その後の一九八〇年代になると、宮滝遺跡でも開発に対応するために発掘調査が重ねておこなわれている。末永氏が発掘した昭和初期の調査地の再発掘もおこなわれ、通路状をなす石敷遺構には南端部に東西棟の掘立柱建物、その四〇メートル北でも四面庇をつける東西棟の大型の掘立柱建物が配置されていたことが判明した。

一方、石敷遺構の東北九〇メートル地点と一六〇メートル地点でも、それぞれ数回の発掘がおこなわれ、建物の一部が検出されている。特に、一六〇メートル地点では、桁行《けたゆき》一三間、梁行《はりゆき》二間の長大な東西棟建物と、その北側で池状をなす遺構と大量の土師器《はじき》・須恵器《すえき》が投棄された状態で見つかっている。しかも、これらの遺構は出土した土師器・須恵器からみて、ここに七世紀後半の斉明《さいめい》朝と七世紀末の持統朝の宮殿建物が構築されていたものと推測されている。

図105　宮滝遺跡の石標

これらの発掘によって、宮滝遺跡は、北東寄りに斉明・持統朝に建てられた宮殿跡、西南地点に石敷をともなう奈良時代の聖武《しょうむ》朝の宮殿跡があったとされている。そして、この宮滝遺跡に設けられている吉野歴史資料館には、持統朝の吉野宮を想定する復元模型が展示されている。これは長大な東西建物の南に、正殿と後殿を配し、その北に東西に長い池が復元されている。この宮殿に持統はしばしば行幸したことになる。

温泉と持統天皇

ところで、二〇〇〇年（平成十二）の秋、持統が在世中に三一回も吉野宮に行幸した要因を解明する手掛かりを得ることを意図して、私も宮滝遺跡を訪れ、掘立柱《ほったてばしら》建物が検出された地点を歩きまわり、そこから四周の景観を眺めてみた。しかし、持統が通い続けた要因の手掛かりになる資料は得ることはできなかった。

そこで、帰途に、すぐ東にある宮滝温泉に立寄った。そこで経営者から、この温泉が見つかった経緯をつぎのようにうかがった。一九五九年（昭和三十四）九月二十六日、強烈な伊勢湾台風に襲われ、フェンスが倒れたので、その復旧工事中に大量の温泉が湧出したという。深さは一・三㍍《メートル》ほど、三〇度ほどの温泉だと話された。このことは、すぐ西に隣接する吉野宮でも、大型の掘立柱建物の柱穴は一・五㍍《メートル》近く掘削するので、持統による宮殿の工事中に温泉が湧出した地点があった可能性が少なくないものと推測される。

古代の温泉には摂津の有馬温湯《ありまのゆ》（有馬温泉）、紀伊の牟漏湯《むろのゆ》（白浜温泉）、伊予の石湯《いわゆ》（道後《どうご》温泉）、出雲の玉造《たまつくり》温泉などがよく知られている。持統は即位した年の持統四年（六九〇）、五月と八月に吉野宮に訪れ、ついで九月に紀伊の牟漏湯に行幸している。この牟漏湯への行幸は、吉野宮の建物の造営中に湧出した温泉の利用を考える意図で訪れたのではなかろうか。そして、持統は十月にも吉野宮を訪れ、湧出した温泉を利用するのにふさわしい湯屋と浴槽を設けたものと推測されるのである。以後、持統は吉野宮の温泉に入浴することを意図した行幸をくりかえすことになったものと理解されるのである。

しかし、このように考えるには、古代にあった温泉の性格と持統が吉野宮の温泉に通った意図、もしくはその歴史的背景を明らかにする必要があるだろう。

古代の温泉

日本では、古代の温泉の遺構は見つかっていない。しかし、中国では、西安《せいあん》の東にある華清池《かせいち》で唐代の浴槽の遺構が発掘されている。これは一九八二年（昭和五十七）、華清池での整備にともなう事前の発掘調査で、玄宗《げんそう》皇帝、楊貴妃《ようきひ》、太子らが入浴した石製の浴槽が見つかっている。一九九〇年（平成二）には浴槽をそのまま覆う建物ができ、玄宗の蓮花湯（図106）、楊貴妃の海棠湯《かいどう》（図107）、調理人らが浸かった長大な尚食《しょうしょく》湯の浴槽などが公開されている。

図106　華清池で検出された玄宗皇帝の蓮華湯

図107　華清池で検出された楊貴妃の海棠湯

ところで、古代の天皇は、どのように入浴されたのかはよくわからない。しかし、内裏《だいり》では大きな浴槽に全身を浸《つ》かることはなかったとされ、小さな木槽に入れた湯によって身体を拭き、汚れをとったとみなされている。だが、心身の疲労を回復する医療効果をもつ温泉では、これとは異なり、天皇も温泉の浴槽に全身を浸かったと推測されている。

吉野行幸の意図

持統による吉野宮への行幸には、二つの特徴がある。一つは、持統四年（六九〇）から、三～四ヵ月ごとに吉野宮へ行幸している。しかし、草壁皇子の子の軽皇子（文武《もんむ》天皇）に譲位した持統十一年（六九七）八月以降は、三年ほど吉野宮への行幸は途絶えている。その目的・意図は多々いわれているが、文武に皇位を譲るためだったとみて間違いないだろう。

二つには、古代人による祓いの考えが重視される。古代人は悪霊が身によりつくことによって病になると考えた。『延喜神祇式』には、天皇、親王らが、このような病を避けるため、六月、十二月には大《おお》祓《はらえ》がおこなわれた。その祭祀では身体に寄りついた悪霊を拭いとり、人形《ひとがた》に移し水に流した。また、体内に入った悪霊は坩に息を吹き込んで坩の口を紙もしくは布でふさぎ、それらを河川に流して祓っている。さらに悪霊が身についたと思ったときは、しばしば禊《みそぎ》によって除去することがおこなわれた。このように古代人は、祓や禊の神事によって、身体を清浄化し、健康を維持しうるとみなした。この祓いと禊では、身体に浄水を注ぐ禊がより効果的であったが、沐浴《もくよく》によって全身を浄水に浸かる禊は身体を冷やすので、重ねることは回避されたであろう。

さて、持統は前述のように、天武から宮室の周囲に条坊を設けた大規模な中国的都城の藤原京を造営する課題を引き継いだ。これは、浄御原令《きよみはらりょう》にもとづいた本格的な都城を造営することであった。

また、夭逝《ようせい》した草壁皇子からは、孫の軽皇子を皇位に即けるという重い課題を委託されたものと推測される。この軽皇子を即位させるには、それまで天武の多くの皇子らに対し、牽制し続けることが不可欠なことであった。正倉院《しょうそういん》御物の「黒作《くろつくりの》懸佩《かけはきの》刀《たち》」は、草壁皇子の護身用の刀を、草壁が亡くなるときに藤原《ふじわらの》不比等《ふひと》に譲り、それを不比等が皇位に就いた文武天皇に譲ったことが記されている。持統と不比等は、ともに天武の皇子ではなく、孫の軽皇子を皇位につけるという、じつに重い課題をになっていたことになるのである。

このような事情から、持統は十余年にわたって健康を維持することが不可欠なことになる。そのためには、より短い期間ごとに祓いや禊をおこなうことが望まれる。その禊で注目されることに、『出雲国《いずものくに》風土記《ふどき》』意宇《おう》郡条には、出雲国造が都に上京し、「神賀《かむよ》詞《ごと》」を奏上するに際し、忌部里にある玉造湯で潔斎《けっさい》し、身を清めたことが記されている。

このような記載からみて、持統は軽皇子へ皇位を譲るために、吉野宮で湧出した温泉の湯に浸かりながら、禊の神事を重ねて心身をリフレッシュし続けたことが想定されるのである。しかも、飛鳥の浄御原宮、さらに遷都した藤原宮から芋峠《いもとうげ》を越える吉野宮への山間の行幸には、ほとんど集落がなかったので、季節を問わず通うことが可能であったことも重視すべき条件であった。持統によるたび重なる吉野宮への行幸は、離宮内にしつらえた温泉の浴槽に浸かり禊しながら、成人した軽皇子へ皇位を譲るためであったと推測されるのである。

文武の即位によって、持統の吉野宮への行幸は、実質的には終焉を迎えたことが、温泉とかかわったことをよく物語っているように思われる。

9 飛鳥京苑池《あすかきょうえんち》

—飛鳥宮にともなう朝廷の苑池—

発掘された飛鳥の大規模な苑池

一九一六年（大正五）、明日香村岡の出水《でみず》から二つの石造物が見つかった。出水の酒船石《さかふねいし》と呼ばれた石造物である。その後、二つの石造物は飛鳥を離れ、京都東山の碧雲荘《へきうんそう》の庭園に移され、今日に至っている。

図 108　飛鳥京苑池地図

一九九九年（平成十一）、出水の酒船石が出土した地を橿原考古学研究所が再発掘したところ、飛鳥時代の大きな苑池《えんち》遺構が見つかった。石造物はこの苑池に設けられたものであった。

見つかった苑池は、南北に長い苑池の中間に設けられた渡堤で仕切られ、北池と南池の二つの池からなっていた（図109）。南池は、東西六五メートル、南北五五メートル、各辺が直線状をなし、五角形の平面

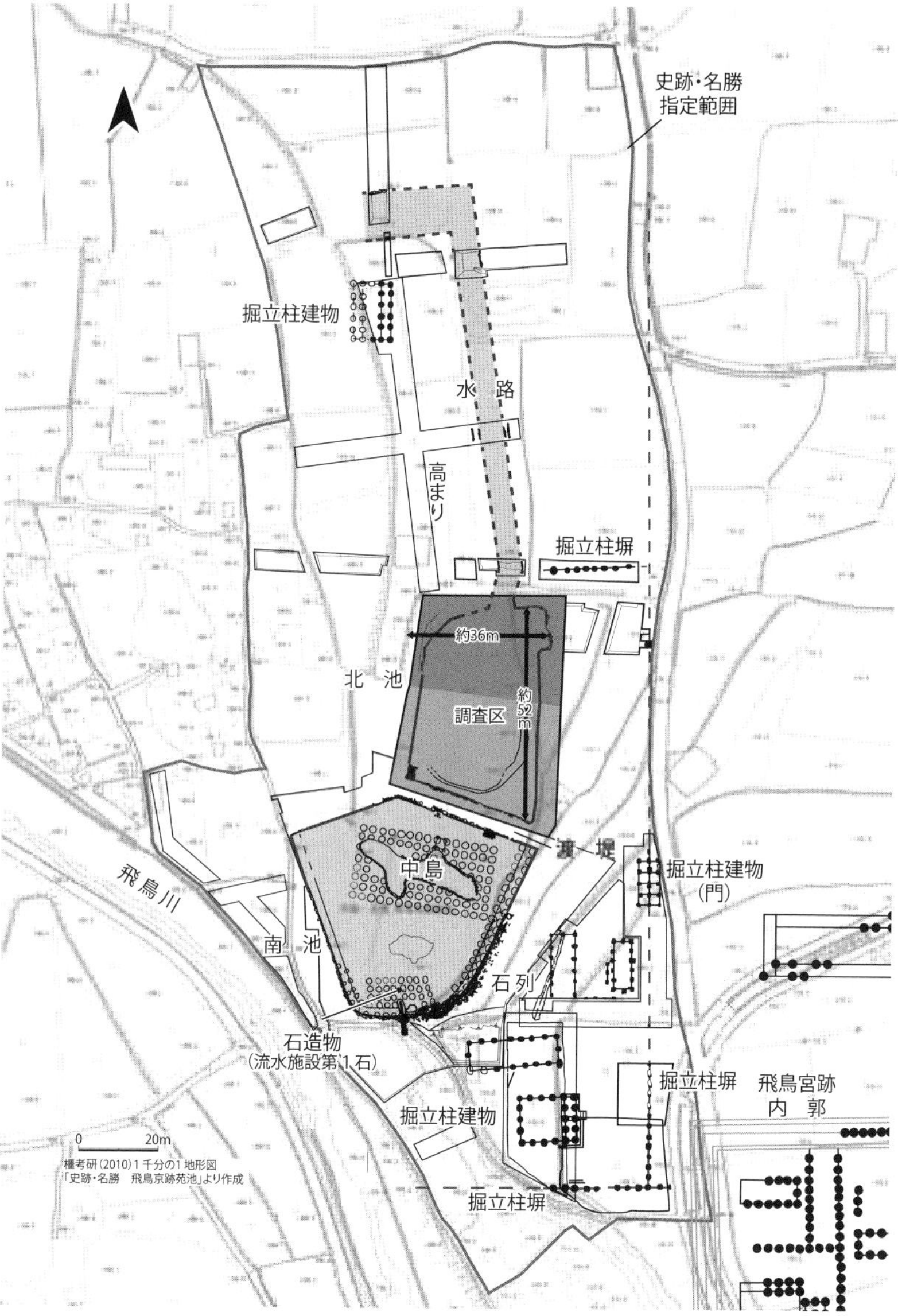

図109 飛鳥京跡苑池の遺構
(奈良県立橿原考古学研究所「飛鳥京跡苑池第12次調査・現地説明会資料」2018年)

をなしている。東岸は高さ三メートル以上、西岸は高さ一・三メートルで著しい高低差がある。北池と同様に池底は石敷きされ、池の中には北半に中島、南半に石積み島、そして南岸に石造物が設けられていた。

中島は東西三二メートル、南北一五メートル、高さ一・二メートルで東西に長く、南と北に張出しがあり、曲線状をなしている。この北張出しの北側の池の中に二本の柱根が残っていた。もとは東側にも二本があったとみなされており、池の中に木製のお立ち台がせりだしていた。柱根は底から三〇センチで色調が異なり、池の水位を示しているので、浅い池で底石がみえるようにしていたことがわかった。その南の石積み島は、中島の三分の一大の小さなもので、屈曲のないものである。

南池の石造物

南池の南端部には、一九一六年（大正五）に見つかった二つの石造物の抜き取った穴が確認され、ここには新たに検出された二つの石造物をふくめ、四つの石造物が置かれていたことが明らかになった。石造物は東側に水を溜める石槽、上部に溝ないし孔があり、水を流す流水用の石造物が三個ある。これらの流水用石造物は南北に一列に並んでおり、一九一六年に見つかった二石が連結し、そこから北へ一・八メートル隔てて新たに見つかった一石が配されていた（図110）。

流水用の石造物の南には、石組みした暗渠《あんきょ》があった。これは石造物に接しており、南から石組暗渠を流れてきた水が石造物の上部を流れて南池へ注ぎこまれていたものとみなされている。

しかし、二つの流水用石造物から、離れた一石まで水を注ぐには、サイフォンの装置が必要であるが、それは未検出である。流水用石造物の東におかれた石槽へ給水する方法も不明である。また、石組暗渠を流れる水の水源は、その南側の遺構が残っていないので、飛鳥川から引いていたのか、あるいは東の飛鳥宮の内郭から流れていたのかは明らかでない。

このように、南池には石組暗渠から石造物によって流水が流れこんでいたことが判明したが、南池の規模からすると、それ以上の水を給水する施設が必要であったと考えられる。これには、石組暗渠の他に給水源が検出されていないので、湧水による給水があったものとみなされている。

南池と北池を区分する渡堤の下には、二ヵ所で二つの池をつなぐ木樋《もくひ》が見つかっている。これらは勾配がほとんどないので、これらによって南池と北池の水位を調整していたものとされている。

図110　飛鳥京苑池の南池（北から）

出土した木簡からみた苑池の性格

一方の北池は、南北に長い長方形をなしている。東辺・南辺・西辺は直線状をなし、北西部が隅丸状、北東部が東に張出している。東西三三～三六メートル、南北五二メートル、深さ四メートルのものである。護岸は自然石を積み、南岸・北岸・東岸は垂直に、西岸・北西岸は階段状に積んでいる。

この北岸から水路が北へ八〇メートルのび、飛鳥川が流れる西へ折れ曲がっていた。この水路からこの苑池の性格を推測させる木簡《もっかん》が出土している。

このような飛鳥京苑池の性格は、北池からあふれた水を排水する水路や二つの池から出土した木簡によって、つぎのように理解されている。

飛鳥京跡苑池からは、南池から一八点、北池から二点、水路から二五二点におよぶ木簡が出土している。これらの木簡には、「丙寅年」(六六六年)、「丙子年」(六七六年)、「戊寅年」(六七八年)、「戊子年」(六八八年)など七世紀後半にあたる斉明《さいめい》・天武《てんむ》・持統《じとう》朝の年紀が記されている。

まず、「嶋官」「干官」、「造酒司」と官司名を記したものがある。「嶋官」は、藤原宮に「薗官」という官司名が知られており、その前身の可能性があり、この苑池の管理にかかわったものとみなされる。南池には石造物と石積、中島という苑池を観賞するための施設が作られていた。その周囲には、モモ、ナシ、ウメ、カキなどの果樹、マツ、チョウセンゴヨウなどの針葉樹が植えられていたことも、池から出土した種子や花粉から知られている。また、ハスの種子も出土している。

中国の都城《とじょう》では、宮城の北方に禁苑《きんえん》が設けられていた。そこには珍しい動物や植物・樹木・石材などが集められていたので、この苑池も中国の禁苑を模したものであったと考えられる。

食料・薬草関連の木簡

また、「干官《かしわでのつかさ》」は、食料に関与した後の膳職、内膳司《うちのかしわでのつかさ》に相当する官司である。年紀はないが、「造酒司解《みきのつかさ》」と記された八世紀初頭の大宝令《たいほうりょう》の施行後の木簡もふくまれているので、苑池は八世紀まで利用されていたことがわかる。

さらに、表に「□病臍下甚寒」、裏に「薬師等薬酒食教豉酒」（病みて臍《へそ》の下、はなはだ寒し。薬師ら薬酒を食せとのる。くきの酒、……）と記されたものがある。腹部の冷えによる病のため、薬師《くすし》が薬酒（くき酒）を飲むようにすすめたものがある。ここには果樹園の他に、薬草を栽培する薬園もあったものとみてよい。

南池からは、「鳥養」と記された木簡も出土している。斉明・天武朝には、百済《くだら》・新羅《しらぎ》・粛慎《みしはせ》などから、オウム・ラクダ・ロバ・ラバ・ヒグマなどがもたらされているので、飛鳥京跡苑池にも珍鳥・珍獣を飼育する施設があった可能性がある。

苑池から出土した木簡には、苑池に関連するもの以外に、米、酒に関連するものがある。これらは宮内官（のちの宮内省）の職掌にかかわるものである。宮内官は天皇の生活を支えることを職掌とした官司である。苑池の東南には隣接して、飛鳥宮の内郭がある。この苑池から近いところに、宮内官に関連する部署がおかれていた可能性が高い。

苑池の立地と『日本書紀』の記事

苑池の東南部は、現地に立ったらわかるように、池底から高さ五メートルほどの台地が苑池に向かって張り出している。そこには掘立柱《ほつたてばしら》建物が建てられており、苑池を見おろしたものと推測される。ここからの眺望では、苑池の背後に甘樫丘《あまかしのおか》が借景となっていた。

一方、南池の西岸付近から苑池を望むと、右手に水が流れこむ石造物群があり、その左手に松を植栽した中島、正面には高さ三メートル以上の石垣が見え、その背後に岡寺山が見えただろう。

『日本書紀《にほんしょき》』天武十四年（六八五）十一月六日条に、天武が「白錦後苑に幸す」という記事がある。飛鳥京跡苑池は飛鳥宮の北にあたり、北は後方にあたるので、「白錦《しろにしきのみ》後苑池《そのいけ》」を飛鳥京跡苑池に想定する考えがだされている。しかし、天武が飛鳥宮に隣接する苑池を訪れるのに、「幸《みゆき》す」という表現は相応しくないだろう。これまで藤原京左京七条一坊西坪から、「白錦殿作司□」と記された八世紀初頭の木簡が出土しており、建物の改修に関連する木簡も出土している。「白錦後苑」は、飛鳥宮からは少し隔てた別の地に設けられていた苑池を想定すべきだろう。

また、持統五年（六九一）三月五日条には、持統が公私の馬を御苑《みその》で観閲したことが記されている。この「御苑」こそ飛鳥京跡苑池とみなしてふさわしいものと思われる。

この飛鳥京跡苑池は、明日香村によって、ごく近い将来に苑池の再現が計画されている。

10 酒船石遺跡《さかふねいしいせき》

――亀形石造物による古代の祭祀――

酒船石遺跡の亀形石造物

二〇〇〇年（平成十二）二月、飛鳥寺の東南五〇〇㍍、飛鳥宮跡の東北三〇〇㍍のところの酒船石遺《さかふねいし》跡（明日香村岡）で亀形石造物《かめがたせきぞうぶつ》が見つかった。

見つかった場所は、これまで飛鳥の謎の石造物の一つとして著名な酒船石のある丘陵の北裾にあたるところである。この酒船石遺跡の亀形石造物は、その南に配した隅丸長方形の石槽と一体をなして置かれていた。これらは、南の丘陵裾から流れだす湧水施設によって導かれた水が、まず長方形の石槽に注ぎこまれ、そのオーバーフローした水が円形の石槽に扁平な手足をつけた亀形石造物に流れこみ、その北端にえぐった孔から北へ流れだすという構造のものであった。つまり、丘陵からの湧水が長方形石槽の受水槽に注がれ、ついで亀形石造物の貯水槽に流れこむというものである。

この亀形石造物の周囲には、人頭大の石が平坦に敷きつめられ、少し離れたところの東側は、石を貼って階段状をなして登る石垣をなしていた。また、西側も垂直に低く石を積み、段をなしている。石造物と石槽は、南は丘陵の裾、東は階段状の石垣にかこまれ、西も南側の丘陵がわずかながら西北

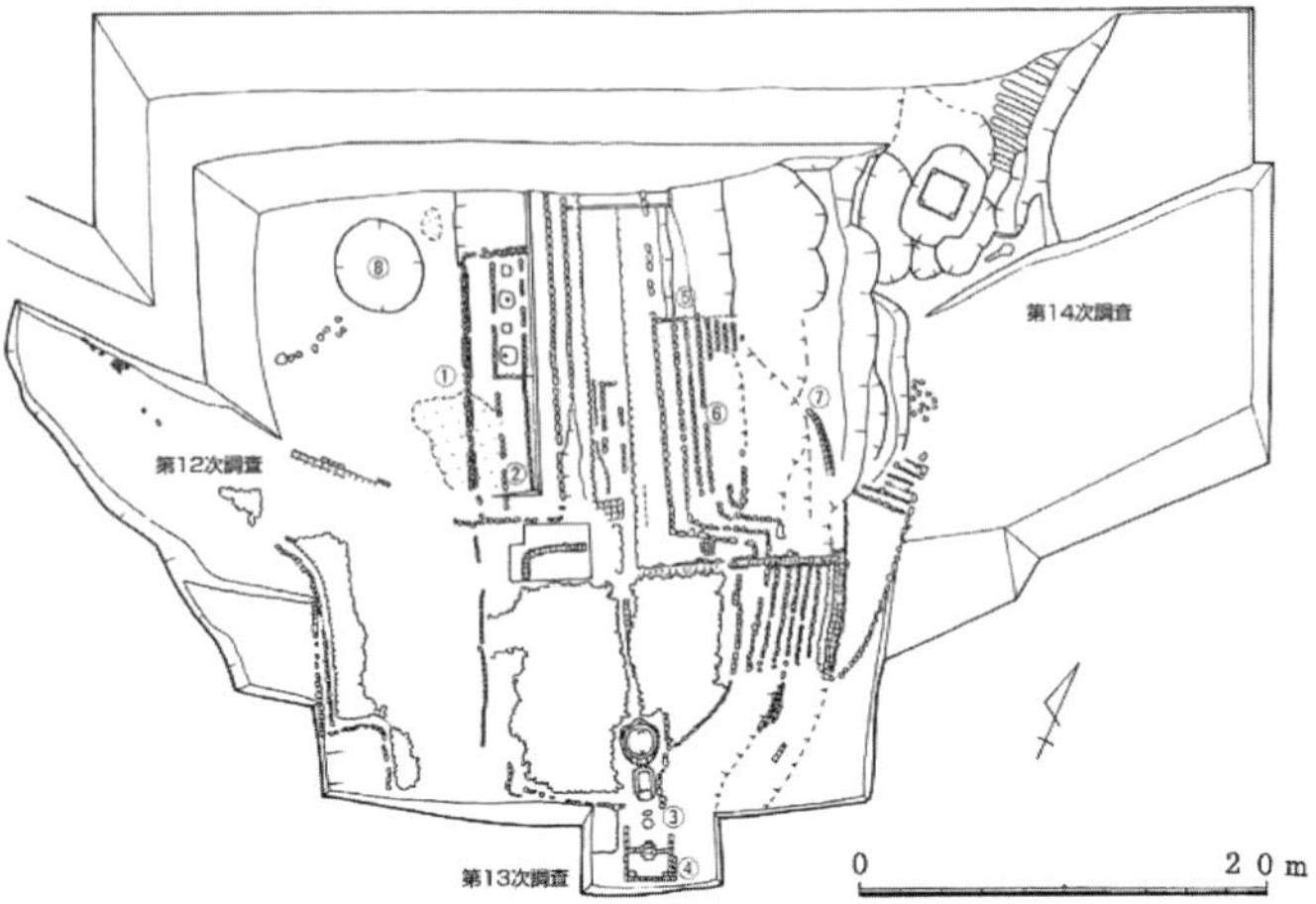

図111　酒船石遺跡の遺構
（「酒船石遺跡第14次調査」『明日香村の文化財』3、明日香村教育委員会、2000年）

に張りだすので、周囲から少し奥まったところに設けられていた。このような周囲の地形からみて、これらの亀形石造物と長方形石槽は、ここで水にかかわる祭祀がおこなわれたものとみなされている。しかし、これまでの報告や遺跡の案内書・解説書では、どのような祭祀がおこなわれたのか、祭祀への具体的なことは言及されていないようである。

これらの亀形石造物に関連する第一四次調査（二〇〇〇年）では、西側に南北方向をなす掘立柱《ほったてばしら》列による板塀が検出されている。これも亀形石造物を考えるうえで重視すべき遺構である（図111）。

これらの亀形石造物と長方形の石槽は、七世紀中ごろの斉明期に設けられたⅠ期、斉明から天武期に利用されたⅡ期、さらに九世紀まで使用されたものと推測されている（図112・113）。

亀形石造物と長方形石槽は、周辺の調査がおこなわれた後、史跡整備されており、見学できるようになっている。また実物大のレプリカの亀形石造物が飛鳥資料館に展示されている。

古墳時代の導水施設との類似

さて、この亀形石造物は、近年に古墳時代の集落から見つかっている導水施設とよく類似していることが注目された。この古墳時代の導水施設は、奈良県南郷大東《なんごうおおひがし》遺跡、纒向《まきむく》遺跡、滋賀県服部《はっとり》遺跡、大阪府西ノ辻《にしのつじ》遺跡などから見つかっているものである。その一つの御所市南郷大東遺跡で見つかった導水施設は、葛城山《かつらぎさん》の東裾に営まれた古墳時代の集落遺跡から検出されたものである。丘陵地の少し高い

図112　発掘された酒船石遺跡（明日香村教育委員会提供）

図113　亀形石造物（明日香村教育委員会提供）

西側に石を貼った貯水池があり、そこから木樋《もくひ》によって導かれた水が、大きな厚い板材に導かれている。この板材には、長方形の木槽と狭い溝が彫られ、受水槽と溢れでる水を流す溝を設けた木製装置が置かれている。その周囲には生垣状のものが矩形に廻っていたと報告されており、五世紀前半のものである。守山市服部遺跡のものも、水路から流れる水が木材に彫られた木槽に流れこみ、オーバーフローした水が狭く彫った溝によって流れ出る四世紀の木製装置で、同様のものであった。

しかも、この導水施設を象ったとみなされる小型の導水型土製品が、兵庫県加古川市の行者塚《ぎようじやづか》古墳、三重県松阪市の宝塚《たからづか》一号墳、大阪府八尾市の心合寺山《しおんじやま》古墳などの古墳から出土している。これらのミニチュアの導水型土製品は、受水槽、あるいは受水槽と貯水槽を表現したもので、古墳では囲形埴輪《かこいがたはにわ》の中に配された家形《いえがた》埴輪とともに出土している。

古墳時代の導水施設や導水型土製品は、いずれも水にかかわる祭祀にともなったものと考えられており、亀形石造物の石槽と同様の性格のものと推測される。

そこで、これらの導水施設や導水型土製品をともなった祭祀、古代飛鳥でおこなわれた水の祭祀とは、どのようなものだったのか、いま少し考えてみることにしたい。

水の祭祀の実態

ここでは、二つの点から考えてみることにする。

一つは、古墳時代の南郷大東遺跡で見つかった導水遺構は、重要な農耕祭祀がおこなわれたとされている。しかし、見つかったのは丘陵地であり、はたして農耕祭祀にふさわしい場とみなしうるかは、なお検討の余地があるだろう。一方の飛鳥の亀形石造物と長方形石槽は、飛鳥宮跡の宮殿に近いところにあり、まさに中央の朝廷に隣接して設けられていることが重視される。

二つには、飛鳥宮跡では、内郭の東北隅に大きな井戸が設けられており、その周囲に石敷きされている。亀形石造物による水にかかわる祭祀を想定する際には、この井戸による祭祀とは異なるものであったと推測される。

ところで、古代の水にかかわる祭祀には、祈年祭《としごいのまつり》など稲作農耕と深くかかわる多くの農耕祭祀がある。これは共同体でも、朝廷でもおこなわれている。しかし、飛鳥の亀形石造物と長方形石槽による祭祀の場合は、飛鳥宮の朝廷のすぐ東に設けられた閉鎖的な空間でおこなわれているので、農耕祭祀以外のものを想定すべきだろう。

そこで、古代の水に関連する祭祀には、「記紀」や『延喜式《えんぎしき》』などをみると、祓いにかかわることがある。古代人は、六月と十二月に、定期的に大祓《おおはらえ》をおこなっており、祓いの祭祀がしばしば重視されていた。この祓にかかわるものに禊《みそぎ》がある。古代人は、たとえば身近な親族や親しい人の死によって心身が穢《けが》れた際には、手・口・腕・足など身体の部分的な浄化はもとより、全身的な沐浴《もくよく》するなど、禊がしばしばおこなわれていた。これによって、心身を浄化させ、再生・復活させたのである。

飛鳥宮の禊の場

古代の宮殿の朝庭（広場）でも、挙行される神聖な儀式、あるいは厳かな神事では、それ以前に祓や禊をおこなうことがしばしば求められたことが容易に想定される。

このような禊には、飛鳥のような都では、飛鳥川の流れで禊をおこなうことは困難だったと想定される。そのため神聖な祭祀に先だって、飛鳥宮の官人たちは、しばしば亀形石造物と石槽によって、禊をしたものと想定される。亀形石造物と長方形石槽は、飛鳥宮の宮廷人による神聖な禊の場として設けられた重要な祭祀の場であったとみなされるのである。

ここは、周囲から隔たった閉ざされた空間をなし、しかも掘立柱列の板塀が見つかっているので、西側に出入り口があったものと想定される。宮廷人は、この空間で身体の一部に浄水を注ぎ、あるいは全身に浄水を浴びることによって心身を浄化させたものと推測される。ここでは、個人的な禊はもとより、集団的な禊もおこなわれたことは、この亀形石造物をめぐる四周の広さによって推し測ることができるように思われる。

このように推測すると、遡る古墳時代に置かれた囲形埴輪や家形埴輪とともにおかれた導水型土製品も、亡くなった首長が神仙界あるいは黄泉国《よみのくに》で、禊によって心身を浄化することを想定し、供献されたものと推測されるのである。

この導水型土製品は、中国の神仙思想《しんせんしそう》によって墓室に副葬された明器《めいき》にはみられない器物である。これは、日本の古代人によって特に重視されたイデオロギーと祭祀にかかわる副葬品であったとみなされる。そして、酒船石遺跡の亀形石造物は、それが古墳時代から飛鳥時代でも継続していることを示すものである。これは、日本では各地で清浄な湧水や小河川が流れるという自然環境のもとに形成された、きわめて日本的な古代祭祀だったと理解されるのである。

11 飛鳥池遺跡《あすかいけいせき》

——富本銭・金属製品を鋳造した官営工房跡——

飛鳥池遺跡の発掘

飛鳥の中心部に建てられた飛鳥《あすか》寺《でら》の東南には、南北に通る道の東に沿うように低い山がのびている。この山の影にあたる東側に多くの富《ふ》本銭《ほんせん》などが出土した飛鳥《あすか》池《いけ》遺跡がある。ここは、二〇〇〇年（平成十二）に亀形石造物《かめがたせきぞうぶつ》が見つかった地から少し北にあたるところである。

飛鳥池遺跡は、東南と西南からのびる二つの谷が一つとなって北にのびており、全体として人字形の地形をなしている。以前ここにあった飛鳥池の跡地に、奈良県が万葉文化館を建設する計画をたてたのに先だって一九九一〜九三年（平成三〜五）に大規模に発掘された。見つかった遺構は、七世紀後半のもので、遺跡のほぼ中間に東西方向に大きな柱穴が並ぶ板塀があり、北地区と南地区とに区分されていた（図114・115・116）。

北地区出土の多数の木簡

遺跡の北地区からは、西北部で石敷の井戸、桁行《けたゆき》六間、梁行《はりゆき》二間の南北棟の掘立柱《ほったてばしら》建物、その東で同規模の東西棟建物と小規模な建物二棟、大きな石組方形池などが見つかっている。この方形池の南にも掘立柱建物が二棟あり、その一棟が廃棄された跡に設けられた大きな土坑と方形池へ流れる南北溝SD〇一、その西を北流する南北溝SD〇五などから、合わせて七〇〇〇点を超える多くの木簡《もっかん》が出土した。

これらの木簡をみると、天武朝には地名の「里」の記載はいずれも「五十戸」と記されていたこと、

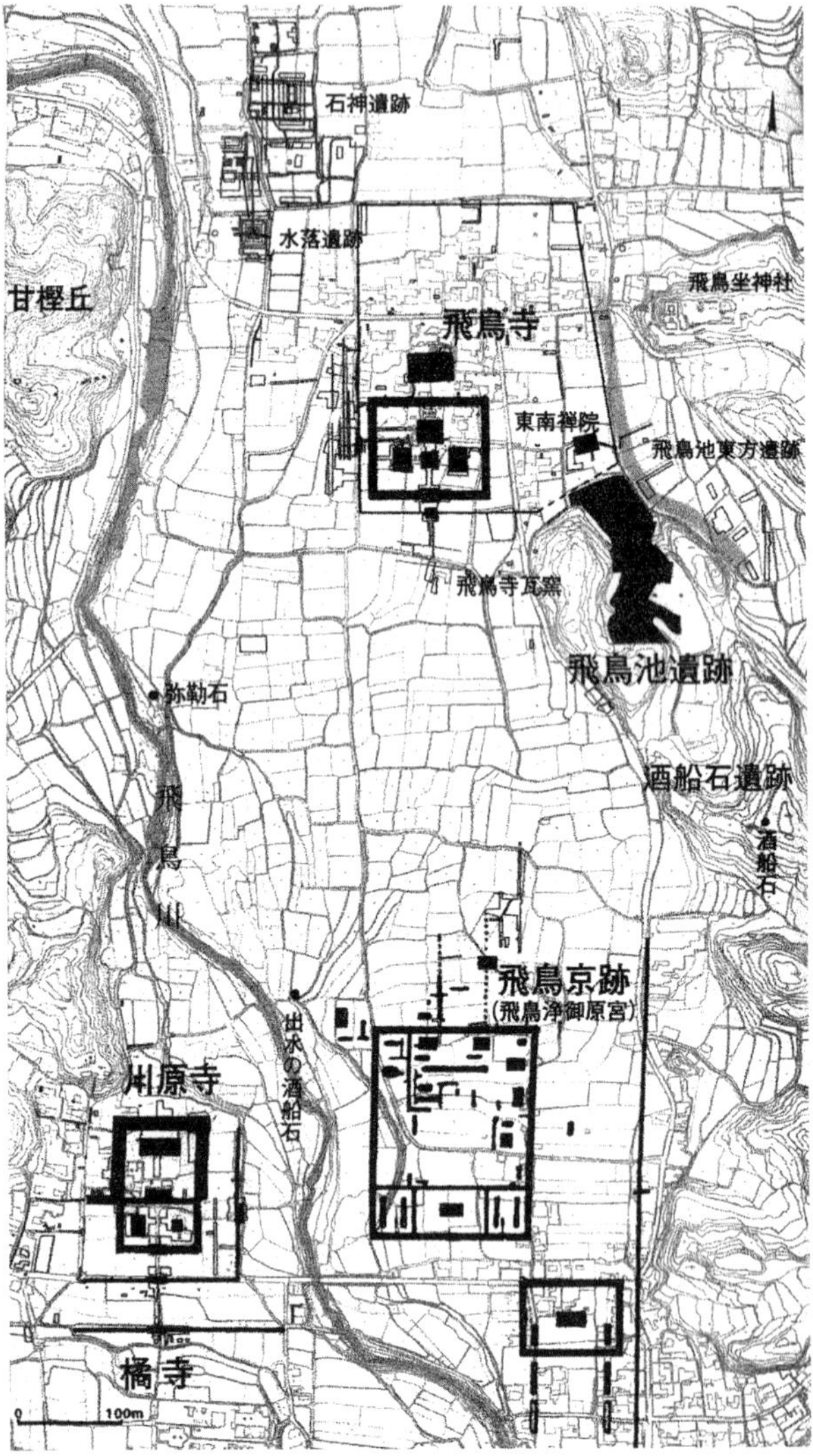

図114　飛鳥池遺跡と飛鳥寺周辺の遺跡
（奈良文化財研究所「眠りからさめた飛鳥池工房」1999年）

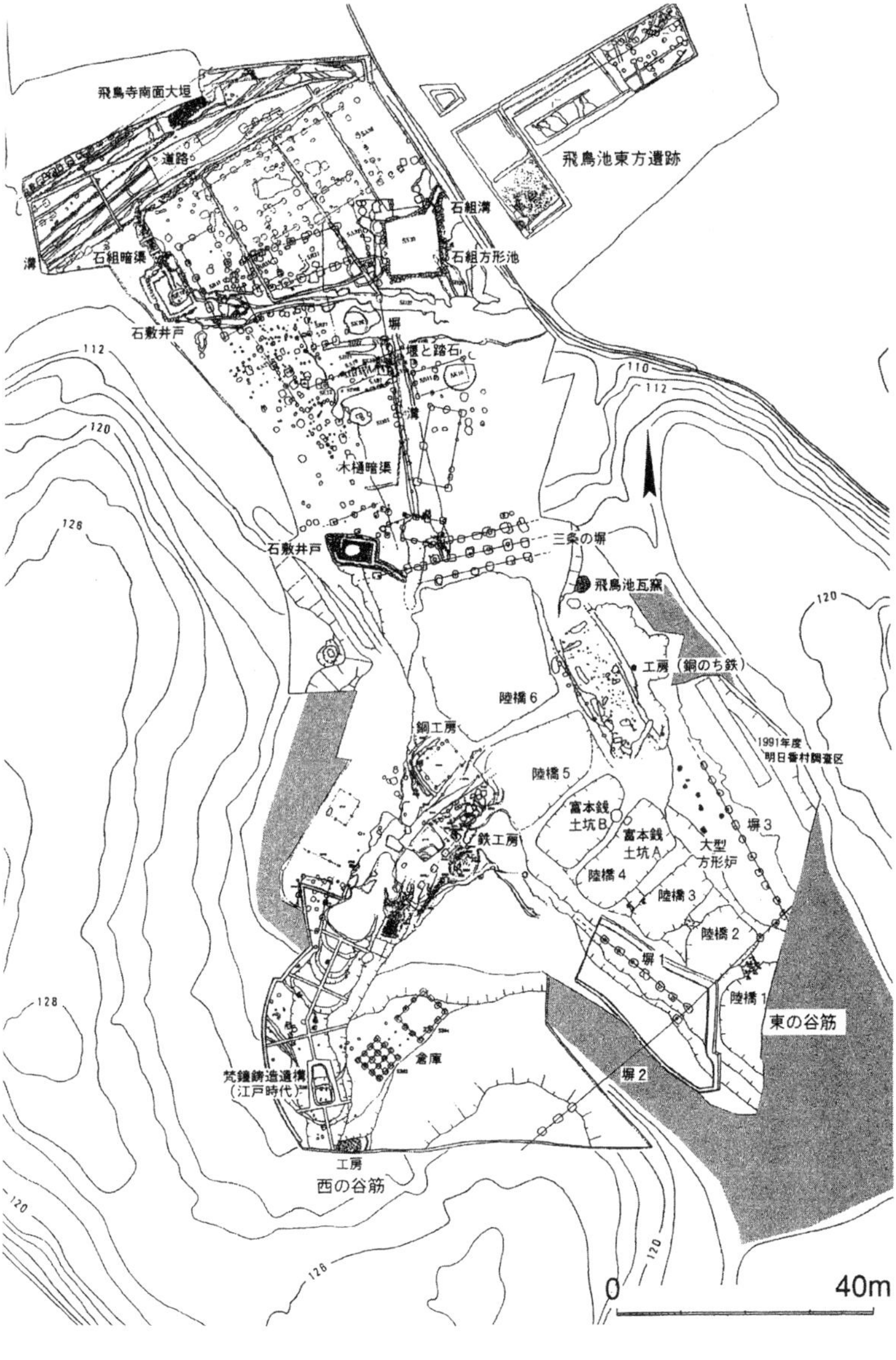

図115　飛鳥池遺跡の遺構
（花谷浩「飛鳥池遺跡の調査成果」『飛鳥池遺跡』ケイ・アイ・メディア、2000年）

図116　飛鳥池遺跡の遺構（奈良文化財研究所提供）

「万病膏」、「飛鳥寺」、「□多心経」、「天皇」、「湯沐《ゆすき》」と記す木簡などがあり、飛鳥寺に設けられた東南禅院と関連するものと、宮廷に関連する内容のものが記されていた。

南地区の大規模工房跡

一方の南地区は、西の谷と東の谷いずれも規模の大きな工房が見つかった。これらのうち、西の工房の上層は藤原宮の時代に銅製品やガラス製品を作る工房、下層からは七世紀中ごろの石敷遺構や井戸、石組溝、その間の中層から掘立柱建物が八棟、板塀、炉跡が一〇基以上も検出されている。そして、この中層には炉跡があり、ここで出土した坩堝《るつぼ》、蓋、とりべ、鞴《ふいご》、鞴の羽口《はぐち》、鋳型などによって、銅製品や鉄製品が作られていた。金属製品を製作するには、大きさや形の見本が必要になる。それを示す木で作った見本の様《ためし》とみてよい木製品も多く出土した。また、ガラス製品を作る坩堝（図117）、蓋、小玉を作る鋳型も出土している。

また、東の工房では、富本銭土坑A、富本銭土坑Bと呼ばれた土坑から多数の富本銭が出土した。この富本銭は、中央に方形の穴があり、上下に「富本」の文字、左右に星を示す七点を描く銅銭である。破片をふくむと一〇〇点を超えている。そのいくつかには、鋳型から取り出された複数の富本銭がつながったもの、鋳造したときの銅がはみだした鋳張《いばり》がついている（図118）。

ここでは鋳造するための鞴の羽口、坩堝、銅滴などが見つかっており、富本銭がここで鋳造されていたことが判明した。そして、径五〇チセンほど、深さ四〇チセンほどの大きさの多くの炉跡がその周辺から重なりあって見つかっている。

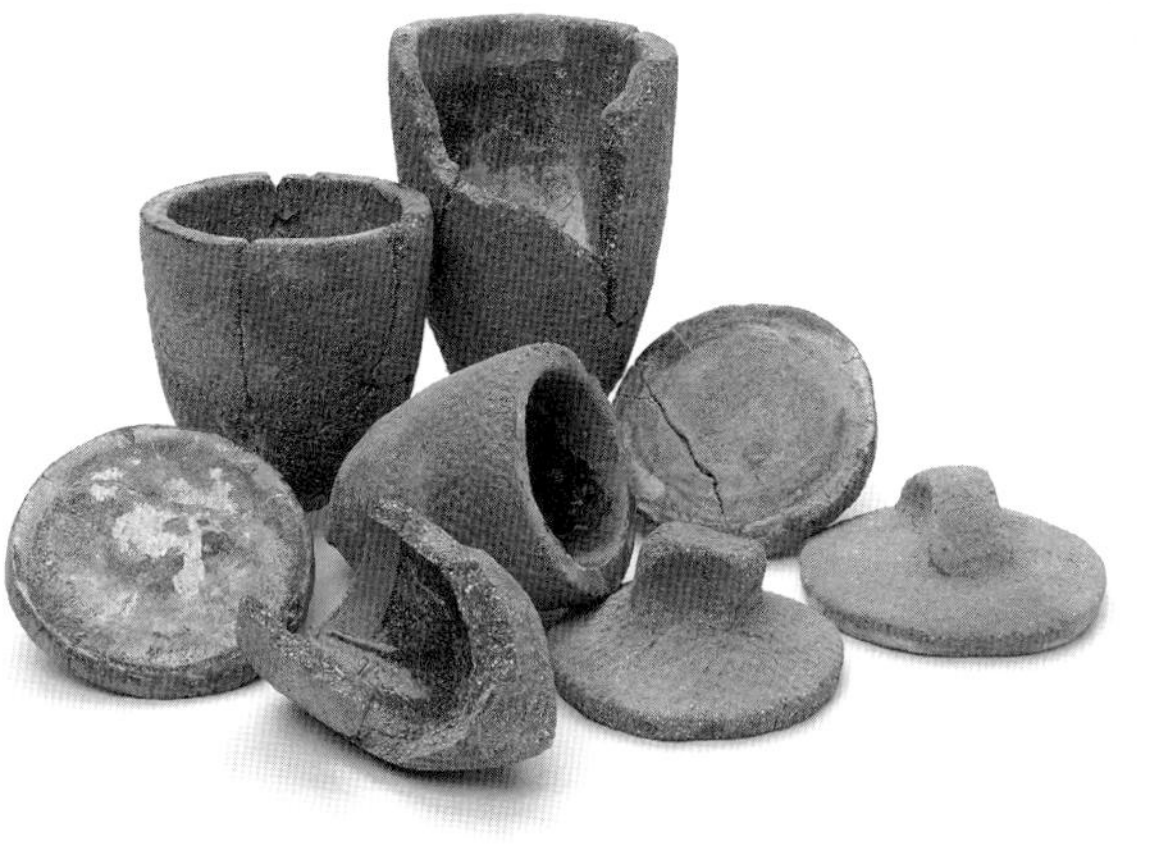

図117　飛鳥池遺跡出土ガラス製作用の坩堝（奈良文化財研究所提供）

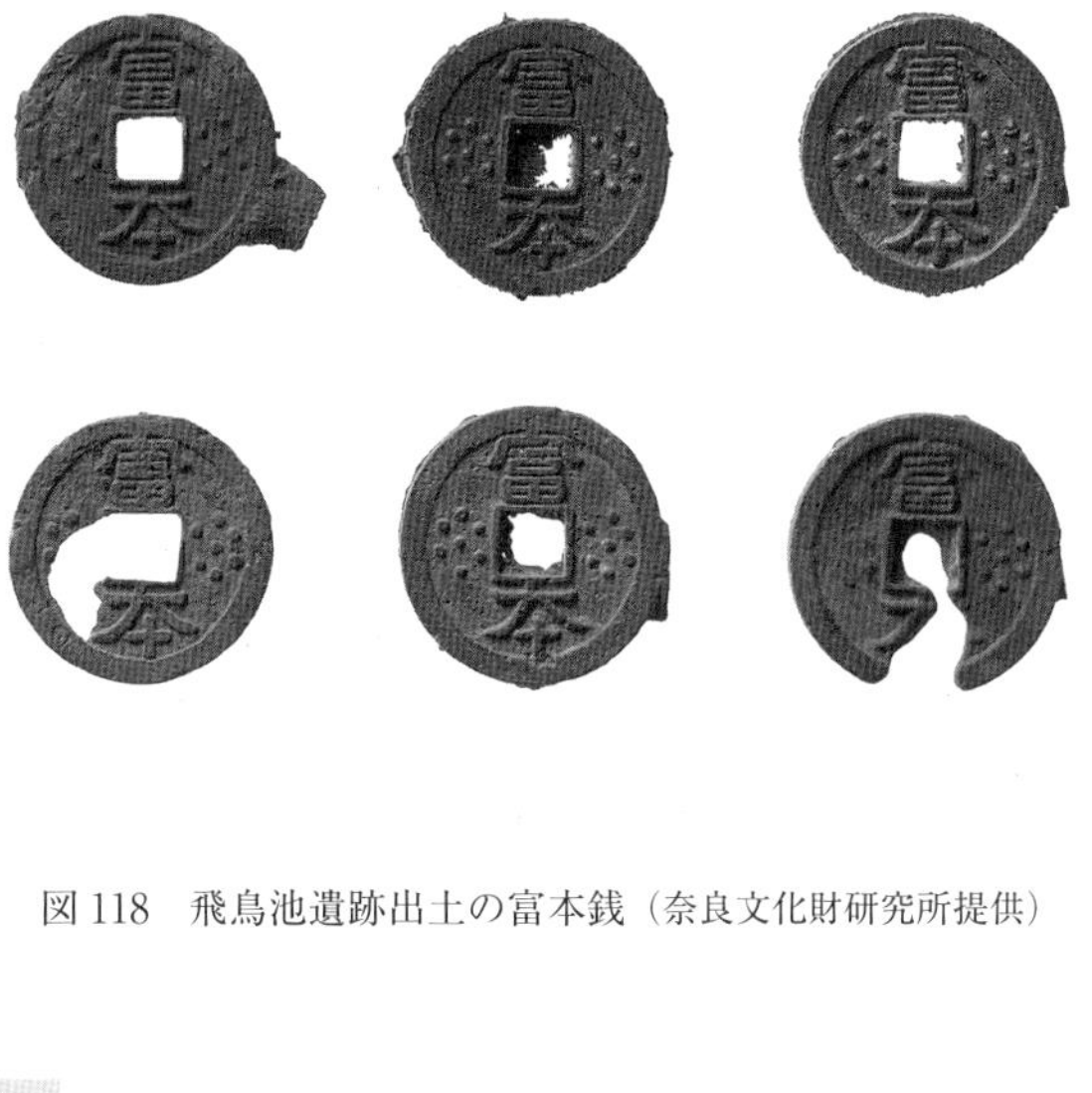

図118　飛鳥池遺跡出土の富本銭（奈良文化財研究所提供）

工房の性格をどう考えるか

このように、飛鳥池遺跡では、南側の西の谷には大規模な工房が設けられ、製作された金属製品やガラス製品、漆《うるし》製品や漆を入れた須恵器《すえき》の容器なども出土した。また東の谷では、天武《てんむ》朝に作られた最古の銅銭である富本銭の貨幣が大量に鋳造されており、ここに朝廷による官営工房があったものとされている。また、北地区では多数の木簡が出土し、それらからみると飛鳥寺もしくは東南禅院とつながりをもつ施設があったものと報告されている。

ところが、二〇〇一年（平成十三）、古代史研究者の吉川真司氏によって、この南地区の朝廷の官営工房とするものも、北の飛鳥寺に所属する造飛鳥寺官とも呼ぶべき組織に属する工房と理解する異論がだされた。

吉川氏によれば、飛鳥池遺跡は、木簡が出土した北地区では寺院関係の資財に対する出納に関連するものが特に多いので、調査関係者が考えるように、飛鳥寺の組織があったとした。しかし、南地区は、富本銭が鋳造されていることを重視して官営工房とみなしているが、南地区も造飛鳥寺官ともいうべきものの寺院工房とされ、富本銭が出土する層は、鋳銭司ができる以前なので、造飛鳥寺官の寺院工房が朝廷から委託を受けて鋳造したものと理解されるとした（吉川二〇〇一）。

このように、発掘関係者が北地区と南地区の遺構に対し、それぞれ別の性格の機関・施設を想定したのに対し、南地区も造飛鳥寺官に属する寺院工房とする考えが提示されている。

富本銭の性格

飛鳥池遺跡で出土して注目された富本銭は、これまで平城京右京八条一坊十四坪の奈良時代の井戸、藤原京右京一条二坊の道路側溝、桜井市大福《だいふく》遺跡で見つかった藤原京の道路側溝などから出土していた。しかも、古くから富本銭は、通貨として流通したものではなく、まじないや護符として使われる厭勝《えんしょう》銭《せん》と考えられてきている。

しかし、飛鳥池遺跡の調査関係者は、出土したのは一〇〇枚ほどであるが、溶銅残滓《ざんし》の量から約一万枚の鋳造量とみなし、工房全体ではそれ以上におよぶとする。そして、そのような鋳造量からすると、富本銭は厭勝銭として鋳造したものではなく、天武のときに通貨として鋳造された最古の貨幣であるとしている。

また、この発掘調査にかかわったことがある古代史研究者の寺崎保広氏は、北地区は出土した木簡からみて、飛鳥寺の東南院との関連が強い組織としている。しかし、南地区の工房とは板塀によって明確に区分されているので別の機関・組織に属するものとみなすべきであるとした。そして、一万枚を超えるとする富本銭の鋳造枚数の試算に対し、それよりも少ない鋳造量とする批判に対し、飛鳥池遺跡では、炭層の各層から溶銅銭が出土していることからみて、それ以上の鋳造量を想定し、貨幣として造られたとした。また、吉川氏が官営工房ではないとみなす見解に対し、発掘した層から富本銭の鋳造開始の年代を厳密に決めるのは難しいとし、南地区の工房では、人形《ひとがた》の銅製品など飛鳥寺にかかわらない多様な銅製品が作られていることも、飛鳥池遺跡が朝廷の官営工房の性格を示しているとしている。

南地区工房の性格の位置づけ

さらに寺崎氏は、これまで見つかっている官営の寺である川原寺《かわらでら》の北限付近で検出されている寺院工房跡は、飛鳥池遺跡の工房からみると、比較にならないほど小規模なもので、飛鳥池遺跡の工房は規模からみて造飛鳥寺官に属するものとは想定できないとした。

そして、この時期の朝廷（官）による寺院造営では、必要な物品の主要部分は飛鳥池工房で一括して製作し、本薬師寺《もとやくしじ》などの官寺の造寺機関に供給し、それ以外の小規模な製品や創建後の営繕に関連して必要としたものは各寺院の工房で製作するような分担がなされていたとし、南地区を造飛鳥寺官に属する工房説に反論している（寺崎二〇〇六）。

さて、南地区の西の工房では、人形、鋲、釘などが出土し、木製の見本のひな型（様《ためし》）として鏃、鎌、刀子、釘、錠などを通すための釘、座金《ざがね》などが製作され、また多くのガラス小玉が作られている。出土した一〇〇点ほどの木簡には、製品に工人名をつけて出荷したもの、「大伯《おおく》皇子宮物」と供給先を記すものもあり、やはり朝廷に属する官営工房での製作を想定する方が妥当と思われる。

このように飛鳥池遺跡は、七世紀後半に金属製品やガラス製品を製作した工房の実態を示す重要な遺跡であり、工房の性格に対し、重要な研究課題が提起され、保存の要望がだされていたにもかかわらず、遺構は一部を残すのみで、大半は破壊されたのは惜しまれることであった。

あとがき

奈良県は大和政権が出現した地であり、その後も飛鳥・奈良時代まで古代国家の政治・経済・文化の中心地だった。

それだけに、奈良県の各地には大型古墳はもとより宮殿・都城《とじょう》跡、古代寺院跡など、多くのよく知られた古代遺跡が残っている。

二〇〇七年（平成十九）、奈良市の奈良歴史遺産市民ネットワーク（当初は奈良世界遺産市民ネットワーク）から、歴史講座の講師として招かれ、当初は二ヵ月に一回、二年後から毎月、奈良県の古代遺跡を対象に取り上げて講ずることになった。この歴史講座では、古代遺跡のこれまでの研究成果を紹介し、それに著者の新たな考えを加え、できるだけ平易に述べるようにした。

その後、この歴史講座で述べたことを、浜田博生《はまだひろお》氏の仲介によって、二〇一一年（平成二十三）八月十四日から、地元の『奈良民報』に隔週で連載することになった。この連載では、古代大和の古代遺跡を取り上げながら、新見解を述べるという意味をふくめ、「古代大和の新世界を歩く」と題している。ただし、本書への収録に際して、挿図は全面的に変更した。

取り上げた奈良県の古代遺跡は、古墳時代から平城宮・京が営まれた奈良時代のものである。その大半は著者が奈良国立文化財研究所（奈文研）に勤務した一九六六年（昭和四十一）から一九七八年（昭和五十三）までの十三年間に、踏査した際に収集した古代遺跡の資料をもとにしている。

著者が居住する大津市は、奈良市とはJRと近鉄電車で一・五時間へだてるにすぎない。ここは六六七年（天智六）、天智天皇が飛鳥から近江大津宮に遷都した地である。それだけに、本書に記した内容は古代大和と古代近江という二つの地の視点から見たものである。そして、一九八一年（昭和五十六）夏、古代史研究者の岸俊男氏を団長とする中国訪中団を編成し、中国の北京・西安・洛陽・鄭州の都城遺跡を十三日にわたって踏査したのを契機に、さらに中国各地の古墳・都城遺跡などと博物館を数十回にわたって訪れた経験を踏まえ、東アジアの視点を加えて記したものである。

本書の原稿を執筆する機会を与えていただいた奈良歴史遺産市民ネットワークの浜田博生氏と歴史講座を担当する小宮みち江氏に心から感謝したい。

二〇一九年五月

小笠原好彦

引用・参考文献

石母田正「古代貴族の英雄時代」(『論集史学』三省堂　一九四八年)。後に『石母田正著作集』第一〇巻　岩波書店　一九八九年に所収
井上光貞「帝紀からみた葛城氏」(『古事記大成』四　平凡社　一九五六年)。後に『日本の古代国家の研究』(岩波書店　一九六五年)に所収
末永雅雄『古墳の航空大観』学生社　一九七五年
飛鳥資料館『飛鳥時代の古墳』一九七九年
岸俊男『日本の古代宮都』NHK大学講座　日本放送出版協会　一九八一年
岸俊男『古代宮都の探究』塙書房　一九八四年
門脇禎二『葛城と古代国家―河内王朝論批判―』教育社　一九八四年
岸俊男「皇子たちの宮」(『古代宮都の探究』塙書房　一九八四年)
王士倫『浙江出土銅鏡』文物出版社　一九八七年
岸俊男『古代史からみた万葉歌』学生社　一九九一年
木下正史『飛鳥・藤原の都を掘る』吉川弘文館　一九九三年
猪熊兼勝『飛鳥の古墳を語る』吉川弘文館　一九九四年
菱田哲郎「瓦当文様の創出と七世紀の仏教政策」(荒木敏夫編『古代王権と交流5　ヤマト王権と交流の諸相』名著出

版　一九九四年）
奈良県立橿原考古学研究所編『島の山古墳調査概報―大和の前期古墳―』学生社　一九九七年
白石太一郎『古墳と古墳群の研究』塙書房　二〇〇〇年
花谷浩「飛鳥池遺跡の調査成果」（『飛鳥池遺跡』ケイ・アイ・メディア　二〇〇〇年）
吉川真司「飛鳥池木簡の再検討」（『木簡研究』二三　二〇〇一年）
泉森皎編『大和の古墳』Ⅰ　近畿日本鉄道株式会社　二〇〇三年
河上邦彦『大和の終末期古墳』橿原考古学研究所附属博物館　二〇〇四年
奈良県広陵町教育委員会『巣山古墳調査概報』学生社　二〇〇五年
河上邦彦編『大和の古墳』Ⅱ　近畿日本鉄道株式会社　二〇〇六年
寺崎保広「飛鳥池遺跡とその木簡」（『古代日本の都城と木簡』吉川弘文館　二〇〇六年）
重見泰「石神遺跡の再検討―中大兄皇子と小墾田宮―」（『考古学雑誌』第九一巻第一号　二〇〇七年）
中尾芳治・佐藤興治・小笠原好彦『古代日本と朝鮮の都城』ミネルヴァ書房　二〇〇七年
今尾文昭「飛鳥・藤原の墳墓」（木下正史・佐藤信編『古代の都1　飛鳥から藤原京へ』吉川弘文館　二〇一〇年）
林部均「発掘された飛鳥の諸宮」（木下正史・佐藤信編『古代の都1　飛鳥から藤原京へ』吉川弘文館　二〇一〇年）
市大樹『飛鳥の木簡―古代史の新たな解明』中央公論新社　二〇一二年
小笠原好彦『日本の古代宮都と文物』吉川弘文館　二〇一五年
小笠原好彦『古代豪族葛城氏と大古墳』吉川弘文館　二〇一七年

著者略歴

一九四一年　青森市に生まれる
一九六六年　東北大学大学院文学研究科修士課程修了
奈良国立文化財研究所主任研究官、滋賀大学教授、明治大学大学院特任教授を経て
現在　滋賀大学名誉教授・博士（文学）

〔主要著書〕
『日本古代寺院造営氏族の研究』（東京堂出版、二〇〇五年）
『大仏造立の都　紫香楽宮』（新泉社、二〇〇五年）
『聖武天皇が造った都』（歴史文化ライブラリー、吉川弘文館、二〇一二年）
『古代豪族葛城氏と大古墳』（吉川弘文館、二〇一七年）

検証　奈良の古代遺跡
古墳・王宮の謎をさぐる

二〇一九年（令和元）八月一日　第一刷発行

著　者　小《お》笠《がさ》原《わら》好《よし》彦《ひこ》
発行者　吉川道郎
発行所　株式会社　吉川弘文館
郵便番号一一三―〇〇三三
東京都文京区本郷七丁目二番八号
電話〇三―三八一三―九一五一〈代〉
振替口座〇〇一〇〇―五―二四四
http://www.yoshikawa-k.co.jp/

組版＝文選工房
印刷＝藤原印刷株式会社
製本＝ナショナル製本協同組合
装幀＝右澤康之

ISBN978-4-642-08356-0

飛　鳥　その古代史と風土（読みなおす日本史）

門脇禎二著　　四六判・三〇八頁／二五〇〇円

甘樫岡に立つと飛鳥の展望は美しい…。蘇我氏、飛鳥寺、飛鳥板蓋宮、石舞台、亀石、大海人皇子、律令制、文化財保存など多彩なテーマを、緻密な文献考証と発掘成果をもとに描き出す名著。飛鳥を訪ねる人々の座右の書。

飛鳥の宮と藤原京　よみがえる古代王宮（歴史文化ライブラリー）

林部　均著　　四六判・二七二頁／一八〇〇円

大化改新や壬申の乱などの舞台、飛鳥にはどのような王宮や施設が造られていたのか。斉明天皇による荘厳な空間整備、天武天皇の大極殿など、新しい国づくりの過程で飛鳥がどう都市化され、藤原京に展開するのかを描く。

飛鳥寺と法隆寺

（直木孝次郎　古代を語る）　　四六判・三〇四頁／二六〇〇円

古墳から寺院へ、氏族仏教から国家仏教への転換を背景に、飛鳥・白鳳の文化が栄える。仏たちに古代の夢をはせながら、読者を飛鳥・斑鳩の古寺巡礼に誘う。高松塚やキトラ古墳の被葬者を推理し、終末期古墳を考える。

歴史の旅 古代大和を歩く

和田 萃著　　A5判・二四八頁・原色口絵四頁／二八〇〇円

古代より歌に詠まれてきた〝国のまほろば〟大和の魅力を紹介。豊富な写真と味わい深い文章で、ヤマトタケル、三輪山の神など、記・紀の伝承や土地の歴史を描き出す。美しい景色への愛着が注がれた、奈良の歩き方ガイド。

古墳（歴史文化ライブラリー）

土生田純之著　　四六判・二三四頁／一七〇〇円

古代人はなぜ全長二〇〇メートルを超える巨大な墳墓を構築したのか。その構造や葬送儀礼から古墳をつくった集団を探り、在地社会の政治構造を検討。渡来人との関わりや国家形成など、古墳築造の背景を社会的観点から考える。

古代を考える 終末期古墳と古代国家

白石太一郎編　　四六判・三五〇頁・原色口絵四頁／三〇〇〇円

倭国の首長連合の象徴であった前方後円墳。六世紀末に終焉を迎え、代わって特異な内容を持つ終末期古墳が営まれた、その背景に何があったのか。大化薄葬令や被葬者問題などに迫り、古墳消滅と古代国家誕生の謎に迫る。

（価格は税別）　　吉川弘文館